UTB

UTB **3438**

Eine Arbeitsgemeinschaft der Verlage

Böhlau Verlag · Köln · Weimar · Wien
Verlag Barbara Budrich · Opladen · Farmington Hills
facultas.wuv · Wien
Wilhelm Fink · München
A. Francke Verlag · Tübingen und Basel
Haupt Verlag · Bern · Stuttgart · Wien
Julius Klinkhardt Verlagsbuchhandlung · Bad Heilbrunn
Lucius & Lucius Verlagsgesellschaft · Stuttgart
Mohr Siebeck · Tübingen
Orell Füssli Verlag · Zürich
Ernst Reinhardt Verlag · München · Basel
Ferdinand Schöningh · Paderborn · München · Wien · Zürich
Eugen Ulmer Verlag · Stuttgart
UVK Verlagsgesellschaft · Konstanz
Vandenhoeck & Ruprecht · Göttingen
vdf Hochschulverlag AG an der ETH Zürich

Thomas Degering

Kurze Geschichte der französischen Literatur

Wilhelm Fink

Der Autor:
Thomas Degering, Jg. 1951, wurde nach Studium und Promotion in Marburg Autor und Literaturwissenschaftler. Er lebt in Hamburg. Buch-Publikationen u.a.: Das Verhältnis von Individuum und Gesellschaft in Fontanes „Effi Briest“ und Flauberts „Madame Bovary“, Bonn 1978; Das Elend der Entsagung: Goethes „Wilhelm Meisters Wanderjahre oder die Entsagenden“, Bonn 1982; Gustave Flaubert, Madame Bovary, München 1983; Wechselbeziehungen in der europäischen Literatur, München 1983; Raymond Chandler (Biographie), Reinbek 1989/2001; Kurze Geschichte der Novelle, München (W. Fink) 1994; Gustave Flaubert: Madame Bovary. Erläuterungen und Dokumente, Stuttgart 2007; Gustave Flaubert: Madame Bovary. Lektüreschlüssel, Stuttgart 2007.

Bibliografische Information der Deutschen Nationalbibliothek

Die Deutsche Nationalbibliothek verzeichnet diese Publikation in der Deutschen Nationalbibliografie; detaillierte bibliografische Daten sind im Internet über
http://dnb.d-nb.de abrufbar.

(Wilhelm Fink GmbH & Co. Verlags-KG, Jühenplatz 1, D-33098 Paderborn)
ISBN 978-3-7705-4846-0

Internet: www.fink.de

Printed in Germany.
Einbandgestaltung: Atelier Reichert, Stuttgart
Herstellung: Ferdinand Schöningh, Paderborn

UTB-Bestellnummer: 978-3-8252-3438-6

Inhalt

Vorwort

Die Geschichte der Literatur Frankreichs, einsetzend Ende des 9. Jahrhunderts mit Übersetzungen aus dem Lateinischen, war schon im Mittelalter wegweisend für die europäischen Nationalliteraturen. Ab dem 17., dem „Regeln" ausgebenden Klassik-Jahrhundert wurde die französische Literatur (wie das französische Leben und Denken überhaupt) in Europa mehr und mehr modisch-maßgeblich, im 18. Jahrhundert trat die Universalität der französischen Sprache als „Bildungssprache" hinzu. Im 19. Jahrhundert, unter der Ägide der die Wirklichkeit analytisch beschreibenden Großmeister Balzac, Flaubert, Maupassant, Zola, kam es zur absoluten Dominanz der französischen Belletristik, im literarischen Niveau höchstens flankiert von der russischen Literatur. Diese Superiorität verlor sich im 20. Jahrhundert – trotz eines Proust, eines Camus, eines Simenon. Im Ganzen bleibt die französische neben der englischsprachigen innerhalb der Geschichte aller Literaturen die interessanteste, ästhetisch reichhaltigste und suggestivste. Sie ist außerdem, wie Erich Köhler konstatierte, in ihrer literarischen Erkenntnisschärfe und ihrer kritischen Realitätsbezogenheit lange Zeit einzigartig in der Welt gewesen.

*

Vorliegende knappe, dennoch gründliche Vergegenwärtigung der französischen Literaturgeschichte in ihren bis heute gut zehn Jahrhunderten soll ein einerseits literarisch-anschauliches, andererseits kompakt-informatives Kompendium von den Anfängen bis in die jüngere Gegenwart liefern. Dabei stehen neben literaturgeschichtlichen Fakten vor allem die Literatur selbst, die *Primärtexte,* im Zentrum. *Sie* sollen in erster Linie die epochalen und gattungsbezogenen literaturhistorischen Charakteristika bezeugen und illustrieren, wobei dem Umstand, dass Literatur-Geschichte eben auch immer Geschichte ist, nicht nur in Zahlengerüsten Rechnung getragen wird.

Hauptziel des Buches ist vorwiegend die Erstellung umfassend ergiebiger *Lektüreleitfäden.* Im Leserinteresse geht es anders als in vergleichbaren Standard-Werken *nicht* um die unüberschaubare Präsentation eines möglichst lückenlosen, vom Prinzip sinnloser Sammlung & Aufzählung angetriebenen „Daten-, Dichtungs-, Dichter"-Konvolutes. Es geht vielmehr darum, *Schwerpunkte* zu setzen und *Gewichtungen* vorzunehmen.

Dieses Konzept möglichst optimaler Lesbarkeit akzeptiert Beschränkungen. Es vermeidet die Leser-Ermüdung durch die sonst übliche monströs-abstrakte Unzahl oft nicht von ungefähr vergessener *Namen und Titel.* So bleiben, und zwar gewollt, Autoren und Werke unberücksichtigt, dies vollzieht sich jedoch nach dem Prinzip literarischer Wertigkeit. Dafür *unter*bleibt beim Leser ein erschöpftes Seiten-Durchwinken ohne Gewinn oder Perspektive.

Eine in diesem Sinn durchaus alternative *Geschichte der französischen Literatur* verschreibt sich nach einer Maxime Th. Fontanes, des deutschen Dichters mit hugenottischer Abstammung, *„der Absicht, den in kleinen und was schlimmer, oft unterschiedslosen Details erstickenden Stoff übersichtlicher zu gestalten und durch größere Klarheit und Konzentration seine dramatische Wirkung zu steigern"*.

Sie setzt demnach programmatisch auf

- *Überschaubarkeit*
- *Durchschaubarkeit*
- *Begrenztheit*
- *Plastizität*
- *Prägnanz*
- *Benutzbarkeit*

Jedes der sechs Kapitel arbeitet mit *Konstanten:*

1) *Ausführlicher historischer Epochen-Abriss*
2) *Aufriss der literarischen Epoche und ihrer Gattungen*
3) *Porträts zentraler Autoren*
4) *Auszüge aus geläufigen Hauptwerken der französischen Literatur, inkl. inhaltlicher Zusammenfassung, Einordnung, Analyse*
5) *Testfragen, auch mit „Links" zur gesamteuropäischen Literatur*
6) *Literaturtipps*

1. Kapitel
DAS MITTELALTER (LE MOYEN ÂGE) (9.-15.Jh.)

Historischer Kontext

In der Zeit der germanischen Völkerwanderung zwischen dem 3. und 6. Jh. n.Chr. suchten germanische Stammesverbände neuen Siedlungsraum, darunter auch die Franken. Diese siedelten sich im Nordwesten Europas auf dem Gebiet des Weströmischen Reiches an.

482 machte sich Chlodwig aus der Familie der Merowinger zum König der Franken, nachdem er zuvor die anderen Fürsten im Frankenreich durch Mord, Verrat und List beseitigt hatte. 486 besiegte Chlodwig die römische Armee bei Soissons, vertrieb den letzten römischen Statthalter aus Gallien und erklärte Paris zur neuen Hauptstadt seines Reiches.

Entscheidend für den Bestand des Merowingerreiches war die Beseitigung des Gegensatzes zwischen dem germanisch-heidnischen Glauben der Franken und dem christlich-katholischen Glauben der unterworfenen Bevölkerung. Daher ließ sich der Heide Chlodwig im Jahre 496 in Reims nach seinem Sieg über die Alamannen taufen. Die Taufe Chlodwigs wird als Geburtsstunde der französischen Nation angesehen. Mit der Zeit übernahm auch das fränkische Volk den christlichen Glauben von ihren romanischen Mitbürgern, so vermischten sich langfristig beide Bevölkerungsteile. Chlodwig erweiterte seinen Herrschaftsbereich von Norden nach Süden insbesondere durch die Eroberung des Reiches der Westgoten im Jahre 507. Als der fränkische Alleinherrscher im Jahre 511 starb, verblieb die Königswürde bei den Merowingern, aber es folgten zumeist einflussarme Herrscher. Die Macht lag in Händen der obersten Hofbeamten, der Hausmeier. Einer von ihnen, der Hausmeier Karl Martell („der Hammer") aus der Adelsfamilie der Karolinger, verteidigte das Frankenreich gegen das weitere Vordringen der arabischen Truppen, die, über Ägypten und Nordafrika kommend, 711 auch das westgotische Spanien erobert hatten. Karl Martell wehrte die islamischen Araber in der Schlacht bei Tours und Poitiers 732 ab. Sein Sohn Pippin wagte es, den letzten Merowingerkönig Childerich abzusetzen und sich 751 zum fränkischen König zu erklären. Das war nur möglich, weil Papst Zacharias diese Königswahl befürwortete. Dafür erhielt er einen Landstreifen von Ravenna bis Rom, Grundstein des späteren

Kirchenstaates, und die militärische Unterstützung gegen das germanische Volk der Langobarden in Oberitalien.

Nach Pippins Tod 768 wurde sein Sohn *Karl* (*Charlemagne*) sein Nachfolger. Das Frankenreich umfasste bei seinem Herrschaftsantritt nicht nur das heutige Frankreich, sondern auch Belgien, Holland, das Rheinland, Thüringen, die fränkischen Kernlande an Mosel, Mittelrhein und Main sowie das heutige Baden, Württemberg und Schwaben. Kaum hatte Karl den Thron bestiegen, begann er in zahlreichen Kriegszügen das Reich zu erweitern. Im mächtigen Langobardenreich sah er eine Bedrohung für das Frankenreich. Als auch der Papst in Rom von den Langobarden angegriffen wurde, zog der Karolingerkönig im Jahre 774 mit einem Heer über die Alpen und besiegte die Langobarden. In weiteren Feldzügen eroberte Karl Grenzgebiete am Rande des Reiches, die so genannten Grenzmarken. Sie wurden militärisch besonders abgesichert, z.B. durch Errichtung von Burgen. Auch die Spanische Mark wurde damals gegen das Vordringen der islamischen Mauren ins Frankenreich eingerichtet. Das stark ausgedehnte mächtige Frankenreich trat an die Stelle des verfallenen Weströmischen Kaiserreiches. 800 ließ sich Karl in Rom durch Papst Leo III. zum Kaiser krönen und in Aachen einen prächtigen Kaiserpalast errichten. Als er 814 starb, hinterließ er seinem einzigen noch lebenden Sohn Ludwig dem Frommen ein Großreich. Doch bereits zu Lebzeiten Ludwigs gab es Auseinandersetzungen zwischen dessen drei Söhnen um das künftige Erbe. 843 wurde im Vertrag von Verdun das einstige Großreich der Karolinger unter diesen aufgeteilt: das Reich Lothars I., das Reich Ludwigs des Deutschen und das Reich Karls II. des Kahlen. Nach erneuten Auseinandersetzungen erfolgte schließlich 880 eine abermalige Teilung. Im Westfränkisches Reich regierte fortan Karl II. der Kahle, es stieß an seiner Ostgrenze an das Ostfränkische Reich Ludwigs des Deutschen. Die Grenze verlief von der Nordsee bis zum Oberrhein und blieb für 800 Jahre fast unverändert bestehen. Sie war zugleich eine Sprachgrenze. Nur die Westfranken behielten den Namen Frankenreich.

Um 900 war die Macht der französischen Königsgewalt zunächst sehr gering. Die Krondomäne beschränkte sich auf das Gebiet um Paris. Im übrigen Frankreich herrschten Fürsten, Vasallen des Königs, mit riesigem Grundbesitz, die zum Teil mächtiger waren als der König selbst. Dieser konnte deshalb nicht verhindern, dass sich die Normannen (auch Wikinger genannt) in Nordwestfrankreich ansiedelten. Da der französische König die normannischen Eroberer nicht vertreiben konnte, musste er ihre Herrschaft anerkennen und übertrug ihnen 911 die Normandie als Lehen. Die normannischen Herzöge waren nun Vasallen des französischen Königs und blieben es auch, als 1066 der Normannenherzog Wilhelm der Eroberer über den Kanal nach England segelte, in der Schlacht bei Hastings den letzten angelsächsischen König besiegte und sich zum König von England krönen ließ. Durch Heiraten und Erbschaft bauten die englischen Könige von der Normandie aus im Laufe der Zeit sogar noch ihren Herrschaftsbereich über weite Gebiete im Westen Frankreichs erheblich aus.

Gegen Ende des ersten Jahrtausends war das Zeitalter der Karolinger zu Ende gegangen. Mit Hugo Capet hatte im Jahre 987 erstmals ein König aus dem Hause der Kapetinger den Thron des Westfrankenreiches bestiegen. Die Kapetinger konnten ihre Herrschaft bis 1328 aufrechterhalten.

Zwischen dem 11. und 13. Jahrhundert fanden, insbesondere ausgehend von Frankreich und Italien, die *Kreuzzüge* statt, d.h. bewaffnete Pilgerfahrten unter dem Zeichen des Kreuzes. Zu den Kreuzzügen hatte 1095 auf dem Konzil in Clermont Papst Urban II., ein Franzose, aufgerufen. In einer flammenden Rede forderte er, dass das Heilige Grab in der Stadt Jerusalem, die 1070 von den islamischen Seldschuken erobert worden war, von diesen „Ungläubigen" befreit werden müsse. Die aufgepeitschte Menge stimmte begeistert zu. Als Lohn wurde der Erlass aller Sündenstrafen versprochen. Aber nicht an sie hatte der Papst gedacht, sondern an *Ritter,* die bewaffnet ins Heilige Land aufbrechen sollten. So brachen 1096/97 die Kreuzritter mit Tausenden von Fußsoldaten und unbewaffneten Begleitern unter den Fürsten Gottfried von Bouillon, Raimund von Toulouse und Bohemund van Tarent in Richtung Jerusalem auf und eroberten es nach blutigem Kampf. Insgesamt fanden sieben große und viele kleinere Kreuzzüge statt. Auch der Kampf gegen die muslimische Herrschaft in Spanien wurde als Kreuzzug verstanden, wie auch jeder Krieg gegen innerkirchliche Andersgläubige („Ketzer"). Eine der größten Ketzerbewegungen breitete sich in Südfrankreich aus. Nach der Stadt Albi wurden die Ketzer auch Albigenser genannt, auch gegen sie fand ein Kreuzzug statt. 1209 griff der französische König Philipp II. (1180-1223) in den Kampf ein und sicherte 1229 das Languedoc für die französische Krone. Diese Kämpfe hatten eine Verwüstung der südfranzösischen Wirtschaft und Kultur zur Folge.

König Philipp II. konnte zu Beginn des 13. Jahrhunderts alle englischen Besitzungen im Westfrankenland nördlich der Loire durch seinen Sieg über den welfischen Verbündeten der Engländer, den deutschen Kaiser Otto IV., in der Schlacht bei Bouvines 1214 zurückerobern und wurde deshalb von den Zeitgenossen „Augustus" („der Erhabene") genannt. Weitere Gebiete kamen durch Eroberungen im Süden und durch Erbschaft, Heirat, Kauf und Schenkung hinzu.

Als mit Karl IV. 1328 das französische Herrschergeschlecht der Kapetinger ausstarb, erhob der englische König Eduard III. als Sohn einer kapetingischen Prinzessin ebenso Anspruch auf den französischen Königstitel wie Philipp VI., der Onkel des letzten kapetingischen Königs aus der Linie Valois. Folge war der „Hundertjährige Krieg", in dem die Engländer mit Armbrust, Bogen und Morgenstern den französischen Panzerreitern schwere Niederlagen zufügten (u.a. 1415 in der Schlacht von Azincourt) und große Teile Frankreichs unter ihre Kontrolle brachten. In diesem Krieg spielte das lothringische Bauernmädchen *Jeanne d'Arc* eine wichtige Rolle, indem es den Widerstand gegen die verhassten Engländer neu belebte und an der Spitze des französischen Heeres das von diesen belagerte Orléans 1429 befreite. 1453 wurde der Hundertjährige Krieg beendet, den Engländern blieb einzig die Stadt Calais.

Die langjährigen kriegerischen Auseinandersetzungen mit England hatten in Frankreich die Idee des *Nationalstaates* aufkeimen lassen, in dem alle Französisch sprechenden Menschen vereint leben sollten. So war der Friedensschluss von 1453 auch ein Meilenstein im Hinblick auf die Entwicklung Frankreichs zum Nationalstaat. Nach Ende des Hundertjährigen Krieges bekämpfte der französische König Ludwig XI. (1461-83) seine Großvasallen, vor allem Karl den Kühnen von Burgund. 1477 fiel das Herzogtum Burgund an die französische Krone.

Epoche & Strömungen

Die Anfänge französischer Literatur ab etwa dem *9.* Jahrhundert wurzeln *im religiösen Sektor*. Sie umfassen zum einen *Übersetzungen* aus dem Lateinischen als auch zum zweiten *erste genuin französische* Literaturerzeugnisse. Bis zur Renaissance entwickelt die Epoche bereits eine beträchtliche Vielfalt literarischer Strömungen und Gattungen.

Gattungen/Vorherrschende Gattungen

Ab 9.Jh.: *Religiöser Gesang; religiöses Versgedicht; Heiligenlegende;* 9.-15.Jh.: *Heldenepos;* ab 12.Jh.: *Versroman; höfischer Roman;*

Verserzählung; Versepos; Versnovelle; Reimchronik; Fabel; ab 13.Jh.-15.Jh.: *historischer Prosaroman; Ballade; Tanzlied; Singspiel; Drama; Novelle; weltliches Schauspiel; Mysterienspiel; Mirakelspiel; Prosasatire; satirischer Fabliau; satirische Posse; Moralité; Sotie; satirische Farce; Schwank; Tierepos; Tierfabel; Lyrik.*

Autoren & Werke

9. Jahrhundert

Cantilène de sainte Eulalie (881)
Als *ältestes* französisches Literaturprodukt bestimmt die Forschung gewöhnlich die *Cantilène de sainte Eulalie/Séquence de sainte Eulalie*, ein an lateinischer Vorlage orientierter *kirchlicher Messgesang* von 28 Versen (14 Verspaaren). Dieser, ca. 881 entstanden, erzählt die auf mehreren Überlieferungen fußende, über 500 Jahre zurückliegende Geschichte der heiligen spanischen Jungfrau Eulalia aus Mérida, die wegen ihres christlichen Glaubens auf dem Scheiterhaufen zu einem brutalen Tod verurteilt wurde. Die historische Eulalia war ein junges, erst zwölfjähriges Mädchen gewesen. „*Schön war ihr Körper, noch schöner ihre Seele*". In der religiös-kirchlichen Gestaltung dieses Dramas kann das Feuer sie jedoch wegen ihrer Schuldlosigkeit nicht berühren, woraufhin sie geköpft wird und als Taube in den Himmel fliegt.

Die Original-Handschrift des *Eulalia*-Manuskriptes wurde erst 1837 (von Hoffmann von Fallersleben) im spanischen Valenciennes aufgefunden.

10./11. Jahrhundert

Weitere frühe altfranzösische Literaturwerke sind u.a. *La Passion du Christ*, ein Ende des 10. Jahrhunderts anonym erdichtetes, 516 Strophen fassendes *biblisches Großpoem*, sowie das bekanntere *Alexiuslied (La Vie de saint Alexis)*. Aufgeschrieben vermutlich Anfang/Mitte des 11. Jahrhunderts von einem namentlich nicht erwiesenen Verfasser, möglicherweise einem Roueneser Kirchenmann, erzählt der Text dieser ursprünglich in Syrien aufgekommenen *Heiligenlegende* von dem römischen Patrizier Alexius, der in seiner Hochzeitsnacht das eheliche Schlafzimmer verließ, um fortan den Lustbarkeiten der Welt zu entsagen, in dem Glauben, nur in Askese und Armut diese vor ihrem katastrophalen Ende bewahren zu können. Die *Alexius*-Verse erfuhren in Folge (12., 13. Jahrhundert) weitere Bearbeitungen resp. Versionen.

9.-15. Jahrhundert

Les Chansons de geste

In der mittelalterlichen europäischen Literatur sind die *Heldenepen* die Zentralgattung und in ihr führend-beispielhaft die französischen *Chansons de geste*.

Info

Chansons de geste. *Heldenepen aus dem französischen Mittelalter (jüngste Beispiele noch Anfang des 15. Jh.`s) von unklarer Urheberschaft (als einige wenige dingfest gemachte Verfasser gelten heute z.B. Bertrand de Bar-Sur-Aube, Jehan Bodel, Adenet le Roi). Sie ranken sich (wie die Gattung als ganze) in Abhebung vom höfischen Epos um historische „Heldengestalten" – „große, bedeutende Männer" – und besingen deren kriegerische Taten (Chansons de geste =„Tatenlieder"). Mündlich überliefert von Spielleuten, aufgeschrieben ab dem 11. Jh., behandeln sie als so etwas wie die historischen Romane des Mittelalters in ihrer Mehrzahl Großereignisse aus lange vergangener Zeit, mitunter auch mythologisches Geschehen. Ihre Gesänge spiegeln nicht unbedingt Real-Geschichte, sondern „modeln" diese nach poetischen, in der Regel verklärenden und idealisierenden Zwecken, wobei sie nichtsdestotrotz historische Faktentreue suggerieren. Die ca. 60-80 erhaltenen, zwischen ein paar hundert und bis zu 20000 Verse umfassenden altfranzösischen Chansons de geste thematisieren aus der nationalen Geschichte schwerpunktmäßig Kriegs-„Events" aus der Karolingerzeit mit ihrem Überhelden Karl dem Großen; ihre Stoffe thematisieren aber nicht nur historisch zurückliegende, sondern ebenso buchstäblich brandaktuelle Zeitereignisse – wie bspw. die Kreuzzüge.*

Die Hoch-Zeit der altfranzösischen Heldenepen liegt zwischen 1150 und 1250. Die frühsten datieren in ihrer Entstehung vom Ausgang des 11. Jahrhunderts. Zu den zentralen *Chansons de geste* (die Gruppen oder auch Zyklen bilden) zählen

- die *Königs- oder Karls-Geste*, also der Königs- oder *Karlszyklus* (enthält neben der *Chanson de Roland* noch an die 20 andere Epen über Karl den Großen und dessen Aufstieg)
- der *Wilhelmszyklus (Wilhelms-Geste),* der Wilhelm von Orange, sowie
- der *Kreuzzugszyklus,* der Gottfried von Bouillon idealisiert

Im Mittelpunkt des *Karls-Zyklus* steht der Kampf Karls gegen die Heiden und vor allem für die Festigung bzw. die Ausweitung seines eigenen Reiches zur europäischen Großmacht.

La Chanson de Roland
Das anonyme älteste, bedeutendste, berühmteste, noch heute in vielen Sprachen aufgelegte und viel gelesene Ingredienz des *Cycle carolingien* (*Karlszyklus,* des Sagenkreises um Karl den Großen) ist das Heldengedicht um *Roland,* erstmals in altfranzösischer Sprache um 1100 als *La Chanson de Roland* in Nordfrankreich niedergeschrieben. Man betrachtet diese Dichtung auch als Meisterwerk der Gattung *Chansons de geste*, zugleich markiert das Werk den eigentlichen Beginn der französischen Literatur.

Gegenstand des *Rolandsliedes* sind die „Unternehmungen" Karls des Großen in Spanien im 9. Jahrhundert oder auch der damals alles dominierende Kampf zwischen Heiden und Christen, wobei die Heimatliebe der Franken, ihre unverbrüchliche Treue zur „dulce France", zur „Tere Maior" der nachdrücklichste poetische Impuls des Werkes ist. Seit 7 Jahren kämpft Karl der Große in Spanien erfolgreich gegen die Mauren. Marsilius, König von Saragossa, bittet um Friedensverhandlungen, aber mit dem Hintergedanken, nach Abzug Karls aus Spanien alle Verträge zu brechen. Roland schlägt seinem Onkel Karl vor, seinen Stiefvater Ganelon zu den Verhandlungen zu schicken. Dieser glaubt, Roland wolle ihn „ans Messer liefern", und will sich rächen. Er akzeptiert Karls Auftrag, verbündet sich aber mit König Marsilius. Karls Nachhut, zu der Roland gehört, wird im Tal von Roncevaux (Pyrenäen) überfallen. Die Christen müssen sich der heidnischen Übermacht beugen. Doch eine neue Schlacht endet mit dem Sieg Karls. Voller Gram über den Tod seines Neffen (gestaltet als kühner, stolzer Kriegsheld, gemäß dem Menschenideal der vorhöfischen Feudalgesellschaft) kehrt Karl nach Aachen zurück und lässt den Verräter Ganelon vierteilen. – Wie in vielen historischen Dichtungen des französischen Mittelalters wird auch in der *Chanson de Roland* mit der historischen Wahrheit unbekümmert verfahren. So war Karl der Große zwar 778 in Spanien und sollte dort die Zwiste einiger maurischer Fürsten schlichten. Auch fiel er beim Rückzug den Angriffen baskischer Räuber anheim. Von seinem Gesamtsieg über die Mauren, wie das Epos ihn beschwört, konnte indes keine Rede sein. Dieses durchweht der Odem der gerechten religiösen Eroberung, des „heiligen Krieges", mithin des Kreuzzuges, der aber nicht propagiert wird.

Leseprobe: *La Chanson de Roland*

1
König Karl, unser großer Kaiser,
War sieben ganze Jahre in Spanien:
Bis hin zum Meer eroberte er das hochmütige Land.
Keine Festung hielt ihm stand;
Keine Mauer und keine Stadt blieb zu bezwingen
Außer Saragossa, das auf einem Berg liegt.
Dort herrscht König Marsilie, der Gott nicht liebt,
Mohammed dient und Apollin anbetet:
Er kann sich nicht davor schützen, daß Unglück über ihn kommt.

2
König Marsilie war in Saragossa.
Er ist in einen Garten an einen schattigen Ort hinausgegangen:
Auf einer Bank aus blauem Marmor läßt er sich nieder,
Um ihn herum sind mehr als 20000 Männer.
Er ruft seine Herzöge und Grafen herbei:
„Hört, ihr Herren, welches Unheil uns bedroht:
Kaiser Karl ist aus dem lieblichen Reich der Franken
In dieses Land gekommen, um uns zu vernichten.
Ich habe kein Heer, das gegen ihn in die Schlacht ziehen könnte,
Noch habe ich die Männer, die das seine zersprengen könnten.
Beratet mich als meine klugen Vasallen,
Und bewahrt mich vor Tod und Schande!"
Es gibt keinen Heiden, der auch nur ein Wort erwiderte,
Außer Blancandrin von der Burg Valfunde.

3
Blancardin war einer der klügsten Heiden;
Sein Edelmut machte ihn zu einem wahren Ritter,
Er war ein trefflicher Mann, wenn es galt, seinem Herrn beizustehen,
Und er sprach zum König: „Nun laßt Euch nicht schrecken!
Bietet dem hochmütigen und stolzen Karl
Eure treuen Dienste und enge Freundschaft an.
Ihr werdet ihm Bären und Löwen und Hunde geben,
700 Kamele und 1000 gemauserte Habichte,
400 mit Gold und Silber beladene Maultiere,
50 Wagen, aus denen er einen Troß bilden wird,
Damit wird er seine Kriegsleute gut entlohnen können.
Allzu lange hat er in diesem Lande Krieg geführt:
Nach Aachen ins Frankenreich soll er alsbald zurückkehren.
Ihr werdet ihm an Sankt Michael folgen,
Und den Glauben der Christen annehmen,
In allen Ehren und geziemend werdet Ihr sein Lehnsmann werden.
Wenn er Geiseln will, dann schickt ihm eben welche,
Zehn oder zwanzig, um ihn vertrauensvoll zu stimmen.
Schicken wir die Söhne unserer Frauen dorthin:
Auf die Gefahr hin, daß er getötet wird, werde ich den meinen dorthin schicken.
Es ist viel besser, sie verlieren dort ihr Leben
Als daß wir unser Lehen und unser Ansehen verlieren
Und gezwungen sind zu betteln."

4
Blancandrin sagte: „Bei meiner Rechten
Und bei dem Bart, der mir auf der Brust weht,
Ihr werdet sehr bald sehen, wie sich das fränkische Heer auflöst.
Die Franken werden ins Frankenreich, in ihr Land, zurückkehren.
Wenn dann jeder an seiner liebsten Wohnstatt weilt,
Wird Karl in Aachen, in seiner Hofkapelle sein
Und an Sankt Michael ein sehr großes Fest feiern.
Der Tag wird kommen und die Frist ablaufen,

Und er wird von uns weder Kunde noch Nachricht erhalten.
Der König ist stolz und sein Herz ist grausam:
Unseren Geiseln wird er die Köpfe abschlagen lassen.
Es ist viel besser, sie verlieren dort ihr Leben,
Als daß wir das strahlende schöne Spanien verlieren
Und wir Übel und Entbehrungen erleiden."
Da sagen die Heiden: „So kann es wohl sein!"

5
König Marsilie hatte seine Ratsversammlung beendet
Und rief Clarin de Balaguer herbei
So wie Estamarin und seinen Gefährten Eudropin,
Priamun und den bärtigen Guarlan,
Machiner und seinen Onkel Maheu,
Joüner und und Malbien von jenseits des Meeres
Und Blancandrin, um den Beschluß zu verkünden:
Zehn der Niederträchtigsten hat er zu sich gerufen:
„Edle Herren, ihr werdet zu Karl zum Großen gehen.
Er belagert die Stadt Cortes.
Ölbaumzweige werdet ihr in euren Händen tragen,
Als Zeichen für Frieden und Unterwerfung.
Wenn ihr durch euer Geschick eine Versöhnung herbeiführen könnt,
Werde ich euch Gold und Silber in Mengen geben,
Ländereien und Lehen so viel ihr wollt."
Da sagen die Heiden:"Damit sind wir mehr als zufrieden."

Rezeption

Die in der Tradition antiker epischer Poesie stehende *Chanson de Roland* hatte großen Einfluss auf die nachfolgende Literatur in Frankreich, aber auch in ganz Europa. Aus den gesamten *Chansons de geste* war es dieser Heldengesang, der für die europäische Mittelalter-Literatur Vorbildcharakter hatte, so auch für das deutsche „*Nibelungenlied*". Stoff oder Personen der *Chanson de Roland* tauchten häufig in spanischen und englischen Romanzen und in altfranzösischen Ritter- und Heldenromanen des 13./14. Jahrhunderts auf. Die Dichtung erfuhr immer wieder auch eigenständige Bearbeitungen, so bei M. M. Boiardo (1440-1494), dessen unvollendete Dichtung *L'Orlando innamorato* („*Der verliebte Roland*") das Ritterepos der Renaissance begründete, oder dem Komödiendichter und Satiriker L. Ariosto, dessen in Boiardos Nachfolge verfasstes Epos *L'Orlando furioso* 1516-21 erschien. Eine der wichtigsten Nachdichtungen war die Fassung des deutschen Dichters Konrad der Pfaffe, der die *Chanson de Roland* um 1177 zuerst in mittelhochdeutsche Reimpaare übertrug und in seiner Version offen und vehement die Kreuzzüge verherrlichte. Die *gedruckte* französische Erstveröffentlichung des *Rolandsliedes* erfolgte 1836, unmittelbar nach Wiederauffindung des verschollenen Werks zwei Jahre zuvor. Wiederentdecker und Veröffentlicher F. Michel versah das im Original titellose Manuskript mit dem Titel *La Chanson de Roland ou le Roman de Roncevaux.*

12.-15. Jahrhundert

Im Verlauf des 12. Jahrhunderts entstand in Frankreich als Produkt höfischer Kultur der *Versroman*. Die Stoffe gerade der altfranzösischen *Versromane (roman antique)* entstammten in der Hauptsache entweder dem antiken *Alexander/Troja*- oder dem *König Artus*-Sujet.

Li Romans d'Alixandre (12./13. Jahrhundert)
Der griechische *Alexander-Roman* (die spätgriechische romanhafte Ausgestaltung des Lebens des Makedonenkönigs (regierte 336-323 v.Chr.)), in Frankreich zu dieser Zeit als Literatur-Stoff sehr beliebt, erfuhr etliche altfranzösische Fassungen, wie auch die lateinischen Alexander-Romane in Prosa und Versen seit dem 10.Jh. in anderen europäischen Literaturen großen Aufschwung erlebten. Die französischen Alexander-Romane stehen literaturgeschichtlich gesehen zwischen den *Chansons de geste* und dem *höfischen Roman*. Wie jene sind auch sie poetisch freie Umformungen des Überlieferten, wobei Antike und christliche Weltanschauung unter Einbezug höfischer Ideale miteinander verschmolzen werden. Das allererste altfranzösische Alexander-Epos (*Alessandreide,* entstanden etwa um 1130) stammt mutmaßlich von *Alberich de Besançon,* die als wichtigste angesehene *Alexander*-Bearbeitung um 1180 von *Alexandre de Bernay*, der alle vorfindlichen Alexander-Epen „redigierte", ergänzte und zu einem 20000 Verse starken Versroman zusammenfasste.

Benoît de Sainte-More
Zu den gängigsten literarisch-historischen Erzählstoffen des Mittelalters gehörte der *trojanische Sagenkreis*. Bei Benutzung der antiken Quellen verdrehten die Dichter in ihren verschiedenen *Troja*-Vers-

romanen die historische Wirklichkeit ähnlich nach eigenen Vorstellungen und Idealen wie die Verfasser der Heldenepen und der Alexander-Romane. So verwendete Benoît de Sainte-More zwar das „echte“ Handlungsgerüst der Troja-Geschehnisse, rückte aber, unter Hintanstellung der Kriegs-Handlung(en), die Liebeskonflikte unverhältnismäßig ins Zentrum seiner Nachdichtung. Sein *Le Roman de Troie* (geschrieben 1165) hatte wohl genau wegen dieses Kunstgriffes größten Zuspruch. Fast vierzig Handschriften blieben erhalten, und es gab zahllose Übersetzungen und Bearbeitungen dieses *historischen Versromans*.

Zum *roman antique* zählte auch der berühmte *Roman de Brut/Geste des Bretons* von Robert Wace (geschrieben um 1155).

Robert Wace (etwa 1100-1174)

Dieser anglonormannische Hofdichter verfasste Heiligenlegenden sowie zwei Reimchroniken. Die wichtigere, das anglonormannische Versepos *Le Roman de Brut*, beendet 1155, basierte auf der *Historia regum Britanniae* von Geoffrey of Monmouth (erschienen um 1135) und hatte ihr Verdienst darin, dass Wace als Übersetzer und Bearbeiter die nüchterne lateinische Chronik dichterisch gestaltete und mit literarischem Leben füllte. Er lieferte eine fast komplette Geschichte des britannischen Königtums von der Zeit des legendären Urvaters der Britannier, des Trojaners Brutus, bis zu den Königen des 7. Jahrhunderts; vieles zählte er lediglich auf, anderes malte er aus, so die Abschnitte über King Lear oder Julius Caesar. Er ging hier weit über seine Vorlage hinaus, ebenso wie in seiner Aufbereitung des ebenfalls legendären *König Artus*. Als erstes Werk der französischen Literatur überhaupt bearbeitete Wace` Werk die Sagen um diesen britannisch-keltischen Heerführer, indem er denselben zum idealen prunkhaft-tüchtigen feudalhöfischen Kriegsherrn stilisierte. Auch erzählte Wace als erster von Artus' nicht minder legendären *Tafelrunde* einmaliger Ritter-Größen. Der *Artus-Sagen-Kreis* (einschließend auch die Sagen von *Parzival*, vom *Gral* und von *Tristan*) wurde in Frankreich von Chrétien de Troyes aufgegriffen und in ganz Europa in Prosa- und Verserzählungen sehr populär. Ein weiteres anonymes Nachfolge-Werk war *La Mort le roi Artu/La Mort Artu*, ein zwischen 1230 und 1235 entstandener Prosaroman, dessen düsterer Stoff in vielen Sprachen bearbeitet wurde.

Roman courtois
Neben *Béroul (Le Roman de Tristan,* 12. Jahrhundert*)* ist es in Frankreich zuallererst *Chrétien de Troyes*, der den im 12./13. Jahrhundert an Fürstenhöfen geborenen, sich folglich an höfisch-ritterlicher Kultur orientierenden *höfischen Roman* vertritt.

Info

roman courtois. *Dieser löste als literarische Großform die Chansons de Geste ab und behandelte thematisch im Unterschied zu diesen meist, wie auch im Falle Chrétien de Troyes', König-Artus-Stoffe. Thomas d'Angleterre schuf den ersten repräsentativen höfischen Tristanroman (geschrieben zwischen 1150 und 1160, Fragment), unter Benutzung einer älteren Version des keltischen Sagenstoffes, und unternahm dessen „Bearbeitung" für die Liebesideologie der Ritter-Gesellschaft. Diese höfische Rahmenhandlung fehlte im etwa zeitgleichen „roman d'aventure" (12./13. Jh., zentrale Vertreter: Gautier d'Arras, Jehan Renard, Gerbert de Montreuil).*

Chrétien de Troyes ist mit seinen fünf Vers- oder auch *Artus*-Romanen gesamteuropäischer Hauptrepräsentant der Gattung *höfischer Versroman.*

Chrétien de Troyes (ca. 1135-1192)

Leben und Werk
Vom Leben dieses altfranzösischen Dichters aus Troyes weiß man so gut wie nichts. Bekannt ist fast nur, dass er möglicherweise Hofdichter bei der Gräfin Marie de Champagne war und dass zu seinen Gönnern oder Mäzenen auch der in *Perceval* im Vorwort gerühmte Graf Philipp von Flandern gehörte. In seinem Œuvre verband Chrétien de Troyes Stoffe aus dem *Artus*-Sagenkreis mit höfischen und fantastischen Elementen. Übrigens übersetzte er als erster den schon im 12. Jahrhundert in Frankreich sehr geschätzten Ovid (*Ars amatoria)* ins Französische.

Werke (Auswahl)

- *Érec et Énide (höfischer Versroman) (geschr. um 1170 oder 1165)*
- *Cligès (unvollendeter höfischer Versroman) (geschr. um 1176 oder 1164-70)*

- *Lancelot (unvollendeter höfischer Versroman) (geschr. zwischen 1170 und 1180; vollst. Titel Lancelot ou le Chevalier de la charrete)*
- *Yvain (höfischer Versroman) (geschr. um 1170, vollständiger Titel Yvain ou le Chevalier au lion)*
- *Perceval (unvollendeter Versroman) (geschr. als letztes Werk zwischen 1182 und 1191; vollst. Titel Perceval le Gallois ou le Conte du Graal)*
- *Trouvère-Lyrik (sechs dieser mittelalterlichen „Liebes-Songs" blieben erhalten)*

Im Mittelpunkt der Handlungen der Versromane Chrétien de Troyes' stehen ethische Konflikte, oft, so in *Érec et Énide* (spielend am Hof von König Artus) der zwischen ritterlichen Pflichten und höfischem Minnedienst. Im *Lancelot* beschert dessen übertriebene Auffassung dem Ritter die Einbuße seiner Ehre, im *Yvain*, Gegenstück zum *Érec*, riskiert es dieser umgekehrt, über dem Waffendienst den über allem thronenden Minnedienst zu vernachlässigen.

Perceval
Perceval, mit Abstand geläufigstes Werk des Autors, verfolgt eine in Chrétien de Troyes' anderen Dichtungen nicht übliche mystisch-religiöse Absicht. Hier koppelte er erstmals die *Artus*-Sage mit einem mittelalterlichen Top-Mythos, dem *Gralsmythos* (der christlichen Legende vom so genannten Gral) und verfocht die „heilsgeschichtliche Sendung" des höfischen Rittertums. Die Erzählung vom Gral, die überhaupt älteste Bearbeitung des Grals-Mythos, entstand am Hofe jenes Philipp von Flandern, dessen Person als Idealbild höfischer Tugenden im Prolog gepriesen wird. Die *Grals-Erzählung* weist alle Elemente eines typisch höfischen Romans auf: lange Monologe, Wortspiele sowie eingefügte Anmerkungen des die seelischen Abläufe zerlegenden Dichters. In den erhaltenen über 9000 Versen wird im *Perceval* von der Erziehung eines naiven Naturburschen zur Idealgestalt des damals leitbildartigen christlichen Ritters erzählt, dessen Ethos zwar auf höfischen Tugenden basiert, der aber zugleich zu einer heiligen christlichen Figur poetisiert wird. Zu Beginn lebt der junge Held weitab von jeder höfischen Zivilisation in tiefer Waldeinsamkeit mit seiner Mutter, einer trauernden Witwe, die ihn vor dem Kontakt mit dem Rittertum, das seinen Vater umbrachte, zu schützen sucht. Aber nach der frühen Begegnung mit durch den Wald reitenden Rittern, die er wegen ihrer glänzenden Aufmachung für Engel hält, ist der junge Mann besessen vom Wunsch, von König Artus zum Ritter

gemacht zu werden. Er verlässt die ihn flehentlich warnende Mutter und reitet unverzüglich an Artus' Hof. Damit beginnt seine ritterliche *éducation* und führt ihn durch viele kriegerische, aber zum Glück auch amouröse Abenteuer. Ihre Ouvertüre ist allerdings der Mord am „roten Ritter" am Artus-Hof, welcher des Königs Becher gestohlen hat und dessen äußere Identität Perceval nach seiner Beseitigung annimmt. In Folge besteht er zahllose Abenteuer, zahllose Kämpfe und unternimmt zahllose Irrfahrten durch die Welt. An einem Karfreitag findet Perceval nach 5-jährigem Umherirren durch den Zuspruch eines Einsiedlers (des Bruders seiner nun toten Mutter) und eines einsamen Fischers zu sich selbst und zu Gott zurück. An dieser Stelle bricht der überlieferte Original-Text ab.

Leseprobe: *Le Roman de Perceval ou le Conte du Graal*

Prolog

Wer kärglich sät, der erntet kärglich und wer etwas ernten will, streue seine Saat auf fruchtbringenden Acker aus, auf daß Gott ihm hundertfachen Ertrag gebe; denn in unfruchtbarer Erde vertrocknet und verdirbt ein guter Same. Gleich einem Sämann legt Chrétien die Saat seines (hier) beginnenden Romans aus; er sät ihn auf so fruchtbaren Boden, daß er nicht ohne reiche Ernte bleiben wird, schreibt er ihn doch für den trefflichsten Mann im Römischen Reich: den Grafen Philipp von Flandern. Dieser übertrifft an Wert (sogar) Alexander, der im Ruf äußerster Vollkommenheit steht. Aber ich werde zeigen, daß der Graf ihn bei weitem überragt, denn Alexander hatte alle Laster und Fehler in sich versammelt, von denen jener rein und frei ist. In seiner Vorbildlichkeit will er weder einem gemeinem Scherz noch törichtem Geschwätz lauschen, und wenn er einem anderen, wer immer er auch sei, Übles nachsagen hört, so bedrückt ihn dies. Der Graf liebt die wahre Gerechtigkeit, die Redlichkeit und die Heilige Kirche, und alles Niedrige haßt er. Er ist freigebiger als alle wissen: er gibt nämlich gemäß der Weisung des Evangeliums ohne Heuchelei und Verstellung, da es lehrt: „Wenn du Almosen gibst, soll deine linke Hand nicht wissen, was deine rechte tut." Der soll um sie wissen, der sie empfängt, und Gott, der alle Geheimnisse sieht und das im innersten Herzen Verborgene kennt. Warum (aber) lehrt das Evangelium: „Du sollst deine linke Hand die Almosen nicht wissen lassen"? Der Heiligen Schrift zufolge bedeutet die Linke eitle Ruhmsucht, erwachsen aus trügerischer Heuchelei. Und die Rechte, was bezeichnet sie? Die Liebe, die sich ihres guten Werks nicht rühmt, es vielmehr verbirgt, so daß nur der es kennt, dessen Name Gott und Liebe ist. Gott ist die Liebe, und wer gemäß den Worten der Schrift in der Liebe lebt – der Heilige Paulus sagt es so, und ich las es –, bleibt in Gott und Gott in ihm. Nun wißt wahrlich, daß die Gaben des guten Grafen Philipp Gaben der Liebe sind. Stets kündet er sie einzig seinem guten, edlen Herzen, das ihn das Rechte tun heißt. Übertrifft er (also) nicht (wirklich) Alexander an Wert, dem an der Liebe und dem Tun guter Werke (ja) nichts lag? Freilich! Zweifelt daran keineswegs! Dann wird Chrétien seine Mühe wohl verwandt haben in seinem Streben und Trachten, auf den Auftrag des Grafen hin die beste Erzählung in Reime zu setzen, die an einem Königshof erzählt wird, nämlich die Geschichte vom Gral; das Quellenbuch hierzu gab ihm der Graf. Hört (nun), wie er seine Aufgabe erfüllt!

Es war zu der Jahreszeit, in der die Bäume ausschlagen, in der Gräser, Wälder und Wiesen grünen, die Vögel am Morgen lieblich zwitschern und Lust alles erfüllt; da erhob sich der Sohn der Witwe im wilden, einsamen Wald; freudig legte er seinem Jagdroß den Sattel auf, nahm drei Wurfspeere und verließ damit das Anwesen seiner Mutter. Er hatte im Sinn, ihre Feldarbeiter aufzusuchen, die für sie den Hafer säten; sie hatten zwölf Ochsen und sechs Eggen. So reitet er in den Wald hinein, und sogleich hüpfte sein Herz im Leibe vor Freude über die liebliche Jahreszeit und den Sang der tirilierenden Vögel, den er hörte. All dies entzückte ihn. Wegen der Milde des heiteren Wetters nahm er dem Renner den Zügel ab und ließ ihn frei grasen auf der frischen grünen Wiese. Er aber, der sich gut darauf verstand, seine Wurfspeere zu werfen, ergötzte sich daran, sie in alle Richtungen zu schleudern, bald nach hinten, bald nach vorn, bald flach, bald hoch, bis er durch den Wald fünf bewaffnete Reiter in voller Rüstung nahen hörte. Die Waffen der Heranreitenden machten gewaltigen Lärm; oft nämlich krachen die Äste der Eichen und Hagbuchen dagegen; die Lanzen stießen an die Schilde, und alle Halsbergen rasseln. Die Holzschäfte dröhnen, das Eisen der Schilde und Halsbergen klirrt. Der Junge hört (nur), wie sie im Schritt auf ihn zureiten, er kann sie (aber) nicht sehen. Er wundert sich sehr und ruft: „Bei meiner Seele, meine Frau Mutter hat die Wahrheit gesprochen, da sie mir sagte, daß Teufel das Abscheulichste auf der Welt seien, auch hat sie mir beigebracht, daß man sich deretwegen bekreuzigen müsse; aber diese Lehre werde ich nicht befolgen: ein Kreuz schlagen werde ich nicht, vielmehr will ich den Allerstärksten so mit einem meiner Wurfspeere treffen, daß die anderen gewiß darauf verzichten werden, mir zu nahe zu kommen." So sprach der Junge zu sich selbst, bevor er sie zu Gesicht bekam; als er sie jedoch deutlich wahrnehmen konnte, weil der Wald sie nicht (länger) verbarg, und als er die blinkenden Halsbergen erblickte und die glänzenden, funkelnden Helme und als er das Weiß und Rot (der Rüstungen) in der Sonne aufblitzen sah, das Gold, das Blau und das Silber, da entzückte und begeisterte ihn das ungemein, und er rief aus: „Ah, Herrgott, Erbarmen! Das sind (ja) Engel, die ich hier sehe. Nun habe ich in der Tat schwer gesündigt, einen bösen Fehler habe ich gemacht, indem ich meinte, dies seien Teufel."

Rezeption
Dieser letzte höfische Versroman Chrétien de Troyes' war ein mittelalterlicher Bestseller. Er existierte in mindestens 15 Handschriften, erfuhr zahlreiche Fortsetzungen (im französischen Sprachraum stammt eine Fortschreibung von Gerbert de Montreuil) und Übersetzungen. Einer der bekanntesten Epigonen Chrétien de Troyes' war Raoul de Houdenc mit seinem Artusroman *La Vengeance Raguidel* (verfasst wohl zwischen 1200 und 1230). Robert de Borons Versroman *Le Roman de l'estoire del Graal*, könnte, wie als möglich angenommen, durchaus *vor Perceval*, statt, wie auch zuweilen vertreten, als vermeintliches Epigonenwerk erst um 1180 entstanden sein. *Perceval* war auch das Muster für viele nachfolgende Prosa-„Grals"-Werke. (Deutsche Bearbeitungen/Umarbeitungen kamen von H. von Aue, W. von Eschenbach und erstreckten sich bis zu Wagners *Parsifal*-Oper. Eschenbach benutzte Chrétien de Troyes' Text als Hauptquelle und schrieb die Grals-Erzählung in seinem *Parzival* fort (um 1210).

12.-13. Jahrhundert

Die Troubadour-Dichtung und die „Rosenromane"
Der Troubadour (provenzalisch *Trobador*) war der originär südfranzösische Dichter oder Sänger des 11./12. und 13. Jahrhunderts, der seine Vers-Lieder (z.B. Pastorellen und Balladen) selber schrieb, arrangierte und vortrug.

Info

Troubadourdichtung. *Überliefert sind Texte von ca. 460 männlichen wie weiblichen (Trobairitz) Troubadouren. Zu den populärsten zählten in Frankreich Jaufré Rudel, Marcabru, Bernart de Ventadour, Bertran de Born, Peire Vidal. Hauptthema der Troubadourpoesie ist selbstredend die (höfische Minne-) Liebe zur „Ideal-Frau", d.h. die unglückliche Liebe des Ritters zur höfischen Dame. Im Zuge der Albigenserkriege kamen die Troubadoure u.a. nach Nordfrankreich. Hier wurde die Troubadourdichtung bereits nachgeahmt, die nordfranzösischen meist höfischen Dichter-Sänger hießen Trouvères, die die Form und Sprache des Minnesangs perfektionierten. Zu ihnen zählten Chrétien de Troyes, Thibaut IV de Champagne (mit rund 60 „Love-Songs" einer der frz. Groß-Lyriker des Zeit), Gace Brulé, Adam de la Halle, außerdem Guillaume de Machaut und Conon de Béthune.*

Le Roman de la rose
(Teil I verfasst um 1236, Teil II zwischen 1275 und 1280)
Noch heute gelesen wird der exemplarische höfische Troubadourroman *von Guillaume de Lorris* (1205-1240) *Le Roman de la rose*, dessen ganz anders geartete Fortsetzung *Jean de Meun(g) (*etwa 1250-1305*)* schrieb. *Guillaume De Lorris*' erster, unvollendeter (Vers-)*Roman de la rose* gilt als ein literarisches Meisterwerk des Mittelalters. Der Roman von der Suche nach dem Liebes-Symbol schlechthin, der Rose, bildete Höhepunkt und Abschluss der höfischen Liebesliteratur. Dabei wurde die Darstellung der Liebe bei Guillaume de Lorris in die Form einer Allegorie gekleidet, eines der häufigsten Darstellungsmittel mittelalterlicher Dichtkunst, was bedeutet, dass die handelnden Figuren bei ihm nicht als selbständige Personen, sondern als allegorische Typen existierten und auftraten; H.R. Jauß bezeichnete den ersten Rosenroman als *„nicht wieder erreichten Gipfel der Minneallegorie*". – Jean de Meun(g)s *Rosenroman Teil II,* die ungleich längere (statt 4000 um die 18000 Verse beinhaltende) vorgebliche Fortsetzung, hatte mit Teil I in Wahrheit nicht mehr viel zu tun, Teil II des *Romans de la rose* bewegte sich sogar im krassen Gegensatz zu diesem. Denn Jean de Meun(g)s Werk, den Verfall höfischer Liebes-Ideale spiegelnd, kehrte die von Guillaume de Lorris' dargelegten Liebes(kunst)-Lehren nahezu um und war außerdem mehr eine belehrende philosophisch-empirische Enzyklopädie als ein Roman. Bei Jean de Meun(g) wurde die Liebe nicht mehr wie bei Guillaume de

Lorris vom höfischen Sittenkodex diktiert, sondern als natur- und instinkthaft gezeigt, sie interessierte Jean de Meun(g) nicht als moralischer Wert, sondern nur als wissenschaftliches Phänomen. Er widerrief das von seinem Vorgänger propagierte Ideal (oder dessen Konzept) höfischer Liebe, insofern er zu deren idealer Verbündeter die Allegorie „Heuchelei" erklärte, wie dies „die Vernunft" in einer 2000 Verse fassenden Tirade nachwies; woraufhin der bürgerliche Gelehrte Jean de Meun(g) von der Allegorie „Natur" dann noch eine enzyklopädische Darstellung des positiven und philosophischen Wissens der Epoche vortragen ließ – seine radikal kritische Einstellung zur Weltordnung wies schon auf die Renaissance, auf Rabelais, voraus. Bei alledem war Jean de Meun(g)s *Rosenroman* vom 14. Jahrhundert bis Mitte des 16. Jahrhunderts das meistgelesene Werk der französischen Literatur. 1527 publizierte C. Marot eine neufranzösische Übersetzung, die den altfranzösischen Text verdrängte. (Beide *Rosenromane* sind übrigens nicht zu verwechseln mit *Jehan Renarts* zunächst so betiteltem höfischen Roman *Le Roman de la rose* (1212), welcher, um eben eine Verwechslung zu vermeiden, später umgetauft wurde zu *Le Roman de la rose ou de Guillaume de Dôle*.)

13., 14., 15. Jahrhundert

Diese Jahrhunderte des Hoch- oder Spätmittelalters brachten Frankreich eine Blütezeit der Literatur und eine ungemeine Vielfalt literarischer Formen.

Es wurden populär-unkomplizierte Tanzlieder geschrieben (*rondeaux* bzw. *virelais*), Liebeslieder, z.B. idyllische *pastourelles*, Balladen, aber auch *chansons d'histoire* und Kreuzzugslyrik *(chansons de croisade);* ferner erste dramatische Werke, Satiren, Passionsspiele und geistliche Mysterienspiele. Weltliche Stücke verfasste

Adam de la Halle (de la Hâle) (1237-1287/88)

Li Jus Adan, ein weltliches Schauspiel, aufgeführt zwischen 1226 und 1276, ist die älteste heute noch bekannte französische satirische Komödie, die überliefert ist. Adam de la Halle war Poet und Komponist, schrieb und komponierte *Chansons, Motetten, Rondeaus, Virelais* und war zudem Autor von Singspielen (*Li Jus de Robin et de Marion*, entstanden 1283 oder 1285)). Er nannte sich selber *„den letzten Troubadour",* die Welt taufte ihn „den Buckligen von Arras".

Im **14. und 15. Jahrhundert** prosperieren in Frankreich viele explizit *satirisch* angelegte literarische Gattungen.

- die *fabliaux:* seit dem 12. bis ins 14. Jh. in Frankreich präsente, von Spielleuten dargebotene Vers-Erzählungen schwankhaften Inhalts. Überliefert sind ca. 150 Stoffe antiken und orientalischen Ursprungs, die von Boccaccio und später in Frankreich von Rabelais und Molière wieder aufgegriffen wurden;
- die *farces* – derb-komische Lustspiele, in Frankreich seit Ausgang des 14.Jh.'s im Schwange. Genuin waren die *farces* volkstümliche Einlagen in Mirakel- oder Mysterienspielen. Recht berühmt war die um 1465 verfasste, oft nachgedichtete anonyme Farce *Maistre Pierre Pathelin*, in der der Held, ein Gauner-Advokat, zuletzt selber betrogen wird;
- die *soties* – zeitkritische Possenspiele voll extremer sozialer und politischer Satire, seit Mitte des 15.Jh. in Nordfrankreich kursierend;
- die *moralités* – witzige allegorische Spiele.

Außer Passionsspielen, Dramen und Satiren werden ab dem 13. Jahrhundert verstärkt *Novellen* geschrieben – so auch *Les cent nouvelles nouvelles*, eine Novellensammlung einer ganzen Reihe anonymer Verfasser, entstanden zwischen 1456 und 1467 wahrscheinlich am Hof Philipps des Guten von Burgund; sie erschien 1486, 16 Jahre, nachdem in Italien Boccaccios *Il Decamerone* als Druck-Werk die offizielle Geburtsstunde dieser Gattung anzeigte, und fast ein Jahrhundert vor dem Erscheinen von Margarete von Navarras *Heptaméron des nouvelles* von 1558.

Doch die französische Historie wirkte sich im Spätmittelalter durch den 100-jährigen Krieg hemmend auf die Literatur aus, auch, weil viele Literaten in den Krieg zogen. Führender Dichter wird wohl nicht zufällig der Lyriker und womöglich berüchtigste Outlaw der Weltliteraturgeschichte *Villon*, dessen „wilde" Poesie die mittelalterliche französische Lyrik-Produktion gewissermaßen als spektakuläres Highlight abschloss.

François Villon (1431/32)- nach 1463)

<u>Leben und Werk</u>

Über Villons Leben sind nicht viele wirklich gesicherte Fakten im Umlauf. Geboren wurde er im 100-jährigen Krieg, wohl 1431/32, im Todesjahr der Jeanne d'Arc, unter seinem mutmaßlichen eigentlichen

Namen François de Montcorbier oder auch François des Loges (sein richtiger Familienname ist nicht zweifelsfrei ermittelt) als Sohn armer Eltern. Früh verwaist kam er in die Obhut des Kaplans Guillaume de Villon. Sein Adoptiv- bzw. Pflegevater, dessen Namen er später für sich übernahm, bestimmte ihn für die Priesterlaufbahn. Er studierte an der Sorbonne und wurde 1452 Lizentiat und Magister artium; involviert in Studentenkrawalle beendete er seine akademische Karriere jedoch zwangsweise. Villon durchstreifte in dieser Zeit in Gesellschaft zwielichtiger, „bunter", typisch mittelalterlicher Studenten und Kameraden Paris, insbesondere natürlich das Sorbonne-Viertel, und war auch Stamm-Gast im anrüchigsten Pariser Cabaret „Le Pomme de Pin". Er leistete sich regelmäßig Gesetzloses und kam öfter in Haft. 1455 erschlug er im Streit einen Priester und musste aus Paris fliehen. Ein abenteuerliches Wanderleben in der Provinz folgte. Villon wurde Mitglied der „coquille", einer damals über ganz Frankreich verbreiteten geheimen Verbrechergang, deren Erkennungsemblem eine an die Kleidung geheftete Muschel war. Wieder in Paris, verübte er einen Einbruch im „Collège de Navarre", verließ die Stadt abermals zwangsweise und lebte eine Zeitlang, möglicherweise 1457/58, am Hof des Herzogs und „Dichterprinzen" Charles d'Orléans in Blois. 1461 kam Villon in Meung-sur-Loire wegen neuer Vergehen ins Gefängnis, wurde ausgepeitscht und mit der Wasserbirne gefoltert, dann aber aufgrund einer Amnestie Ludwigs XI. 1461 freigelassen. 1462 folgte in Paris wegen des zurückliegenden Einbruchs eine neue Verhaftung. Nach einem blutigen Streit drohte ihm 1463 der Tod durch den Strang – ein Ereignis, aus dem er seine bekannteste Ballade (*Ballade des pendus)* machte; die Strafe wurde in eine zehnjährige Verbannung aus Paris umgewandelt. Danach hat sich François Villons Lebensspur im von vielen Legenden belebten Nirgendwo verloren.

Werke (Auswahl)

- *Le grant testament Villon et le petit. Son codicille. Le iargon et ses balades (Gedichtsammlung) 1489*
- *La Ballade des pendus (Gedicht) 1489 als Anhang zur ersten Ausgabe des Grant testament*

Le petit testament/Le Testament
Villons chaotisches Leben scheint sich in seinen lyrischen Produktionen (besonders in seinen *Testamenten)* niedergeschlagen zu haben, wenngleich auch dort das lyrische Ich und der Autor Villon nicht

unbedingt (oder vielleicht gar nicht) deckungsgleich sind, da es sich um konstruiert-fiktive poetische Gebilde handelt. Die *Testamente* bilden mit 2343 Versen Villons Hauptwerk. In ihnen zeichnet er in einer Mischung aus derbem Witz, Polemik, Satire und Melancholie ein realistisches Sittenbild, welches das Leben in Paris und in Frankreich zur Zeit des ausgehenden Mittelalters aus der Perspektive eines radikalen Nicht-Konformisten eindringlich vor Augen zu rücken weiß.

Le petit testament

Es entstand fünf Jahre vor dem so genannten *großen Testament*. In 40 Strophen fingierte Villon einen „Erblasser", der vor einer aus Liebeskummer angetretenen gefährlichen Reise mit ungewissem Ausgang ein „Vermächtnis" aufsetzt und dann in satirischer Tonlage den Menschen seiner Umgebung seinen gesamten materiellen und ideellen Besitz „vererbt". Sowohl dem *Lais* als auch dem zweiten, dem *Grant testament,* liegt die genau beachtete juristische Struktur eines realen Testaments zugrunde, das sich allerdings von Anfang an erkennbar in eine poetische Fiktion verwandelt und als Phantasieprodukt ausgibt. Villon übte über dieses ohne Zweifel originelle Medium in erster Linie *Kritik*. Er kritisierte teils lebende Menschen (persönliche Bekannte wie auch bekannte Persönlichkeiten), teils „die Verhältnisse", und die Kritik richtete sich vorrangig wie bei Jean de Meun(g) gegen die mittelalterliche Stände- resp. Klassengesellschaft und ihre Eigentumsverhältnisse. Die blumig-unverblümten Attacken aus der poetischen, nicht zu fassenden Warte eines „Erblassers", eines Testierenden, kleidete Villon in Verse und auch in eingestreute Balladen. Der fiktive Erblasser nennt eine große Menge von „Erben", denen er seine „Legate" vermacht – darunter Justizangehörige, Polizisten, Spitzel, persönlich vertraute „coquillards" und zum Schluss auch die Armen von Paris; die „Beerbten" werden (mehrheitlich) satirisch attackiert, teils als reale Personen, teils als gesellschaftliche Funktionsträger, so dass das Gesellschafts-Gemälde konkretes Leben gewinnt. Bis zum Schluss wird die Fiktion des „Letzten Willens" aufrecht erhalten, indem die juristischen Formeln des Testaments pedantisch und mit komischem Effekt beibehalten werden. Villon selbst taufte sein erstes Werk im Übrigen *Le Lais (Das Legat)*, der Titel *„Petit Testament"* stammte nicht von ihm.

Leseprobe: *Le petit testament*

I

Im Jahre vierzehnsechsundfünfzig
hab ich, Françoys Villon, Scholar,
als ich bedachte, klaren Sinns,
den Zaum im Maul und angeschirrt,
daß vor der Tat man überlegt,
wie es Vegetius uns erklärt,
der weise Römer, der gut rät,
wo nicht, verkalkuliert man sich…

II

Zu diesem Zeitpunkt, wie gesagt,
um Weihnacht, jene tote Zeit,
wo sich vom Wind die Wölfe nähren
und gerne man zu Hause bleibt,
der Kälte wegen, dicht beim Herd,
kam mir ein Plan, daß ich zerbräche,
den Kerker meiner Liebespein,
der ständig mir mein Herz zerbrach.

III

Und wie beschlossen, ward's getan,
weil jene ich vor Augen sah,
die meinen Untergang gewollt,
obwohl's ihr keinen Vorteil brachte;
drob klag den Himmeln ich mein Leid
und bitte alle Liebesgötter,
sie zu bestrafen und zugleich
mir meine Liebespein zu lindern.

IV

Hab ich als günstig ausgelegt
die sanften Blicke, holden Züge,
die voll verräterischer Süße
bis an die Hüften mich durchbohrten,
so war'n sie treulos doch wie Schecken

unzuverlässig in der Not:
Muß andre Felder drum bebaun,
in andre Stempel Münzen schlagen.

V

Mich nahm der Blick von *der* gefangen,
die zu mir hart und treulos war;
und ohne, daß ich was verbrochen,
will und befiehlt sie, daß ich leide
den Tod und nicht mehr länger lebe.
So bleibt als Ausweg mir nur Flucht;
sie will die Lötverbindung brechen,
mein klagend Elend nicht erhören.

VI

Um zu begegnen ihrem Drohn,
ist's, glaub ich, besser fortzugehn.
Adieu! Ich will nach Angers ziehn,
da sie mir ihre Gunst nicht schenkt,
als Ganzes nicht und nicht geteilt.
Für sie sterb ich, an Gliedern heil,
kurz, Liebesmärtyrer ich bin,
zähl zu den Liebesheiligen gar.

VII

Wie schwer mir auch der Abschied fällt,
entfernen muß ich mich von ihr;
mein alberner Verstand begreift's:
ein andrer Strang ist auf dem Rocken!
Drum war kein Bückling von Boulogne
je ohne Saft, wie ich es bin.
Das ist für mich ein schlimmes Spiel:
Wollt' Gott mein Flehen doch erhören!

VIII

Da ich nun einmal scheiden muß,
nicht weiß, ob ich je wiederkehre
(bin ja kein fehlerloser Mensch,

auch nicht aus Stahl, nicht mal aus Zinn;
die Lebenszeit ist ungewiß,
kein Aufschub bleibt mehr nach dem Tod)
- auch reis ich in ein fernes Land –,
errichte ich dies Testament.

IX

Zum ersten, in Gott Vaters Namen,
des Sohnes und des Heiligen Geists,
auch dem der Mutter, hochgeehrt,
dank deren Gnade nichts vergeht,
will meinen Ruf, das walte Gott,
ich Herrn Guillaume Villon vererben,
der nur erklingt zu seiner Ehr,
auch meine Zelte und mein Wappen.

Le grant testament

Das 1461 vom nun 30 jährigen Villon geschriebene *Grant testament* funktionierte nach ähnlichen Gesetzen und Abläufen wie sein Vorgänger. Erneut handelte es sich um ein real-fiktives Vermächtnis mit allen zugehörigen Formeln, dieses Mal aber ging Villon, gleichsam verschärft, nicht mehr von einer „Reise“ aus, sondern von der Fiktion eines Sterbenden. Jetzt konnte er die schonungsloseste Zeitkritik auffahren, denn, wie es an einer Stelle heißt: *„Qui meurt a ses loix de tout dire.“* (*„Der Sterbende darf alles sagen.“)* So bekam zum Beispiel die Armutsthematik im zweiten *Testament* eine größere Bedeutung als im ersten. Villon bezeichnete sich hier selber als armen Teufel und solidarisiert sich mit anderen Armen (Bettlern, Dirnen, Zuhältern, Waisen, Findelkindern, Kranken, Blinden) und er unterließ keine Polemik gegenüber den Reichen. Er übernahm aus *Le petit testament* die Dreifachrolle des Satirikers, Anklägers und Melancholikers, doch *Le grant testament* war tendenziell moralisierender und ernsthafter angelegt als *Das kleine Testament*. Die „Legatsempfänger“ waren hier u.a. Gott und die Angehörigen (etwa Ziehvater, Mutter), außerdem wieder Polizisten, Juristen, Untersuchungsrichter, Verwaltungsbeamte, ferner Vertreter der kirchlichen Gerichtsbarkeit, Ordensmitglieder, Wucherer, Geldwechsler, Parlamentsräte, reiche Bürger, Grundherren, Großkapitalisten, Hausbesitzer, Steuereinnehmer, Rechtsanwälte, Tuchhändler, Tavernenbesitzer; dazu gesellschaftliche Randexistenzen und Außenseiter. Das *Große Testament* besaß zusammen mit seinem größeren quantitativen Umfang eine weitaus komplexere Gestalt und Anlage als das *Kleine Testament.* Es enthielt eine Selbstcharakteristik Villons (*„Kein ganzer Narr, doch auch nicht Weiser"*), ein kaum noch burlesk zu nennendes Sinnieren über Leben, Schicksal, Tod, tiefsinnige Gedanken über Freud und Leid, schließlich Reflexionen über *„die Natur der Weiber"*. Villon fügte diverse direkt persönliche Balladen ein, die er Freundinnen und seiner Mutter „vermachte", außerdem Balladen über Säufer, Nutten und das Pariser Leben und wieder über den Tod. Am Ende gab er noch Anweisungen für sein Begräbnis, bestimmte einen „Testamentsvollstrecker" und entwarf die eigene Grabinschrift. Zwei Balladen beendeten das *Große Testament:* in der einen bat Villon die „Legatsempfänger" und überhaupt Lebenden um *„Pardon"*, die andere reflektierte nochmals wehmütig über Leben und Tod und übertönte alles vorherige Heitere. Ein Anhang mit verstreuten Balladen folgte.

Leseprobe: *Le grant testament (Ende)*

CLXXXV

Der sogenannte Erbstreitschlichter
erfährt von mir nicht *quid* noch *quod;*
es wird ein junger Priester sein,
sein Name ist Thomas Tricquot.
Auf seine Kosten tränk' ich gern,
und wär's um meines Hutbands Preis!
Verstünd' er sich aufs Tennisspiel,
so ließ' ich ihm *Perrectes Loch.*

CLXXXVI

Was nun den Kerzenschmuck betrifft,
Guillaume du Ru soll ihn besorgen;
wer meines Bahrtuchs Ecken trägt,
das überlaß ich den Vollstreckern.
Mehr schmerzen mich als je zuvor
der Bart, das Haar, die Scham, die Brauen.

Die Krankheit drängt, ich muß sogleich
bei allen um Verzeihung flehn.

Ballade

Kartäuser wie auch Zölestiner,
die Bettelmönche, frommen Schwestern,
die Gaffer und die Absatzklapprer,
die Diener und die leichten Mädchen
mit prallen Miedern, engen Röcken,
die Gecken, die vor Liebe sterben
und schmerzlos gelbe Stiefel tragen:
Sie alle bitt ich um Pardon.

Die Mädchen, die die Brüste zeigen,
damit sie viele Kunden kriegen,
die Diebe und die Streit anfangen,
die Gaukler, die mit Affen ziehn,
die Narren und die Possenreißer,
die gehen und zu sechst dann pfeifen
mit Blasen und mit Narrenzeptern:
Sie alle bitt ich um Pardon.

Doch nicht die Hunde, die Verräter,
die mir nur harte Krusten gaben
zu kauen oft bei Nacht und Tag,
und die ich keinen Dreck mehr fürchte.
Ich würde furzen für sie, rülpsen,
doch kann ich's nicht, ich sitze ja.
Doch Schluß, damit ich Streit vermeide:
Sie alle bitt ich um Pardon.

Die fünfzehn Rippen brech' man ihnen
mit Vorschlaghämmern, stark und breit,
mit Bleischnürn oder solchen Kugeln:
Sie alle bitte ich um Pardon.

Rezeption

Villons gesammelte Werke wurden zuerst 1489 unter dem Titel *Le grant testament Villon et le petit* gedruckt und bis Ende des 15. Jahrhunderts zehnmal nachgedruckt. Im 16. gab es noch einmal 25 Ausgaben. Seine Rezeption mündete jedoch erst Ende des 19. Jahrhunderts in einen wahren Kult, während seine Wirkung z.B. in der Klassik des 17. Jahrhunderts äußerst gering war – hier lehnte man den dichtenden Strolch natürlich wegen seiner z.T. obszönen und allzu ungeschminkt-realistischen Verse als weder „wohlanständig" noch „vernünftig" ab. Dennoch anerkannte Regelpapst N. Boileau-Despréaux in seiner Poetik *L'Art poétique*, dass Villon die französische Lyrik bereichert habe. Doch erst seit dem 19. Jahrhundert wurden Villons Kunst, die zynischen Witz mit Gefühl verband, und seine unangepasste, für die französische Literatur im Ganzen so typische Gesellschaftskritik gewürdigt. Für die Romantiker war er *„der Poet am Rande der Gesellschaft"*, der sich weigerte, den Normen und Zwängen der herrschenden Welt zu gehorchen und, nach den Worten Gautiers, ohne Rücksicht mit dem Mittelalter abrechnete. Die Symbolisten verehrten den *„dichtenden Verbrecher";* Poeten wie Rimbaud (in dessen Werk sich viele wörtliche Villon-Entlehnungen finden) oder Apollinaire huldigten ihm ebenso wie in Deutschland Brecht, der in seiner *Dreigroschenoper* Partikel aus verschiedenen Villon-Balladen einbaute, so auch die geflügelt gewordene Sentenz: *„Il n'est trésor que de vivre à son aise" – „Nur wer im Wohlstand lebt, lebt angenehm"*.-

In jüngeren französischen Forschungen wird nun seriös bezweifelt, ob „der wilde Poet" François Villon mit dem realen Menschen Villon tatsächlich identisch war (was der Schauspieler Kinski in seinen Villon-Lesungen immer wieder exzessiv beschwor und zelebrierte). Ein „amtliches Individuum Villon" gab es auf jeden Fall, und verbürgt ist, dass ein François Villon in zeitgenössischen Dokumenten und Zeugnissen unter wenigstens vier verschiedenen Namen in behördliche Erscheinung trat, u.a. als Einbrecher, Messerstecher, Schläger. Dass dieser Mann aber auch in Wahrheit der *Dichter* Villon war, wird und wurde immer allein aus der *Dichtung,* d.h. dem lyrischen Villon-Gesamtwerk, extrapoliert, rekonstruiert, geschlossen – aber nie zweifelsfrei bewiesen. Was bedeutet: nur wenn man Villons Werk als unmittelbare Lebensdichtung nimmt, war er de facto „Villon". François, der Dichter, so die französische These, mithin der wahre Verfasser der Villon-Dichtungen, war in Wahrheit eventuell eine ganz andere Person – nämlich ein unbekannter französischer Jurist, der sich der Lebensumstände des „Behörden-Villon" bedient haben könnte, um hinter der Maske dieses Namens seine Kritik an den Zuständen äußern zu können.

Testfragen

1. *Was waren die „chansons de geste"?*
2. *Was dichtete Chrétien de Troyes?*
3. *Worin differieren die beiden „Rosenromane"?*
4. *Welches Mittelalterbild offenbaren Villons „Testamente"?*

Lektüretipps

Curtius, E.R.: *Europäische Literatur und lateinisches Mittelalter. Tübingen 1993.*

Krauß, H. *(Hg.): Altfranzösische Epik. Darmstadt 1978.*

Köhler, E.: *Vorlesungen zur Geschichte der französischen Literatur, Mittelalter. Stuttgart 1990.*

Kukenheim, L./Roussel, H.: *Führer durch die französische Literatur des Mittelalters. Aus dem Frz. Berlin 1969.*

2. Kapitel
RENAISSANCE UND HUMANISMUS (16. Jh.)

Historischer Kontext

Um 1500 mischte sich Frankreich in die Machtkämpfe in Europa ein, als der französische König Karl VIII. (1483-1498) einen Kriegszug nach Italien unternahm. Als Erbe der Anjou erhob er Ansprüche auf das Königreich Neapel und besetzte es 1494/95 zeitweilig. Auch die Außenpolitik seines Nachfolgers Ludwigs XII. (1498-1515) konzentrierte sich ganz auf Italien, 1499 eroberte er das Herzogtum Mailand, dann Neapel, das er aber 1505 an Spanien abtreten musste, das eroberte Herzogtum Mailand musste er 1513 ebenfalls wieder aufgeben. Franz I. (1515-1547) setzte die Kämpfe um französische Ansprüche in Italien fort. Dabei wurde sein Dauergegner Kaiser Karl V. aus der Habsburger-Dynastie, von 1515 bis 1556 Kaiser des Heiligen Römischen Reiches deutscher Nation und gleichzeitig König von Spanien, von Neapel und Sizilien, Herzog von Burgund und den Niederlanden und Herr über das große spanische Kolonialreich in Amerika.

Wegen des übermächtigen habsburgischen Besitzes fühlten sich vor allem die französischen Könige, so auch Franz I., bedroht. In seiner Regierungszeit lieferte er sich jahrelang schwere Kämpfe mit Karl V. wegen Norditalien und Burgund. Er ging sogar ein Bündnis mit den moslemischen Türken ein und suchte auch die Verbindung zu den deutschen protestantischen, gegen den Kaiser opponierenden Reichsständen. 1544 endeten die Kriegshandlungen zwischen Karl V. und Franz I. mit dem Frieden von Crépy, bei dem Karl V. auf das Herzogtum Burgund verzichtete.

In Frankreich spielte Franz I. die Rolle eines glanzvollen Renaissancefürsten. Er schätzte großartige Festlichkeiten und liebte den Prunk. So ließ er den Louvre umbauen und zum pompösen Königssitz gestalten. Bereits 1540 hatte er das Französische zur Gerichtssprache erhoben und damit das Lateinische und die südfranzösische Sprache abgedrängt. Während er jenseits der Landesgrenzen Verbindungen zu Protestanten und Moslems suchte, duldete er in Frankreich keine Glaubensabweichungen und bekämpfte die calvinistische Form der Reformation (Calvinismus), deren Anhänger in Frankreich als Hugenotten bezeichnet wurden. Heinrich II. (1547-1559) setzte diesen konfessionellen Kurs fort. Als sich auch Mitglieder des Königshauses dem Calvinismus zuwandten, fürchtete die katholische Adelspartei, dass Hugenotten die königliche Politik und ganz Frankreich in ihrem Sinne beeinflussen würden. So begann ab etwa 1560 ein fast dreißig Jahre langer Bürgerkrieg (*Hugenottenkriege*), angeführt von hohen, mächtigen Adligen. Der Herzog von Guise war der Wortführer der Katholiken.

Die Hochzeit König Heinrichs von Navarra, des Führers der Hugenotten, (aus der kapetingischen Nebenlinie Bourbon) mit Margarete von Valois, der Schwester des amtierenden französischen Königs Karls IX. (1560-1574), führte zu einer Verschärfung des Bürgerkriegs, als die Königinmutter Katharina von Medici und die katholische Partei in der Nacht vom 23. auf den 24. August 1572 ein Massaker unter den Hugenotten, die wegen der Hochzeit nach Paris gekommen waren, veranlassten (*Bartholomäusnacht*). Das Morden wurde auf ganz Frankreich ausgedehnt. Aber der Bräutigam überlebte. Als 1589 der französische König Heinrich III. (1574-89) ermordet wurde und das Haus Valois erlosch, erhob Heinrich von Navarra Ansprüche auf den französischen Thron. Als Heinrich IV. (1589-1610) wurde er französischer König, musste aber 1593 zum katholischen Glauben übertreten, um die nationale Einheit zu wahren. Während seiner Regierungszeit bemühte er sich, die Folgen des Bürgerkriegs zu beseitigen und die Staatsfinanzen zu sanieren. Er stärkte die königliche Zentralgewalt und versuchte, den religiösen Frieden herzustellen. Dies gelang ihm 1598 mit dem Edikt von Nantes, in dem er seinen ehemaligen Glaubensbrüdern Schutz vor Verfolgung und das Recht auf eigene Kirchen, Schulen und Friedhöfe zusicherte. Sie erhielten auch 150 Sicherheitsplätze, d.h. Städte mit überwiegend hugenottischen Bewohnern, die ihren eigenen Stadtkommandanten und eigene Truppen hatten. Heinrich IV. war ein beliebter König, der in vielen französischen Volks- und Lustspielen vorkam und dort als Wohltäter und Friedensstifter gefeiert wurde. Er galt als ideale Herrschergestalt. Viele europäische Schriftsteller machten ihn zur Hauptperson ihrer Werke, so in Frankreich Voltaire in seinem Epos *La Henriade* (1723) und A. Dumas père in seinem Roman *La Reine Margot* (1845) oder in Deutschland H. Mann in den Romanen *Die Jugend des Königs Henri Quatre* (1935) und *Die Vollendung des Königs Henri Quatre* (1938).

Epoche & Strömungen

Renaissance/Humanismus

Der Begriff Renaissance ist die Bezeichnung für die genau genommen noch halb mittelalterliche Epoche zwischen dem 14. und 16. Jahrhundert, als Künstler und Gelehrte zuerst in *Italien* Kunst und Literatur der Antike neu entdeckten, zum Vorbild bestimmten und eine ungemeine geistige und künstlerische Blüte in ganz Europa provozierten. Die „italienische Bewegung" erfasste vornehmlich Frankreich, und gerade die Italienfeldzüge trugen dazu bei, dass die neuen Ideen und Ideale hier bekannt wurden. Der Renaissance-Humanismus stellte den Zeitgeist des Mittelalters gewissermaßen auf den Kopf. Dort betrachteten die Christen gemäß kirchlicher Lehre das Leben nur als Durchgangsstadium zum Jenseits; im prinzipiell „sündigen" weltlichen Sein war jenseits der Kirche kein Glück, kein Heil möglich, die irdischen „Sünden" zogen ewige Höllenstrafen nach sich usw. Dementsprechend verteufelte die Geistlichkeit die Werke vieler antiker Dichter, Naturforscher und Philosophen als heidnische Schriften und verbot sie sogar. Ab dem 14. Jahrhundert begann diese Einstellung aufzuweichen. Man wollte mehr über die Kunstwerke und die Dichtungen der Griechen und Römer wissen, weshalb die Gelehrten anfingen, in den europäischen Klosterbibliotheken nach antiken Schriften zu suchen. Bei den antiken Autoren fanden sich andere als die engen mittelalterlich-kirchlichen Vorstellungen vom Menschen und seinem Erdenleben, der Mensch war in ihnen freier aufgefasst und emanzipierter von den Zwängen der Religion. Dies alternative Menschenbild griffen die Gelehrten, die sich Humanisten (von „humanus": lat., „auf den Menschen gerichtet") nannten, auf. Der Mensch selbst rückte ins Zentrum des wissenschaftlichen Interesses, die Humanisten plädierten dafür, dass er seine Fähigkeiten und Kräfte im Diesseits entfalten, sein Leben genießen und die Welt gestalten sollte. Die Gruppe der Humanisten war ausgesprochen klein, aber ihre Wirkung war gewaltig. Sie sahen in den Schriften der Griechen und Römer eine höhere Kultur, nach deren Idealen Neues geschaffen werden sollte. Die französische Literatur, deren Ausbreitung durch den (nicht mehr wie noch Ende des 15. Jahrhunderts in Frankreich mit Verbot bedrohten) Aufschwung des Buchdrucks stark zunahm, begann, sich an italienischer Dichtung, vor allem aber an *Francesco Petrarca*, zu orientieren, der in der Renaissance-Epoche zur Lichtgestalt von Literatur und Geisteshaltung wurde. Abgesehen davon folgte das Renaissance-Drama verstärkt der Theorie des Aristoteles.

Info

Petrarca (1304-1374). *Der Humanist und Lyriker besaß im Italien des 14. und 15. Jh.'s. Star-Status. Er forschte als einer der ersten nach antiken Handschriften, betrieb deren Verbreitung und bahnte den Weg zu einem neuen Verständnis der antiken Manuskripte, was einer Ablehnung der mittelalterlichen Latinität gleichkam. Er schrieb an Cicero geschulte lateinische Prosawerke und versuchte in dem Epos „Africa", gedr. 1496, eine Erneuerung des antiken Epos. Petrarca koppelte christliches Denken mit stoischer Philosophie, den Dualismus von weltlicher und asketischer Haltung thematisieren 12 allegorische 1473 gedr. Eklogen (Hirtengedichte). In italienischer Sprache verfasste er vor allem lyrische und allegorische Dichtung.*

Gattungen/Vorherrschende Gattungen

Lyrik (neu: Sonett, Ode); Roman; Novelle; Tragödie; Komödie; Memoiren; Prosadialog; histor.-relig. Epos; Kunstepos; Traktat; moral.- philosoph. Schriften; Lehrgedicht; Essay.

Autoren & Werke

Frührenaissance

Jean Lemaire de Belges (1473-1515)

Der nordfranzösische Hofhistoriograph war mit seinen Dichtungen kein unwichtiger Repräsentant der französischen Frührenaissance. Beliebt war seine historisch-romanhafte Nach-Dichtung *Les Illustrations de Gaule et singularités de Troye*, die sich von der Geschichte Trojas bis zu Karl dem Großen und seinem Frankenreich erstreckte. Lemaires humanistischer Traktat *Le Traicté intitulé. La Concorde des deux langaiges* ist zum Verständnis der Frührenaissance insofern wichtig, als er (als Italien-„Tourist" 1506/1508 mit der italienischen

Renaissance-Kultur in engem Kontakt) in ihm für die Gleichberechtigung der miteinander konkurrierenden „Dichtungs-Sprachen" Italienisch und Französisch eintrat. *Le Traité* bezog in seiner allegorischen Darstellung Anleihen beim *Roman de la rose* und trug, obwohl vom Renaissance-Zeitzug geprägt (z.B. im Plädoyer für den Lebensgenuss als hochwertiges Diesseits-Gut), noch mittelalterliche Züge. Zwar antizipierte Lemaire in seiner Lyrik schon in gewisser Weise das kommende dichterische Programm der *Pléiade*, votierte aber noch nicht grundlegend gegen die Dichtungs-Charta des Mittelalters. Recht humorvoll fiel sein *„Brief des grünen Liebhabers"* aus, bei welchem es sich um Margarete von Habsburgs liebeskranken Papagei handelte.

Werke (Auswahl)

- *Lettre de l'amant vert 1505*
- *Les Illustrations de Gaule et singularités de Troye 1509/11-1513*
- *Voyages de Gênes, voyages de Venise (poetische Beschreibung der Italienfeldzüge von Ludwig XII.) 1507-1509*

Jacques Amyot (1513-1593)

Getreu neuen Denkens und neuer Überzeugungen wurden vor allem zu Beginn des Renaissance-Jahrhunderts in einiger Fülle antike Werke aus den Bereichen Literatur und Philosophie ins Französische übersetzt. Amyot, Humanist und Sympathisant der Reformation, beeinflusste mit seinen populären Übersetzungen griechischer Autoren die Entwicklung der Renaissance-Literatur in Frankreich nicht nur marginal. Er unternahm wie Lemaire Reisen nach Italien, um seine Quellen zu studieren. Von Franz I. wurde er 1542 damit beauftragt, sein Hauptwerk in Angriff zunehmen, nämlich die Übersetzung eines Biographienkonvoluts Plutarchs, in dem dieser um 110 n. Chr. im Parallelverfahren über vierzig Biographien griechischer und römischer Geschichts-Prominenter (Cäsar, Alexander der Große etc.) zusammengestellt hatte. Amyots *Plutarque* (*Les Vies des hommes illustres grecs et romains, comparées l'une avec l'autre par Plutarque*), gedruckt 1559, wurde mutmaßlich wegen des leicht gehaltenen Übersetzungs-Stils ein Erfolg und konnte sich auch in den folgenden Jahrhunderten im französischen Literaturkanon etablieren. Dasselbe galt für weitere seiner Werke: die Übersetzung der *Äthiopika* des Griechen Heliodoros (1548), einer abenteuerlich- frivolen, deshalb vom Kleriker Amyot anonym veröffentlichten Liebesgeschichte, die Voltaire später in *Candide* parodierte; die Übertragung eines Schäferromans des spätantiken Dichters Longus (3. Jh. n. Chr.) über die idyllische Liebesbeziehung von *Daphnis und Chloë* (1559) auf der ägäischen Insel Lesbos; schließlich auch für die *Œuvres morales*, in denen Amyot moralphilosophische Schriften Plutarchs übersetzte (1572). Dieses Werk gab Impulse für die französische Essayistik und trug Amyot die Achtung Montaignes ein.

Clément Marot (1496-1544)

Marot, Anhänger sowohl der traditionellen altfranzösischen als auch der antiken Literatur, war der vielleicht wichtigste Lyriker der französischen Frührenaissance resp. der ersten Hälfte des 16. Jahrhunderts. Er erlernte das Dichten unter Anleitung seines Lehrers Lemaire de Belges und gelangte nach Lieferung eines langen Auftrags-Gedichtes (*Le Temple de Cupido*) zur Hochzeit von Ludwigs XII. Tochter Claude mit François de Valois, dem baldigen Franz I., 1519 in den Hofdienst von dessen Schwester Marguerite d'Angoulême. Nachdem er mit seiner umfangreichen, in Folge immer wieder erweiterten Lyriksammlung *Adolescence clementine* (erschienen erstmals 1532) Meriten gesammelt hatte, glänzte er mit einer künstlerisch bedeutsamen, weil selbständig nachdichtenden Psalmenübersetzung (1543), die Marot in Folge massive Schwierigkeiten bereitete. (Schon zuvor, ab 1526, war er als Lutheraner inhaftiert worden; anschließend geflüchtet und von der Inquisition verfolgt, hatte er dem Protestantismus abgeschworen und an den Hof zurückkehren dürfen.) Ein Jahr nach Erscheinen wurde das Werk verboten. Als verdächtigter Calvinismus-Sympathisant musste Marot unter dem Vorwurf des Ketzertums abermals ins Exil, wo er (in Italien) starb. Er gilt als derjenige französische Lyriker, der sich als einer der ersten dem Einfluss des Petrarkismus verschrieb. Sein erwähntes berühmtes, im Titel öfter verändertes Lyrik-Opus enthielt ein Gemisch aller möglichen Gattungen und Formen (u.a. *Balladen, Rondeaus, Chansons, Elegien, Satiren, Gesänge, Übersetzungen, satirische Versepistel* etc.). Der *Pléiade*-Zirkel erkannte Marot implizit, aber zugleich abwehrend als einen ihrer Vorläufer an. Marots überwiegend heitere Poesie wurde nachfolgend von der Klassik und dem 18. Jahrhundert geschätzt, wenn auch nicht gefeiert. Im 19. Jahrhundert pries Literaturpapst Sainte-Beuve den Renaissance-Lyriker und betrieb eine verstärkte Marot-Renaissance.

Info

Petrarkismus. *Die so genannte petrarkistische Lyrik war eine von Petrarca kreierte, ab dem 16. Jh. in ganz Mittel- und Westeuropa imitierte Liebesdichtung, die den Minnesang ablöste, dessen Grundkonstellation aber beibehielt, insofern Petrarcas Lyrik formal wie inhaltlich im provenzalischen Minnesang verwurzelt war. Seine Lyriksammlung „Il canzoniere", gedr. hrsg. 1470, wurde nicht nur für die italienische Lyrik kanonisch. Petrarcas Liebeslyrik „stempelte" die europäische Lyrik und löste auch die französische aus dem Einflussbereich des nachwirkenden Trobadors.*

Maurice Scève (1500-1560)

Scève war der führende Kopf der *Lyoner Dichterschule* und ein zweiter bedeutender Lyriker der französischen Frührenaissance.

Info

Lyoner (Lyoneser) Dichterschule. *In Südfrankreich entstandener, um 1550 relevant werdender Kreis von humanistisch ausgerichteten Dichtern/Dichterinnen in Lyon. Lyon wurde zu dieser Zeit neben Paris Literatur- und Kulturzentrum und war nicht nur ökonomischer Konkurrent der Metropole, sondern auch führend in Buch- und Druckgewerbe.*

Scèves strikt dem Petrarkismus-Stil verpflichteter Lyrik-Zyklus *Délie, obiect de plus haulte vertu* (1544) umfasste mehr als 400 kunstvoll gearbeitete Liebesgedichte und gilt als einer der Höhepunkte petrarkistisch-platonischer Lyrik schlechthin. Nach der Renaissance geriet Scève, dessen reflexiv-räsonierende Poesie absolut jahrhunderttypisch war, lange in die literarische Vergessenheit und wurde, in vorderster Linie wegen seiner artifiziellen Bildersprache, erst von den Symbolisten wiederbelebt.

Louise Labé (1526-1565)

Diese Lyrikern, genannt „La belle cordière", Gattin eines reichen Lyoner Seilermeisters, war die heimliche Mittelpunktfigur der Lyoner Dichterschule und wurde später deren bekannteste Repräsentantin. Als modern-emanzipierte Frau ihrer Zeit empfing sie in ihrem literarischen Salon Poeten und Künstler. Der Reformator Calvin attackierte sie aus Genf rüde als *„vulgäre Hure"*, Labé pries jedoch in ihren auch von Petrarca gesteuerten Elegien, Dialogen, Sonetten das Ideal der platonischen Liebe. Ihr gegenwärtig gebliebener Prosadialog *Le Débat de folie et d'amour* (1555) liest sich als burlesk-beschwingtes Liebesstreitgespräch, welches Triebe und Sinnlichkeit ins hochgeistig Ideale transformiert und scheinbar abdrängt. Vielfach imitiert, taucht der *Débat* z.B. auch bald im 17. Jahrhundert in La Fontaines Fabeln wieder auf *(L'Amour et la Folie)*. Labé, die ihre Werke unter dem Titel *Œuvres de Louise Labé, Lyonnaise* 1555 selber vereinigte, hatte *ihre* persönliche Renaissance bereits ab der Romantik. Hierzulande blieb ihr Name durch die Rilke-Übersetzung ihrer Sonette lebendig. – Ein anderes weibliches Glied der Lyoner Lyrikergruppe war *Pernette du Guillet* (1520-1545), deren *Rymes de gentille et vertueuse dame, D. Pernette du Guillet, Lyonnaise („Verse einer edlen und tugendhaften Dame")* 1546 postum erschienen.

François Rabelais (1494-1553)

<u>Leben und Werk</u>
Der fraglos größte Schriftsteller der französischen Frührenaissance (wenn nicht der französischen Renaissance überhaupt), eigentlich des Übergangs vom Mittelalter zum Renaissance-Zeitalter, war kein Lyriker, sondern François Rabelais, dessen satirisch-humanistischer Romanzyklus *Gargantua et Pantagruel* dieser Epoche der französischen Literaturgeschichte ihr plastisch-poetisches Erkennungszeichen aufgedrückt hat. Rabelais wurde auf dem Landgut „La Devinière" vor der Stadt Chinon in der Touraine geboren. Sein Vater war Advokat in Chinon und gehörte damit dem Stand der „robins", der juristischen Beamtenschaft, an. Für Rabelais war die theologische Laufbahn vorgesehen. Deshalb trat er um 1510/11 in das Franziskanerkloster „La Baumette" bei Angers ein, um 1520 wechselte er in das Kloster „Fontenay-le-Comte" in der Vendée. Dort machte ihn ein Mitbruder mit griechischen Autoren vertraut. Sein Studium antiker Texte und sein Interesse an humanistischem Gedankengut brachte ihn in Konflikt mit den Ordensregeln der Franziskaner, deshalb ging er 1524/25 mit päpstlichem Segen in das Kloster von Maillezais im Poitou zum Orden der Benediktiner, weil dieser gegenüber dem Humanismus aufgeschlossener war. Um 1526/27 verließ Rabelais aus unbekannten Gründen das Kloster, legte das Ordenskleid ab und wurde Weltgeistlicher. Ab 1530 stu-

dierte er in Paris und Montpellier Medizin und Naturwissenschaften und übte ab 1532 den Arztberuf aus. Er publizierte medizinische Schriften und Übersetzungen einiger Werke von Hippokrates und Galenus, des zweitbedeutendsten Arztes der Antike. 1532 wurde Rabelais Stadtarzt in Lyon. Er begleitete als Leibarzt (und Sekretär) den Kardinal und Dichter Du Bellay nach Italien und kam dabei natürlich auch nach Rom, ins Zentrum der Kirche und des Humanismus. 1537 wurde er approbierter Doktor in Montpellier und hielt dort auch medizinische Vorlesungen ab. Die Welt der Diplomatie lernte Rabelais kennen, als er 1538 an der Zusammenkunft zwischen Franz I. und Kaiser Karl V. in Aigues-Mortes teilnahm. Kardinal Du Bellay übertrug ihm 1551 als Pfründe die Pfarreien von Saint-Christophe du Jambet und Meudon bei Paris. 1553 starb François Rabelais in Paris. – Rabelais erarbeitete sich im Laufe seines Lebens eine renaissancetypische Universal-Bildung, die sich auch in der thematischen Vielfalt seiner Werke widerspiegelte. So veröffentlichte er außer seinem literarischen „Longseller" medizinische und juristische Manuskripte, astrologische Kalender, eine Topographie Roms, eine Schilderung der Festlichkeiten anlässlich der Geburt des zweiten Sohns von Heinrich II. und anderes mehr.

Gargantua et Pantagruel

Groß wurde er selbstverständlich als der Romanautor von *Gargantua et Pantagruel*, jener aus fünf Bänden bestehenden Romanreihe („Pentalogie"), die zuerst zwischen 1532 und 1564 erschien. Rabelais erzählt in diesem Zyklus in durchgehend satirischer Diktion von Geburt, Jugend und den Abenteuern des mit Wein und Met gesäugten und großgezogenen Riesen Pantagruel und dessen Vater Gargantua. Wird in den fünf Roman-Folgen durch die Protagonisten und wiederholt auftauchenden Personen zwar ein loser Zusammenhang hergestellt, geht der rote Faden einer fortlaufenden Handlung dennoch oft genug verloren, zumal Rabelais diese ab den Bänden 3-5 zugunsten einer sich ausweitenden zeitgeschichtlichen Betrachtung mehr und mehr vernachlässigte. Seine Leser wurden so einerseits Zeuge der unreglementierten renaissancehaften Erzählfreude Rabelais'; darüber hinaus erkannten sie, dass der Autor vor dem Hintergrund seiner derb-unterhaltsamen Geschichte möglichst viele Zeitphänomene kritisch zur Sprache bringen wollte. Rabelais stellte die Elemente der ihn umgebenden Wirklichkeit maßlos übertrieben dar, weshalb seine

Schilderungen den Charakter einer allumfassenden Verspottung der Daseinsformen (und des Wissens) seiner Zeit gewannen. Er kritisierte die scholastische Theologie und den verbreiteten Aberglauben, er hinterfragte die Weltfeindlichkeit der Mönchsorden, opponierte gegen geistige Intoleranz und wandte sich pauschal gegen alles Unnatürliche im menschlichen Leben. Die Renaissance-Epoche mit ihren politischen, sozialen, religiösen und wissenschaftlichen Erscheinungsformen in Frankreich war so das eigentliche Generalthema der Rabelais'schen „Pentalogie". Deren *erster* Roman erschien 1532 unter dem Originaltitel *Les horribles et espoventables faictz et prouesses du tresrenomme Pantagruel Roy des Dipsodes, filz du grand geant Gargantua, Composez nouvellement par maistre Alcofrybas Nasier.* Die Vorgeschichte des Pantagruel, also die Geschichte seines Vaters Gargantua, wurde zwei Jahre später, 1534, unter dem Originaltitel *Gargantua. La vie inestimable du grand Gargantua, pere de Pantagruel, iadis composee par L'abstracteur de quinte essence. Livre plein de pantagruelisme* veröffentlicht. Da das zweite Buch nicht die Fortsetzung des ersten Romans war, stand es in späteren Ausgaben am Anfang des Gesamtwerks. 1546 folgte das dritte Buch *Tiers livre des faictz et dictz heroiques du noble Pantagruel, 1552* das vierte *Le quart livre des faictz et dictz heroiques du noble Pantagruel.* Beim *„fünften und letzten Buch"* der Rabelais-Serie, als ganzes im Druck herausgekommen erst 1564, elf Jahre nach Rabelais' Tod, unter dem Titel *Le cinquiesme et dernier livre des faicts et dicts heroiques du bon Pantagruel,* ist umstritten, ob Rabelais als Urheber vollständig oder überhaupt verantwortlich zeichnete; die ersten 16 Kapitel dieser fünften „Staffel" erschienen mit dem Titel *L'Isle sonante* im Jahr 1562. Die extrem ausladenden Originaltitel aller fünf Bände haben spätere Rabelais-Herausgeber auf den griffigen Pauschal- Kurztitel *Gargantua et Pantagruel* zusammengekürzt. Seine Sujet-Idee bezog Rabelais übrigens aus einem 1532 in Lyon (wo er zu dieser Zeit als Arzt arbeitete) gedruckten, von ihm geschätzten Volksbuch, dessen Titel lautete: *„Grandes et inestimables cronicques du grant et enorme geant Gargantua"*. Das war ein Abenteuerroman voller komischer Einfälle, in dem ein anonymer Autor die geheimnisvolle Herkunft und die merkwürdigen Heldentaten des Riesen Gargantua beschrieb. Dieses Handlungsschema griff Rabelais auf und ließ sein eigenes Werk sogar als Fortsetzung der Gargantua-Saga des Volksbuches erscheinen.

Gargantua

Typisch für den Aufbau aller fünf Bücher ist auch der des zweiten über Gargantua, den Vater von Pantagruel. Auf *Vorrede* und Programm-*Vorwort* – in welchem dem Leser unerlässliche Hinweise fürs richtige Lesen gegeben werden –, folgt die Biographie des Helden. Berichtet wird von seiner Geburt, seiner Erziehung und Ausbildung und jenen kämpferischen Fähigkeiten, die er, als ein Krieg ausbricht, unter Beweis stellen muss. Das Schema folgte dem mittelalterlichen Ritterroman à la Chrétien de Troyes (z.B. in *Cligès)*), aber es tat dies durchaus als Parodie, ein Umstand, den vorab auch die von Rabelais verwendeten Namen verraten: Gargantua beispielsweise führt den Namen eines sagenhaften keltischen Riesen und heißt übersetzt *„der Herabschlinger"*; seine Mutter Gargamelle führt den Namen *„Riesenkehle"* und sein Vater Grandgousier heißt *„Großschlund"*, wodurch sich diese Familie beiläufig als Gemeinschaft passionierter Völler ausweist. In den Kapiteln eins und zwei wird Gargantuas Stammbaum vorgestellt, aber er dient Rabelais nur dazu, um dieses Vorgehen kritisch auf den aktuellen deutschen Kaiser zu übertragen und dessen Vormachtstellung in Frage zu stellen. Der Riese Grandgousier heiratet die Riesin Gargamelle, und als diese im elften Monat schwanger ist, wird ein Riesengelage veranstaltet, woraufhin, nach unmäßigem Verzehr von Kutteln und Wein, prompt die Wehen einsetzen. Anschließend bringt Gargamelle ihren Sohn durch ihr linkes Ohr zur Welt. Der Knabe Gargantua wird mit Wein gesäugt, prächtig in Weiß und Blau gekleidet und befasst sich in seiner Jugendzeit logischerweise ausschließlich mit Essen, Saufen und Schlafen. Der Lateinunterricht nach scholastischer Methode bei dem *„Doctor theologiae"* Holofernes führt zur völligen Verblödung des Knaben. Sein Vater schickt ihn deshalb zum Studium nach Paris an die 1200 unter Philipp II. August gegründete Sorbonne. Doch da verhindern notorische Fressorgien ein Studium. Stattdessen erfindet Gargantua 217 Unterhaltungsspiele, aber Ponokrates, ein fortschrittlicher Pädagoge, bringt ihn von dieser Lebensweise ab. Aber bald bittet ihn Vater Grandgousier um Unterstützung im Kampf gegen seinen Nachbarn Pikrocholos (*„der Gallbittere")*, mit dem aus groteskem Anlass ein Krieg entbrannt ist. Ein lebenslustiger, unfrommer Mönch namens Frère Jean des Entommeures tut sich in diesem Krieg an der Seite Gargantuas besonders hervor und wird mit der prachtvoll ausgestatteten Abtei Thélème belohnt, einem utopischen antiautoritären Kloster, in dem die Rabelais'sche Wunsch-Doktrin gilt: *„Fay ce que* *voudras"* („*Tu, was du willst"*). E. Köhler nannte dieses Kloster und dessen unordentliche Lebensordnung außerordentlich zutreffend „*den Entwurf einer idealen menschlichen Gemeinschaft"*.

Leseprobe: *Gargantua*

Erstes Kapitel

Über die Herkunft und über das alte Geschlecht des Gargantua

Ich verweise euch auf die große pantagruelinische Chronik, in der ihr euch über die Genealogie und über das alte Geschlecht des Gargantua kundig machen könnt. Dort werdet ihr des längeren darüber unterrichtet, wie die Riesen auf diese Welt kamen, und wie Gargantua, der Vater des Pantagruel, in direkter Linie von jenen abstammt. Laßt es euch nicht verdrießen, wenn ich momentan hiervon Abstand nehme, obwohl es sich ja so verhält, daß je häufiger man diese Geschichten erzählt, desto größere Freude sie Ew. Herrlichkeiten bereiten. Denn bereits Platon – in *Philebos* und *Gorgias* – und auch Flaccus haben darauf hingewiesen, daß es Geschichten gibt, die um so köstlicher sind, je öfter man sie erzählt.

Wollte Gott, daß ein jeder seinen Stammbaum so genau kennte, von der Arche Noah an bis zum heutigen Tage. Ich glaube schon, daß heutzutage manch ein Kaiser, König, Herzog, Fürst und Papst auf dieser Erde von irgendwelchen Ablaßkrämern und Kiepenkerlen, wie umgekehrt manch ein armer Teufel, Habenichts und Elender aus dem Blute und Geschlecht großer Könige und Kaiser abstammt, wenn man bedenkt, auf welch wundersame Weise Königtümer und Kaiserreiche
von den Assyrern auf die Meder,
von den Medern auf die Perser,
von den Persern auf die Mazedonier,
von den Mazedoniern auf die Römer,
von den Römern auf die Griechen,
von den Griechen auf die Franzosen
übergegangen sind.

Um euch über mich, der ich zu euch spreche, aufzuklären, so glaube ich, daß ich von irgendeinem reichen König oder Fürsten vergangener Zeiten abstamme. Denn es ist schier unmöglich, jemanden zu finden, der versessener darauf ist, König und reich zu sein, als ich es bin, auf daß ich tüchtig tafeln kann, nicht zu arbeiten und mich nicht zu sorgen brauche, und meine Freunde und alle tugendhaften und gelehrten Leute reich ausstatten kann. Aber was das angeht, so tröste ich mich damit, daß ich das im Jenseits sein werde, ja selbst noch mehr, als ich es augenblicklich zu wünschen wage. Tröstet euch bei Mißgeschick mit diesen und noch besseren Gedanken und, wenn möglich, tut einen frischen Trunk

Kommen wir zu unserm Thema zurück...

(...)

Drittes Kapitel

Wie Gargantua elf Monate im Mutterleib getragen wurde

Grandgousier war zu seiner Zeit ein kreuzfideler Bursche, der für sein Leben gern zechte und mit Vorliebe Gesalzenes aß. Deshalb verfügte er gewöhnlich über einen ordentlichen Vorrat an Mainzer und Bayonner Schinken, über eine Menge an geräucherten Ochsenzungen und, wenn es die Jahreszeit hierfür war, über Kaldaunenwürste, gepökeltes Ochsenfleisch mit Senf, Kaviar von Seebarben, über einen Vorrat an Bratwürsten, nicht etwa aus Bologna, denn er fürchtete die lombardischen Giftbrocken, sondern aus der Bigorre, aus Longaulnay, aus der Brenne und der Rouergue.

Als er das Mannesalter erreicht hatte, heiratete er Gargamelle, die Tochter des Königs der Schmetterlinge, ein hübsches Mädel mit heiterem Mondsgesicht. Häufig machten die beiden das Tier mit den zwei Rücken, rieben fröhlich ihre Schwarte aneinander, bis sie mit einem schönen Sohn schwanger wurde, den sie bis zum elften Monat trug.

Denn so lange, ja selbst länger, können Frauen schwanger sein, vor allem dann, wenn es sich um eine herausragende Persönlichkeit handelt, oder um jemanden, der zu seiner Zeit große Heldentaten vollbringen wird.

Homer erzählt, daß das Kind, das die Nymphe von Neptun bekam, ein ganzes Jahr später geboren wurde, also im zwölften Monat. Denn (wie Aulus Gellius im III. Buch berichtet) diese lange Zeitspanne entsprach der Herrlichkeit Neptuns, auf daß ein Kind in Vollkommenheit heranwache. Aus eben diesem Grund ließ Ju-

piter die Nacht, in der er mit Alkmene schlief, achtundvierzig Stunden dauern, denn in kürzerer Zeit hätte er den Herkules nicht schmieden können, der die Welt von Ungeheuern und Tyrannen säuberte. Die alten Herren Pantagruelisten haben bestätigt, was ich sage, und haben die Geburt eines Kindes im elften Monat nach dem Tod des Vaters nicht nur für wahrscheinlich, sondern auch für rechtmäßig erklärt...
(...)

Rezeption
Rabelais-Forscher halten das Monumentalwerk der *Gargantua et Pantagruel*-Romane bis in die Gegenwart hinein entweder nur für einen Riesen-Spaß im Sinne geistreicher Komik (dies tat bereits Montaigne) oder rücken mehr den realistisch-historischen Gehalt des Zyklus in den Vordergrund und versuchen, seinen verschlüsselten Sinn zu erfassen. Im kommenden Klassik-Jahrhundert war die Wirkung des Renaissance-Dichters dünn, allein schon wegen der ungeregelt-wilden Sprachlichkeit seines Werks, sieht man einmal von La Fontaine und insbesondere von Molière ab, wie überhaupt zu konstatieren ist, dass Rabelais eine Einzelstellung in der französischen Literatur einnimmt. Wie François Villon wurde auch François Rabelais erst wieder im 19. Jahrhundert mit seinem Witz und seinem unkonventionell-kritischen Geist gelobt, bspw. von Balzac, Chateaubriand, Hugo und seinem vielleicht größten innerfranzösischen Fan Flaubert: „*Was für ein Mann, dieser Rabelais! Jeden Tag entdeckt man etwas Neues darin!*“

Margueri(t)te d'Angoulême (v. Navarra) (1492-1549)

Zweites dichterisches Prosa-Werk von europäischer und weltliterarischer Reichweite sind aus der französischen Renaissance die Novellen der Margarete von Navarra, erschienen erst nach deren Tod, 1559. Sie kam in Angoulême zur Welt, war eine geborene Prinzessin von Valois und älteste Schwester von Franz I. Weil sie in zweiter Ehe Henri d'Albret, den König von Navarra, heiratete, wurde sie Königin von Navarra. Sie war eine wahrhaft gebildete Frau, die viel las, besonders italienische Novellensammlungen, sie förderte und unterstützte Gelehrte, Dichter und Künstler und bot im Zeitalter der Religionskriege auch verfolgten Hugenotten Zuflucht. Als „Margarete von Navarra“ ging sie aber primär in die *Literatur*geschichte ein und hinterließ neben anderen Werken ihre Novellensammlung *L'Heptaméron des nouvelles de tresillustre et tresexcellente Princesse Marguerite de Valois, Royne de Navarre)*. Angeregt wurde sie zu ihrem an die *Cent nouvelles nouvelles* des Vorjahrhunderts anknüpfenden Hauptwerk, als 1542 in Frankreich eine Übersetzung des *Decameron* erschien. Diesem von ihr bewunderten Novellenzyklus wollte sie ein französisches Pendant zur Seite stellen, im Gegensatz zu jenem sollten aber *ihre* Novellen *„ausschließlich wahre reale Vorfälle behandeln"*. Trotzdem kann man auch das *Heptaméron* als Beleg für die Italienisierung der französischen Literatur in der Renaissance ansehen. – Die Rahmenhandlung des *Heptamérons* besteht aus einer Gesellschaft von fünf Damen und fünf Herren, die durch ein Unwetter für die Dauer von zehn Tagen in einem Kloster festgehalten werden. (Bei Boccaccio war es die Pest in Florenz, die seine Gruppe von sieben jungen Damen und drei jungen Herren auf einen außerhalb gelegenen Landsitz führte.) Hier wird vereinbart, dass man sich, um der Langeweile Herr zu werden, einem gemeinsamen Tagesablauf mit geistlichen und weltlichen Beschäftigungen unterwerfen will, wozu auch gehört, dass jeder nach der Messe eine Geschichte erzählen soll, *„die er entweder selbst erlebt oder von vertrauenswürdiger Seite gehört hat"*. Anschließend wird über Inhalt und moralischen Wert der Geschichten diskutiert, die entweder zu kritischen Kommentaren oder Beifall herausfordern. Das Hauptthema fast aller Erzählungen ist die Liebe in ihren unterschiedlichen Erscheinungsformen. Die „reine Liebe" wird ebenso geschildert wie weniger reine Abenteuer und schlüpfrige Geschichten dargeboten werden. Die anschließenden Kommentare verdeutlichen, dass auch die Autorin des *Heptamérons* das Petrarca-Ideal der platonischen Liebe vor Augen hatte; Quintessenz der Lektüre ist ferner, dass ihre Novellensammlung im Gegensatz zu tradierten Vorläufern wie derjenigen Boccaccios nicht nur unterhalten, sondern dem Horaz'schen Poesie-Auftrag *„delectare et prodesse"* verpflichtet war. Margarete v. Navarra erwies sich mit dem *Heptaméron* als kluge Zeitzeugin des 16. Jahrhunderts, wobei sie viele Anregungen zu ihren Novellen aus ihrem unmittelbaren Lebensumfeld am Hofe destillierte. Die Novellen entstanden zwischen 1542 und 1549 und wurden zunächst (1558) anonym unter dem Titel *Histoires des amans fortunez* in unvollständiger und verfälschter Form herausgebracht. 1559 gab C. Gruget eine originalgetreuere Version heraus und den 72 Novellen den Titel *Heptaméron*, da sie an sieben Tagen präsentiert werden. (Margarete v. Navarra wollte wie Boccaccio hundert Novellen ausarbeiten, starb jedoch über der 72.)

Der Liebesgeschichtenreigen erlebte zahlreiche Auflagen, war viel verbreitet, wurde in viele Sprachen übersetzt und lange Zeit gar als „unzüchtiges Werk“ verurteilt – als dessen „wahre“ Verfasser entlarvte man Marguerite de Valois, die „leichtlebige“ Frau Heinrichs IV. Seltsamerweise ging das *Heptaméron* andererseits zugleich als „das erzählerische Vermächtnis einer tugendhaften Frau“ in die Literaturgeschichte ein. –

Der *zweite* nicht ganz so bedeutende Renaissance-Novellist war der Horaz- und Plato-Übersetzer *Bonaventure Des Périers* (1498-1544), dessen Novellensammlung 1558 ebenfalls posthum erschien: *Les nouvelles récréations et joyeux devis*. Sie ahmte in ihrer satirisch-burlesken Machart Rabelais nach und war wegen ihrer Respektlosigkeit und ihres freimütigen Renaissance-Geistes ein beträchtlicher Publikumserfolg.

Pierre de Ronsard (1524-1585)

Ronsard, Hofdichter, „Dichterfürst“ und einer der führenden Lyriker des französischen 16. Jahrhunderts, lebte früh als Page am Hof Franz I., betrieb dann humanistische Studien und gründete 1549 mit seinem Dichterkollegen Du Bellay die *Pléiade*, deren „Häuptling“ er faktisch wurde.

Info

La Pléiade. *Getauft nach einer Gruppe von griech. Dichtern des 3.Jh.'s v.Chr., deren Zahl derjenigen der sieben Töchter von Atlas und Pleione entsprach („Plejaden“: die sieben Töchter des Atlas und der Okeanide Pleione, die Zeus als Siebengestirn an den Himmel versetzte). La Pléiade, zuerst „La Brigade“, war ein Verein von frz. Dichtern, die sich um Ronsard als ihren Chefpoeten- und Poetiker scharten. Wichtigstes Kunstziel der literarischen Gruppe war es, eine Gleichrangigkeit der antiken und frz. Dichtung zu erreichen bzw. herzustellen. Die „Pléiade“-Lyriker wollten quasi frz. und antike Literatur verbinden, d.h. die frz. Sprache und Dichtung durch Nachbildung antiker und italien. Formen erneuern – so sollte an das Niveau der antiken Vorbilder angeschlossen werden. Die „Pléiade“-Mitglieder votierten also zugleich für a) die Nachahmung antiker Autoren und b) die freie Eigenständigkeit der frz. Literatur (Sprache). Das „Pléiade“-„Zentralkomitee“ bestand aus Ronsard, J. Du Bellay und É. Jodelle, im Übrigen wechselten die Mitglieder.*

> *Kritiker der „Pléiade" wurde im 17.Jh. der Dichter und Literaturtheoretiker Malherbe, Vor(be)reiter der Klassik-Ästhetik, der (nach eigener „Pléiade"-Phase), den „Pléiade"-Forderungen nach Kreativität und Eigenständigkeit die Doktrin „makelloser" Lyrik, „regelgerechter" Versbildung entgegensetzte.*

Ronsard, der insgesamt mehr auf künstlerische Eigenleistung statt auf Nachahmung setzte, dichtete noch anfänglich nach antiken Leitbildern und schuf, z.T. in direkter Petrarca-Nachfolge, den Zyklus *Les Amours*, eine Sammlung von annähernd 200 petrarkistischen Sonetten. Sie war das Aushängeschild der *Pléiade*-Lyrik. Ein geplantes, der französischen (Religions)-Einheit verschriebenes National-Versepos (*La Franciade)*, eine Nachahmung der *Ilias*, blieb unvollendet, ein weiteres größeres lyrisches Werk Ronsards aber, *Les quatre premiers livres des odes*, wurde fertig. Erst in ihm vollzog er die von Du Bellay programmatisch geforderte formale Erneuerung der Lyrik durch kreative Imitation der antiken Vorbilder. In seiner pessimistischen Denkschrift *Discours sur les misères de ce temps* nahm Ronsard, hoftreu und außerdichterisch, den Kampf gegen die Kalvinisten auf, ehe er gegen Ende seines Lebens zur Liebeslyrik zurückkehrte.

Werke (Auswahl)

- *Les Amours 1552/53; Forts. 1555,56,78*
- *Les quatre premiers livres des odes 1550-52*
- *Discours sur les misères de ce temps 1562*
- *La Franciade (Versepos, Fragment) 1572*
- *Sonnets pour Hélène (Lyrik) 1578*

Joachim du Bellay (1522-1560)

Der zweite „Vorsitzende" der *Pléiade* (ein Neffe des gleichnamigen Kardinals, nicht dieser selbst) schrieb deren vom Titel her leicht missverständliches Manifest nieder: *La Deffence et illustration de la langue françoyse* (1549), das sich als eine Mischung aus Poetik und Pamphlet präsentierte. Dieses bekannte Dokument enthielt ein Programm zur Bereicherung der französischen Sprache und bahnte letztlich dem Klassizismus den Weg. Du Bellay, selbstverständlich Petrarkist, war generell insofern repräsentativer Renaissance-Dichter, als er teils Poesie (hauptsächlich Sonetten), teils gelehrte theoretische

Schriften verfasste (gern Pamphlete). Sein ‚schwarzer' apokalyptischer Sonettzyklus *Songe* spiegelte ebenso wie seine *Klagelieder* die Krisenstimmung in Frankreich ab 1550.

Werke (Auswahl)

- *Les Regrets (Gedichtzyklus) 1558*
- *Songe (Sonettfolge) 1558*

Étienne Jodelle (1532-1573)

Der führende Pléiadist schrieb sowohl die erste französische Renaissance-*Komödie (Eugène*, Pariser Urauff.1552/53) als auch mit *Cléopâtre captive* (Urauff. 1552) die erste französische Renaissance-*Tragödie*. Beide Theaterstücke waren sehr „antik" und folgten bewusst *nicht* überlieferten oder zeitgenössischen französischen Vorlagen.

Info

Tragödie in der frz. Renaissance. *Das Drama war in dieser frz. Literaturepoche kaum entwickelt. Die Renaissance-Tragödie richtete sich, wie die des 17. Jh.'s, dessen Wegbereiter sie war, strikt nach der antiken Tragödienauffassung, d.h. nach Aristoteles-Normen – Aufbau und Gestaltungsform der griech./röm. Dramen galten als kategorische Richtschnur – und distanzierte sich rigoros vom Mittelalter-Drama. Ihre Theorie schrieben 1561 die Poetik des Italieners Scaliger sowie, diese erweiternd, 1572 La Tailles „Art de la tragédie". La Taille war schon ein Antizipator der Klassik-Tragödie („Saül le furieux", 1572, "Les Corrivaux", 1562).*

Jodelles Tragödie über den Selbstmord der ägyptischen Königin angesichts des Sieges von Kaiser Augustus war ein überraschender Uraufführungserfolg. (La Tailles *Saül le furieux* ist für die Renaissance-Tragödie ein ähnlich gutes Beispiel wie Jodelles *Cléopâtre captive*, aber das Stück wurde nur als Lesedrama rezipiert und mutmaßlich nicht aufgeführt.) Jodelles Komödie *Eugène* nahm sich weder die mittelalterlichen noch die aktuellen *farces* zum Muster und auch nicht die nun in Frankreich aktuelle *commedia dell'arte*.

Info

commedia dell'arte. *Professionelle Schauspiel-Improvisationskunst, im 16. Jh. in Italien entstanden, in der es eine feste Szenenfolge und einen feststehenden Handlungsverlauf, aber nur einen Stegreif-Text gab. Details und musikalische Einlagen wurden improvisiert. Dabei griffen Berufsschauspieler auf ein Repertoire von typischen Monologen, Dialogen und Scherzen (lazzi) zurück. Zur „commedia dell'arte" gehörten stereotype Figuren, zu erkennen an ihren immer gleichen Masken und Kostümen. „Typen" waren u.a. „Pantalone", „Capitano", „Dottore", „Arlecchino".*

Werke (Auswahl)

- *Eugène (Komödie) 1552*
- *Cléopâtre captive (Tragödie) 1552*
- *Didon se sacrifiant (Tragödie) 1555*

Robert Garnier (etwa 1545-1590)

Garnier war ein maßgeblicher französischer Renaissance-Dramatiker, dessen dramatisches Werk kommenden Theater-Meistern bis hin zu Racine oder Corneille vor allem, aber nicht allein, auf dem Material-Sektor als Quelle oder Lieferant diente. Das wohl beste Stück seines aus sechs Tragödien und einer Tragikomödie bestehenden, zwischen 1569 und 1583 hervorgebrachten dramatischen Œuvres (und der französischen Gesamt-Renaissance) war die Tragödie *Les Juifves*, die von der blutigen Eroberung Jerusalems durch Nebukadnezar handelt und auf die zeitgenössischen Religionskriege anspielen wollte. Diese perfekteste französische Renaissance-Tragödie kam oft zur Aufführung und fand Nachahmer in Europa. Andere Garnier-Stücke hatten gleichfalls historische Stoffe, meist aus der römischen Geschichte (Römerdramen *Porcie,* 1568, *Cornélie,* 1574, *Marc-Antoine,* 1578) sowie der griechischen Mythologie *(Antigone*, 1582). In Frankreich war Garnier mit *Bradamante* (1582) überdies einer der ersten, der einen Beitrag für die Gattung *Tragikomödie* schuf.- Weitere französische *Theaterautoren* der Renaissance waren außer Jodelle, La Taille und Garnier *Ph. des Masures, A. de Montchrestien,* und vor allem der Komödiendichter *P. de Larivey.*

Eine originär *neue* Gattung der französischen Literatur, eine Zwitterform aus moralisch-philosophischem Traktat und Poesie, schuf *Michel de Montaigne*, neben Rabelais der zweite auf seine Weise prototypische Renaissance-Autor, mit seinen *Essais*, in denen gewissermaßen die Hauptinsignien schriftstellerischer Tätigkeit in diesem Jahrhundert: komplexe humanistische Gelehrsamkeit, Kenntnis bzw. selbstverständliche Assimilation griechisch-römischer Literatur und Philosophie, einen sinnfällig-auffälligen Abdruck hinterlassen haben.

Michel de Montaigne (1533-1592)

Leben und Werk

Michel Eyquem, Seigneur de Montaigne, wurde auf dem Landgut Montaigne im Département Dordogne geboren. Sein Vater, der an den italienischen Kriegszügen des Königs teilgenommen hatte, lebte als Gutsbesitzer/Schlossherr und sah für seinen Sohn die Gelehrten-Laufbahn vor. Deshalb ließ er ihn von einem deutschen Erzieher unterrichten, der das Kind früh die lateinische Sprache lehrte, so dass sich Montaigne bereits mit sechs Jahren lateinisch unterhalten konnte. Anschließend schickte sein Vater ihn auf das „Collège de Guyenne" und engagierte für ihn einen Hofmeister, damit der Sohn die bestmöglichste Bildung erwerbe. Seine Schulbildung war mit 13 Jahren abgeschlossen, es folgte ein Studium der Rechtswissenschaften in Toulouse. Schon mit 21 Jahren war Montaigne Steuerrat in Périgueux, von 1557-70 Parlamentsrat in Bordeaux. Doch sobald er konnte, befreite er sich von den ihn drückenden beruflichen Zwängen und zog sich 1571 auf das ererbte Château Eyquem zurück. Dort widmete er sich der Lektüre und dem Denken und schrieb ab 1572 seine *Essais*. Als deren erste Auflage 1580 erschien, war er 47. Nun begann er zu reisen – durch Deutschland und die Schweiz und nach Italien. Nach seiner Rückkehr übernahm er von 1581-85 den Bürgermeisterposten in Bordeaux, verließ aber die Stadt wegen der in ihr wütenden Pest und arbeitete in den Jahren bis zu seinem Tod an den *Essais*, die er immer wieder korrigierte und erweiterte. Sein Rang als „Gentilhomme ordinaire de la Chambre du Roi" verpflichtete ihn zu gelegentlichem Auftauchen am Pariser Hof. Überwiegend blieb er auf seinem Schloss, wo er 1592 bei den Vorbereitungen zu einer fünften *Essais*-Ausgabe starb.

Werke (Auswahl)

- *Journal de voyage en Italie, par la Suisse et l'Allemagne (2 Bände, 1774)*
- *Essais (1580; 1582; 1587; 1588; 1595)*

Essais

Als die *Essais* zunächst in zweibändiger Ausgabe erschienen, umfassten sie 94 Kapitel. Das Werk wurde dann 1588 mit weitreichenden Veränderungen und weiteren ‚Stücken', die einen dritten Band erforderten, neu herausgegeben. Schließlich nahm Montaigne in einer letzten Fassung abermalige verändernde Eingriffe und Verbesserungen in den vorhandenen *Essais* vor und erweiterte sie mit neuen Ergänzungen – so dass diese letzte Fassung es auf 107 Kapitel brachte. Montaignes Adoptivtochter Marie de Gournay veröffentlichte sie drei Jahre nach seinem Tod. Da alle drei Fassungen erhalten sind, lassen sich bei einem Vergleich die teilweise erheblichen Abweichungen zwischen ihnen feststellen. In seinem Epochen-Werk erwies sich Montaigne wie angedeutet, als exzellenter Kenner, ja unbedingter Anhänger antiker Autoren – von Sokrates, Lukrez, Horaz, Seneca, Plutarch und Vergil etc.; inhaltlich stellen die *Essais* ein von diesen und weiteren römisch-griechischen Gewahrsmännern gestütztes Kompendium von Gedanken, Maximen und Reflexionen dar. Montaigne stellte Betrachtungen zu einer Vielzahl von Themen an: Philosophie, Politik, Geschichte, Religion, Erziehung, Literatur, persönliche Lebensführung usf. Die Themata-Mischung ist schier unerschöpflich und auch für den interessierten Leser beunruhigend. Denn eine systematische Ordnung der Gedanken fehlt. Die Einteilung in Kapitel wirkt willkürlich, die einzelnen Kapitelüberschriften scheinen in beliebiger Folge aneinandergereiht und deuten den Inhalt der Kapitel höchstens an: *Que philosopher c'est apprendre à mourir*; *De l'institution des enfants; Des cannibales; Des livres; De la présomption; Du repentir.* Es sieht so aus, als sei Montaigne nach assoziativen Prinzipien vorgegangen und habe sich von Augenblickseinfällen treiben lassen – Literarisches, Alltägliches, Politisches und Skurrilitäten aller Provenienz folgen unsortiert, eben wie „Vermischtes", aufeinander. Montaigne zitiert sehr viel, meistens natürlich aus der Antike, fasst geschichtliche oder geistige Entwicklungen zusammen und erzählt immer wieder von sich. Er selbst bezeichnet seine Betrachtungssammlung despektierlich als *„Salat"*, *„schlechtes Ragout"*, *„Fricassée"*, *„verworrenes Geschwätz*", was nicht darüber hinwegtäuschen darf, dass er seine Gedanken sehr wohl selbstbewusst ernst nimmt, deren Fluss er mit der *„Fahrt eines gebrechlichen Schiffes auf den Wogen des Meeres“* vergleicht. Montaigne, in Wahrheit souverän und innerlich frei, schützt seine demütig-bescheidene Haltung bloß vor, um hinter ihr sein ungewöhnlich selbständiges und kritisches Gedankengut besser verkaufen zu können. Als unwahrscheinlich gebildeter Renaissance-Gelehrter und Späthumanist gab er in den *Essais* Anstöße, Dinge, Vorgänge, Theorien, Gegebenheiten von einem vom ‚gesunden Menschenverstand' abweichenden Standpunkt aus zu betrachten. Seine Art, sich zu artikulieren, zeugte hierbei von einer Gemeinschaft mit den Stoikern, aber auch mit dem Skeptiker Pyrrhon, dessen Devise *„Que sçay-je?“ („Was weiß ich?“)* er allerdings nur deshalb übernimmt, um sich in ihrem gelehrten Windschatten desto bestimmter und wissender äußern zu können. Ein weiterer seiner Erzähltricks bestand dabei darin, dass Montaigne sich in seiner Darstellungsweise *nicht* als Gelehrter oder Philosoph an seine Leser wandte – sondern als simpler Mensch, der seine Beobachtungen und Erfahrungen mit seiner eigenen Person koppelte. Im gewollten Sprechen von sich selber gab er ein moralisches Bildnis seiner Person und vor, sich persönlich ausforschen zu wollen. Das Neue an den *Essais* war so nicht zuletzt, dass der Autor in ihnen als Beobachter und Reflektierer zugleich der Welt wie seiner selbst auftrat.

Leseprobe: *Essais*

WAS FOLGT, WENN MAN ZU JEMAND SAGT: DU LÜGST

Ja, wer weiß es nicht, sagt man mir, das Vorhaben, sich seiner selbst zum Gegenstande, worüber man schreibt, zu bedienen, sei an großen, berühmten Leuten zu entschuldigen, die durch ihren großen Ruf den Wunsch rege gemacht, sie näher kennenzulernen? Es ist gewiß, ich gestehe es und weiß wohl, daß um einen Menschen von gemeinem Schlage zu sehen, ein Handwerker kaum die Augen von seiner Arbeit aufschlägt, wohingegen, um einen großen und ausgezeichneten Mann, der in einer Stadt ankommt, zu sehen, Werkstätten und Krambuden verlassen werden. Keinem andern ziemt es, sich bekannt zu machen, als demjenigen, der sich zur Nachahmung darstellen kann und dessen Leben und Meinungen zum Muster dienen können. Cäsar und

Xenophon haben Stoff genug, auf die Größe ihrer Taten als auf einen richtigen und festen Grund ihrer Erzählungen zu bauen und zu gründen. Ebenso sind die Tagebücher des großen Alexander, die Kommentare, welche Augustus, Cato, Sulla, Brutus und andere von ihren Taten hinterlassen hatten, wünschenswürdige Schriften. Dergleichen Männer liebt und studiert man, selbst in schlechten Kupfern und Statuen von Sandstein. Diese Bemerkung ist allerdings sehr wahr: mich aber geht sie nur sehr wenig an.

Non recito cuiquam, nisi amicis, idque coactus;
Non ubivis, coramve quibuslibet. In medio qui
Scripta foro recitent, sunt multi, quique lavantes.
[Nur meinen Freunden und niemandem sonst,
Und das auch nur gebeten, les' ich vor.
Nicht überall, nicht jedermann, wie wohl
So manche auf dem Markte und im Bade
Ihr Machwerk herzuschrein nicht blöde sind.
Horaz, Sat. I, 4, 73]

Ich bilde hier keine Statue, um solche auf einem Marktplatz oder in einer Kirche oder sonst an einem öffentlichen Orte zu errichten.

Non equidem hoc studeo, bullatis ut mihi nugis
Pagina turgescat;
Secreti loquimur.
[Daß meine Schrift pausbäck'ger Wörtlein voll
So gleiß' und strotzte, das ist gar nicht meine Weise,
Ich spreche leise.
Persius, IV, 19]

Es ist für den Winkel eines Bücherbords und zum Zeitvertreibe eines Nachbarn, eines Verwandten, eines Freundes, dem es Vergnügen machen wird, von mir zu erzählen und mich in diesem Bilde vertraulich zu kennen. Andere haben ein Herz gefaßt, von sich zu reden, weil sie darin einen würdigen und reichen Gegenstand gefunden zu haben glauben: ich hingegen, weil ich ihn so ungeschlacht und mager befunden habe, daß dabei kein Argwohn von Prahlerei stattfinden kann. Ich urteile gern über die Handlun-

gen anderer: von den meinigen gebe ich wenig zu beurteilen, wegen ihrer Richtigkeit. Ich finde nicht so viel Gutes an mir, daß ich es nicht ohne Erröten sollte erzählen können. Welch ein Vergnügen würde es mir also sein, jemand zu hören, welcher mir die Sitten, die Gestalten, das Betragen, die gemeinsten Reden und die Begebenheiten meiner Voreltern erzählte, wie aufmerksam würde ich ihm zuhören? Wahrlich es würde von einer bösen Natur zeugen, die Gemälde unserer Freunde und Vorfahren verächtlich zu halten, selbst die Form ihrer Kleidung und ihrer Waffen. Ich hebe von ihnen die Handschriften auf und ihre Siegel, wie auch noch eine besondere Art von Degen, und habe noch nicht die langen Spießgerten hinausgeworfen, die mein Vater gewöhnlich in der Hand zu führen pflegte. Paterna vestis et annulus tanto carior est posteris, quanto erga parentes maior affectus. [Das väterliche Kleid, der väterliche Ring ist den Nachgelassenen um so schätzbarer und heiliger, je größer die kindliche Liebe war. Augustin, De civ. Die I,13] Wenn indessen meine Nachkommenschaft hierin anders gesinnt ist, so weiß ich es schon recht gut, wie ich es wettmachen kann: denn sie soll sich nicht weniger aus mir machen können, als ich zu jener Zeit aus ihr machen werde. Aller Verkehr, den ich hierin mit dem Publikum habe, ist, daß ich sein Schreibgeräte borge, weil solches leichter und schneller schreibt. Zur Vergeltung bin ich vielleicht das Mittel, daß ein oder das andere Stück Butter auf dem Markte nicht wegschmilzt (...)
Aber wem werden wir zu einer so verderblichen Zeit glauben, wenn er von sich selbst spricht, da es so wenige, vielleicht niemanden gibt, dem wir glauben können, wenn er von andern redet, wobei doch weniger Eigennutz im Lügen stattfindet? Der Hauptzug des Sittenverderbnisses ist die Verbannung der Wahrheit: denn wie Pindar sagte, Wahrhaftigkeit ist der Anfang einer großen Tugend und der erste Artikel, den Plato bei seiner Republik zur Bedingung macht. (...) Man hat unserer Nation schon seit langer Zeit dieses Laster vorgeworfen; denn Salvianus Massiliensis, welcher zur Zeit des Kaisers Valentinian lebte, sagte: unter den Franzosen ist Lügen und Meineid kein Laster, sondern nur Redensarten. Wer dieses Zeugnis ein wenig stärker ausdrücken wollte, der könnte sagen, daß es bei ihnen heutzutage Tugenden sind: man wird dazu erzogen, dazu gebildet, wie zu einer ehrenvollen Übung. Verstellungskunst wird unter die vorzüglichsten Eigenschaften des Jahrhunderts gezählt. –

Rezeption
Mit Montaignes *Essais* haben sich seit ihrem Erscheinen Generationen von Literaten und Philosophen auseinandergesetzt. Manchmal riefen sie ein abschätziges Urteil hervor, wie beim Moralisten Pascal, der sie als „*antichristliches Werk der eitlen Selbstgefälligkeit*“ denunzierte, öfter jedoch Begeisterung, wie wiederum bei Flaubert, der enthusiastisch ausrief: „*Comme cela est sain*!“ Auch den moralistischen Kollegen Pascals La Rochefoucauld oder La Bruyère war Montaignes Standardwerk eine Fundgrube der Reflexion, und von Montesquieu und Voltaire bis hin zu Nietzsche hat man den *Essais* große Anerkennung entgegengebracht.

Spätrenaissance

Philippe Desportes (1546-1606)

Der Abt und Dichter, ein geistiger Vorgänger von *Pléiade*-Kritiker Malherbe, zählte zur „2. Generation“ der *Pléiade*. Er war Hofdichter, schrieb Sonette, Oden, Chansons, Stances und Elegien, wobei auch er Petrarca-Mann war. Außer seinen Gedichten (*Les Amours d'Hippolyte*, Lyrik-Zyklus, Erstdruck 1573) legte er 1603 eine Psalmen-Übersetzung vor.

Jean de Sponde (1557-1595)

Spondes schmales Œuvre umfasste 26 Liebessonette sowie den religiösen Gedichtzyklus *Essay de quelques poemes chrestiens* (1588), der auch sein noch bekanntestes Lyrik-Opus *Stances de la mort* und die *Sonnets sur le mesme subject* enthielt. Sponde gilt literaturgeschichtlich seiner geistigen Haltung nach als lyrisches Pendant Montaignes. Die *Stances de la mort* sind ein dichterisches Abbild der französischen Geistestendenzen Ende des Renaissance-Jahrhunderts und wurden auch als „*Poesie des Grauens*“ tituliert. Sponde war zunächst bald außer Kurs, bekam aber seine Renaissance zuerst als Humanist, dann als „*Dichter des Todes*“ im 20. Jahrhundert. Heute nimmt er in der Sparte „Französische Lyrik“ einen der oberen Ränge ein.

Testfragen

1. *Welches Riesenwerk nach welcher Vorlage schuf F. Rabelais?*
2. *Welchem Vorbild folgte die Novellen Margarete v. Navarras, und worin unterschieden sie sich von diesem?*
3. *Welche Hauptmitglieder und welches Programm hatte die „Pléiade"?*
4. *Wer war Michel de Montaigne, und welche Inhalte bot sein Hauptwerk?*

Lektüretipps

Cossart, A.v.: *Französische Renaissance: Frankreichs Literatur im 16. Jh. Frankfurt a.M. 1984*

Hausmann, F.-R.: *Französische Renaissance. Stuttgart/Weimar 1997.*

Stackelberg, J.v.: *Französische Literatur. Renaissance und Barock. Eine Einführung. München/Zürich 1984.*

3. Kapitel
KLASSIK (L'ÂGE CLASSIQUE) (17. Jh.)

Historischer Kontext

Im 15. und 16. Jahrhundert hatten französische Könige ihre Krondomäne auf Kosten ihrer Vasallen ausdehnen können. Um 1600 umfasste der königliche Hausbesitz erstmals die gesamte Fläche des Königreichs Frankreich. Der König besaß große Machtbefugnisse: er entschied über Krieg und Frieden, war oberster Gesetzgeber, oberster Gerichtsherr, ernannte und entließ Minister, besaß das Münzmonopol, adelte Bürger, vergab Privilegien und gewährte Begnadigungen.

Aber für Steuererhöhungen brauchte er weiterhin die Zustimmung der Generalstände, also der Vertreter der drei Stände: Klerus, Adel und Dritter Stand (Bürger und Bauern). Seine Macht war zudem begrenzt durch acht auf große Städte verteilte oberste Gerichtshöfe, die so genannten Parlamente, in denen hohe Adelsvertreter als Gesetzeshüter das Recht beanspruchten, dass königliche Gesetze nur mit ihrer Zustimmung verabschiedet werden dürften. Als 1624 der Kardinal *Richelieu* (1624-1642) von Ludwig XIII. (1610-1643, Nachfolger des von dem religiösen Fanatiker Ravaillac ermordeten Heinrichs IV.) zum Ersten Minister ernannt wurde, suchte er die Königsmacht radikal auszubauen. Als erstes ging er gegen die Hugenotten vor. Er nutzte eine hugenottische Rebellion, um 1626 die Hugenotten-Hochburg La Rochelle einzunehmen. Im Edikt von Alès (1629) wurden die politische Sonderstellung der Hugenotten und ihre Sonderrechte beseitigt. Noch war die Macht der Krone durch einen selbstbewussten Adel eingeengt. Deshalb ließ Richelieu einige befestigte Adelssitze schleifen und setzte noch mehr königliche Aufseher in den Provinzen ein, die Intendanten, um die vom dort ansässigen Adel durchgeführte zivile und militärische Verwaltung zu überwachen. 1641 sprach er den Parlamenten das Recht ab, bei der Verabschiedung königlicher Gesetze mitzuwirken. Die Generalstände wurden gar nicht mehr einberufen, die Steuern ohne ihre Zustimmung ständig erhöht. Diese Politik setzte Richelieus Nachfolger Kardinal *Mazarin* (1642-61) fort. Ein Jahr nach seinem Amtsantritt starb Ludwig XIII., sein Nachfolger Ludwig XIV. (1643-1715) war erst fünf Jahre alt. Deshalb übernahm seine Mutter, Anna von Österreich, Witwe Ludwigs XIII., die Regierungsgeschäfte in Zusammenarbeit mit Mazarin, der zum mächtigsten und verhasstesten Mann Frankreichs aufstieg.

1648-53 setzten sich Mitglieder des französischen Adels gegen ihre Entmachtung zur Wehr. Die militärische Revolte (*La Fronde*) unter Leitung Louis II., des Prinzen von Condé, wurde in Paris und in der Provinz durchgeführt und nahm so bedrohliche Züge an, dass die Königinwitwe mit ihrem Sohn in der Nacht vom 5. auf den 6. Januar 1649 heimlich aus Paris floh. Der Aufstand wurde 1653 mit Hilfe von Financiers niedergeschlagen.

Nach Mazarins Tod 1661 übernahm der nun 23-jährige Ludwig XIV. selbstbewusst die Regierung. Als Sinnbild seiner Macht wählte er die Sonne, ließ sich „Sonnenkönig" nennen und in dem Dorf Versailles, 20 km von Paris entfernt, zwischen 1661 und 1689 die luxuriöseste Schloss- und Gartenanlage Europas bauen. 1682 zog er mit seinem Hofstaat dort ein und zwang den Hochadel, dort auch zu wohnen, denn nur so konnte er ihn besser überwachen. Versailles wurde als Herrschersitz Vorbild für die Fürsten Europas. Hier inszenierte sich der *Roi-Soleil* nicht nur selbst, er förderte auch Künste und Wissenschaften. Gelehrte, Dichter und Komponisten profitierten hiervon, wie z.B. auch der Opernkomponist Jean-Baptiste Lully (1633-87), der auch mit Molière bei dessen Ballettkomödien zusammenarbeitete. Hier fanden Theateraufführungen von Molière statt. Doch wie die Adligen dem König huldigten, sollten die Künstler seinen Glanz steigern. Die Lage des französischen *Volkes* dagegen war nicht nur wegen der Steuerlasten von ungeheurem Elend bestimmt – ein Fakt, das ihm sein Festungsbaumeister Vauban vergeblich vorhielt.

Der französische Absolutismus wurde im 17. und 18. Jahrhundert Regierungsstil in Europa, genauso wie die französische Hofkultur absolutes Maß wurde. Das Leben eines Versailler Höflings schien dem gesamteuropäischen Adel rundherum erstrebenswert – seine Kleidung, seine Verhaltensweisen, seine Posen, seine hohen Absätze, sein Prunk. Und alles sollte jetzt überall Riesendimensionen bekommen: die Oper musste lang sein, die Romane noch länger, das Menü aus vielen Gängen bestehen. Vor allem aber wurde *Französisch* zur europäischen Modesprache.

Aber mit der Aufhebung des Ediktes von Nantes 1685 und anschließenden Schikanen gegen Hugenotten löste Ludwig XIV. eine Massenauswanderung von Tausenden von Hugenotten aus und schwächte die Wirtschaftskraft Frankreichs sehr. Die Einrichtung eines stehenden Heeres verschlang gewaltige Finanzmittel. Auf der

Basis fragwürdiger dynastischer Erbansprüche setzte der Sonnenkönig es für kostspielige Eroberungskriege gegen Nachbarländer ein, um für Frankreich eine nicht nur sprachliche Vormachtstellung in Europa zu zementieren. Dagegen taten sich mehrere europäische Staaten in wechselnden Koalitionen zusammen.

Epoche & Strömungen

Das Zeitalter der französischen Klassik (*le classicisme/l'âge classique/la littérature classique)*, das über das 17. Jahrhundert hinaus mit seiner Ästhetik die Literaturen Europas immens beeinflusste, zählt zu den zentralen Epochen der französischen Literaturgeschichte. Es zerfällt indes in zwei Hauptströmungen – die *Vorklassik* und die *eigentliche Klassik.*

I. Vorklassik („Barock")

Die Vorklassik galt im Gegensatz zur Klassik als noch renaissancenaher literaturhistorischer Abschnitt poetischer ‚Regellosigkeit' und ‚Zügellosigkeit'. Der Ausdruck „Barock" stand für Tendenzen zu überladenen literarischen Formen, Schwulst, Übersteigerung, Gekünsteltem, Unklarheit im Ausdruck, „Wildheit" von Bild, Sprache, Handlung – also das gerade Gegenteil von dem, was für die Poetik der Klassik Gesetz werden sollte: Höchstmaß an inhaltlicher, sprachlicher und formaler Strenge. Seit Ende des 16. Jahrhunderts strebte etwa die französische Dramatik dahin, sich von den aristotelischen Normen zu lösen und dem barocken Geschmack für das Phantastische, Sprunghafte, Unwahrscheinliche, im Grunde Romantische Genüge zu tun. Bevorzugt wurden in dieser Phase, die sich relativ weit ins 17. Jahrhundert erstreckte, betuliche idealistische Pastoralen und „turbulente", Tragikomödien. Doch inmitten bzw. schon zu Beginn der Barock-Phase (deren Dauer gelegentlich bis 1660 terminiert wird) entwarf der schon genannte, 1606 an den Hof beorderte Literaturkritiker, Hofliterat und vormalige *Pléiade*-Sympathisant *Malherbe* in seinem *Commentaire sur Desportes* eine erste in Zielrichtung Klassik arbeitende Regelpoetik, die, gegen die Freiheitspoetik der *Pléiade* gerichtet, Literaturrebellen (z.B. *Hardy, Régnier, Racan, Viau)* auf den Plan rief, sich aber im Verlauf des Jahrhunderts klar durchsetzte. In Malherbes anti-barockem klassischem Normenkatalog, der primär das Theater betraf, standen wie angedeutet Reinheit der Sprache, strenger Vers, Schnörkellosigkeit sowie „guter Geschmack“ an den oberen Positionen. Malherbes (bald Günstling des mächtigen Richelieu) Regel- oder Korrektheits-Diktat war auch oder zuvörderst, wie sich zeigen sollte, ein kultureller Reflex der absolutistischen Staatsverfassung; die Literatur der Klassik, die mit der auch literarischen Unordnung des 16. Jahrhunderts aufräumen wollte, geriet mindestens der Gefahr nach in die Nähe einer Unterabteilung der absoluten Monarchie.

II. Klassik

Die Klassik erreichte in Frankreich zwischen 1640 und 1680 ihre Höhepunkte, wobei ein Voltaire ihr später lediglich die Dichtungen zuordnen wollte, die zwischen 1660 und 1680 entstanden waren. Exakt genommen kann man jedoch ihren Anfang bereits ins Jahr 1606 legen (s.o.). Die französische Klassik leitete ihre Maximen und Ansprüche von der Literatur der Antike ab und etablierte an erster Stelle wieder das von *Chapelain* ausgerufene Dogma der aristotelischen „drei Einheiten“. Die Einhaltung dieser und der anderen Haupt-Klassik-Regeln *raison, vraisemblance, bon sens, vérité, bienséance* überwachte die 1635 gegründete *Académie française*, eingerichtet *„zur Förderung der französischen Sprache und Literatur*“. Ein komprimiertes, dezidiert gegen die Literatur von Vorklassik resp. Barock gerichtetes Regelwerk der Klassik-Poetik formulierte erst 1674 *N. Boileau-Despréaux*, Dichter und – ab 1684 – (kritisches) *Académie*-Mitglied, von dem der schöne Satz überliefert ist: *„Die Dummheiten, die ich in der Académie höre, beschleunigen mein Ende.*“ In seiner von Horaz' *Ars poetica* ferngesteuerten *L'Art poétique*, einem *„Lehrgedicht in vier Gesängen*“, definierte Boileau Stil und Inhalte der Dichtungen und arbeitete, sich auf die Maßstäbe Malherbes stützend, für die Literatur (Lyrik, Dramatik, Epos – die Prosa überging er als unwesentlich) die buchstäblich absolut gültigen Klassik-Doktrin(en) aus:

- Orientierung an Dichtkunst und Werken der Antike;
- Befolgung der den spontan-wilden Trieb oder Einzelwillen zügelnden *raison* – nach der Definition des Klassik-Philosophen *Descartes (Discours de la méthode, Les Passions de l'âme);*
- Imitation der Natur als dem Wahrheits-Modell, nach welchem, laut antiker Lehre, auch die Dichtung funktionieren muss;

- Logik, Klarheit, Stringenz der Gestaltung;
- Wahrheit sowohl in Bezug auf die literarische Schilderung der Historie als auch der aktuellen Zeitgeschichte sowie der empirischen Realität *(vraisemblance)*;
- Ablehnung des Phantastischen, Burlesken, Unwahrscheinlichen als dem *bon sens* Widersprechenden;
- Einhaltung der *moralité* im Sinne der *bienséance*.

Info

Académie française. *Fünf Jahre nach Publikation des „Drei-Einheiten"- Traktats Chapelains wurde die „Académie française", hervorgegangen aus einem seit 1629 bestehenden privaten Dichterzirkel, von Richelieu als staatliche Institution begründet, die laut Auftrag über den „guten Geschmack in Sprache und Literatur" wachen sollte. Neben der Normierung der frz. Sprache in Wörterbuch und Grammatik oblag ihren „die Unsterblichen" genannten Mitgliedern de facto die Überwachung und Kontrolle einer dem Staate zu dienen habenden Literatur, die ins Klassik-Korsett zu zwingen war. Die „Académie" etablierte sich schnell als restriktive kulturpolitische Einrichtung und als (noch über den Pariser „Salons" thronende) Kunstrichterin, geeignet, die Literaturproduktion in Bahnen zu lenken, die sich in ihren einzelnen Gattungen absoluten Regelsystemen unterworfen sah.*

Bereits zehn Jahre nach Boileaus „Klassischem Manifest" brach 1687, inauguriert vom Märchenpoeten *Perrault*, die zuletzt die Klassik sprengende „*Querelle des anciens et des modernes*" aus. Mit seinem Verstraktat *Poème sur le siècle de Louis le Grand* hatte Perrault den Vorbildcharakter der Antike bezweifelt und das Zeitalter Ludwigs XIV. (zu dessen Image-Beratern er gehörte) für gleichrangig erklärt. Im Kampf zwischen den Boileaus Antike-Kult verteidigenden Hardlinern der *anciens* und jenen Intellektuellen und Künstlern, die, wie Perrault, eine Zeitgemäßheit der Literatur forderten und moderne neben, sogar über antike Werke stellten, obsiegte die Anschauung der „Modernen" und bereitete die Literatur der Aufklärung vor.

Gattungen/Vorherrschende Gattungen

Pastorale; Tragödie; Komödie (Verskomödie, Prosakomödie, Ballettkomödie); Tragikomödie; Roman (Schäferroman, histor.-galanter Roman, Abenteuerroman, phantast.-utop. Roman, psycholog. Roman); Fabel; Lettres; Mémoires; Lehrgedicht; Satire (u.a. Verssatire); Essay, Traktat, Abhandlung, philos. Schrift, Aphorismus/Sentenz; Märchen; Dialog; Lyrik.

Autoren & Werke

Vorklassik/"Barock"

Alexandre Hardy (1570-1631/32)

Der vor Corneille bedeutendste und produktivste französische Dramatiker, einer der nicht wenigen Viel- und Schnellschreiber der französischen Literaturgeschichte (mit ca. 600 Stücken), war der unfreiwillige Schablonist des von Malherbe verfolgten ordnungslosen Barock-Theaters; er erklärte dessen (so gut wie gar nicht gedruckte) Stücke für verfassungswidrig und ungenießbar. Hardy schrieb überwiegend für eine feste Spieltruppe, die im Pariser Theatertempel, dem „Hôtel de Bourgogne", auftrat, Tragödien, Tragikomödien und Pastoralen, deren Stoffe und Themen er aus der antiken, französischen, spanischen oder italienischen Literatur entlieh.

Info

Pastoralen. *Ländliche Hirtenspiele, Schäferspiele realitätsfernen Zuschnitts. Zusammen mit der Tragikomödie eine der dominierenden frz. Literatur-Gattungen in der ersten Hälfte des 17. Jh.'s, wie auch der Schäferroman (roman pastoral)*

Seine Quellen modelte Hardy nach eigenen Ideen. Er nahm sich z.B. Werke Boccaccios und Cervantes' vor und dramatisierte Heliodors, von Amyot 1548 übersetzten Liebesroman *Théagenes et Charikléa*. Hardys Stücke, besonders seine Tragikomödien, hatten jede Menge action, Turbulenzen, auch Brutalitäten und waren dankbare Exempel für die von Malherbe und seinen Vollstreckern angeprangerten antiklassischen Merkmale ‚Roheit‘, ‚Geschmacklosigkeit‘, ‚Wüstheit‘, Zügellosigkeit. Sie boten Krach und Spektakel, aber weder Logik noch Moral. Von seinen überlieferten Pastoralen wurde *Le Triomphe d'amour*, ein Intrigen-Stück, die bekannteste. Das höfische Publikum goutierte Hardys Produktionen, doch nach 1620 sah es um sie im Sog der Malherbe-Herrschaft immer schlechter aus, deren spartanischen Maßstäben schon die Vielschreiberei als solche suspekt war.

Werke (Auswahl)

- *Didon se sacrifiant (Tragödie) 1603*
- *Coriolan (Tragödie) 1607*
- *La Mort d'Alexandre (Tragödie) 1624*
- *Le Triomphe d'amour (Pastorale) entst. 1624-26*
- *L'Amour victorieux ou vengé (Pastorale) 1624*

Théophile de Viau (1590-1626)

Der Lyriker und Dramatiker, nur zu Lebzeiten lebhaft rezipiert, doch von der Romantik reaktiviert, hielt zwar die von Malherbe geforderten Vorgaben in der Form eher ein, war aber infolge seines Bestehens auf subjektiver künstlerischer Freiheit praktisch deren Gegner. Freidenker Viau, als Verfasser nicht-konformer Prosaschriften gelegentlich verfolgt, am Ende seines kurzen Lebens wegen eines gewagten Gedichtes sogar vom Scheiterhaufen bedroht, eingekerkert, dann aus Paris verbannt, dichtete sozusagen als formal einwandfreier, inhaltlich aber umso regelloserer Spontaneist, nicht bereit, seiner Phantasie Zwang anzulegen, weshalb er der Verurteilung durch die Malherbe-Fraktion am Ende doch anheim fiel. Seine sehr subjektive freizügige Lyrik war zeitgeistgemäß, ebenso sein dramatisches Wirken. Viau dramatisierte Ovids Geschichte des babylonischen Liebespaares Pyramus und Thisbe (ein inflationärer literarischer Stoff im Europa des 17. Jahrhunderts), und diese lange auflagenreiche Tragödie, erst verbrannt, dann bei Hofe mit Erfolg aufgeführt, begründete seinen Ruf als Dramatiker. Was Boileau-Despréaux später nicht hinderte, die hochemotionalen raisonlosen Schlussverse aus *Pyrame et Thisbé* (Viaus Markenzeichen) als „*poetisch verirrt*“ und „*geschmacklos*“ zu geißeln.

Werke (Auswahl)

- *Œuvres poétiques 1623*
- *Les Amours tragiques de Pyrame et Thisbé (Tragödie) Urauff. 1621*

Honoré d'Urfé (1567-1625)

Honore´d'Urfé ist nur noch durch seinen mehrbändigen, über 5000 Seiten umfassenden Schäferroman *L'Astrée,* erschienen zwischen 1607 und 1627, von literaturhistorischem Interesse. (Kompletter Titel: *L'Astrée ou par plusieurs histoires et sous personnes de bergers et d'autres sont déduits les divers effets de l'honneste amitié)* Diese unrealistische, „galante", moralisch einwandfreie, daher auch in den französischen Salons beliebte und diskutierte Liebesgeschichte zwischen einem 14-Jährigen und einer 12-Jährigen gefiel nicht nur in Frankreich Adel und Bürgertum, sondern in ganz Europa. Die im 5. Jh. n.Chr. in Frankreich angesiedelte Handlung mit ihren Anleihen bei inländischen, spanischen, italienischen Schäferromanen – u.a. Cervantes' *La primera parte de la Galatea* (1585) – bestand aus einer endlosen Anzahl von Episoden und einer endlosen Anzahl von theoretischen Gesprächen über die Aspekte der Liebe, trotzdem die Qualität des Romans in d'Urfés Streben nach Darlegung komplexer seelischer Prozesse zu erkennen war.- Sein Erfolgsroman kann heute als vorklassisches Anschauungsmaterial jener weitschweifigen „Unterhaltungsschinken" gelten, die mit ihrem sprachlichen Ballast, ihren Preziositäten und ihren Verschnörkelungen in Frankreich die barocke Romanliteratur zu Anfang des 17. Jahrhunderts prägten, die sich aus den Ritterromanen des 16. entwickelt hatte. Im Laufe des 17. Jahrhunderts entwuchsen dieser Quelle Massen von Abenteuerromanen sowie deren und der Schäferromane Persiflagen.

Charles Sorel (1602-1674)

Mit *La vraye histoire comique de Francion,* erschienen 1623, schrieb Sorel als junger Debütant Frankreichs frühesten pikaresken Sittenroman, der, erkennbar angelehnt an das spanische Vorbild *Lazarillo de Tormes* (1554), die Geschichte eines jungen in Armut geratenen Adligen erzählte, der durch die Heirat einer italienischen Geliebten saniert wird. Sorel schickte seinen lustigen, auch mutigen Helden, der gegen Vorurteile aufsteht, durch viele Etagen der Gesellschaft, so dass er in diesem burlesk- *un*preziös geschriebenen, nahezu realistischen Picaro-Roman ein viel gelesenes satirisches Zeitbild der französischen Gesellschaft unter Ludwig XIII. schuf. Da sich die Zustände in Frankreich bald nach Erscheinen des I. Teils 1623 verschärften und Freidenker wie Viau ihren Prozess bekamen, fing Sorel, obwohl er seinen Roman zunächst anonym publiziert hatte, aus Angst vor Strafverfolgung an, diesen in nachfolgenden Neuausgaben/Erweiterungen zu glätten und zu zensieren und gereinigte Fassungen vorzulegen – dabei wurde aus seinem couragierten Helden ein braver Jüngling. Den (Spott-)Gehalt konnte er seinem gelungensten, an *Don Quijote* erinnernden Roman nicht austreiben, der in diesem literarisch mehr ‚spanischen' als ‚italienischen' französischen Jahrhundert sehr an seinem Platze war. – Sorel publizierte noch weitere Werke, so 1627 mit *Le Berger extravagant* eine Pastoralroman- resp. d'Urfé-Parodie, die die von *L'Astrée* begründete neue literarische Schäfer-Masche aufs Korn nahm und später vom Autor die Titelbeigabe „Anti-Roman" erhielt. Ein anderer Roman (*Polyandre*) von 1648, der sich mit dem Bürgertum unter Ludwig XIII. beschäftigte, blieb Fragment. Außerdem schrieb Sorel eine erste französische Literaturgeschichte.

François L'Hermite (1601-1655) („Tristan")

Der Lyriker, Dramatiker und Romancier, typischer Dichter der französischen Vor-Klassik oder des literarischen Barock, gewann 1633 zunächst mit dem Lyrikband *Les Plaintes d'Acante* Aufmerksamkeit. Zum Zweiten schrieb er mit seiner Erfolgs-Tragödie, dem Hardy-Remake *La Mariane*, uraufgeführt 1637, eine der beachtenswertesten französischen Tragödien vor Corneille. Anders als Hardys Adaption des vom Geschichtsschreiber Flavius Josephus überlieferten Ehe-Dramas des Königs Herodes fiel Tristans Stück nicht unter den Tisch der Literatur, trotz stilistischer Manierismen und seiner barocken Überdrehtheiten in puncto Gefühl & Leidenschaft, obgleich es Tristan immerhin gelang, aus *ihrer* Darstellung heraus und nicht durch möglichst rasanten Stoff logische Spannung zu erzeugen – womit er ein Klassik-Gesetz erfüllte. Drittens schrieb Tristan 1642 mit dem in der Picaro-Tradition stehenden Roman *Le Page disgracié* den ersten bemerkenswerten autobiographischen französischen Roman, der zu den satirischen, sich mit Realismus gegen die grassierenden Schäfer- und Abenteuerromane wendenden „Antiromanen" gehörte. Tristans Aufnahme in die Regelanstalt *Académie* verhinderte nicht, dass er, von der nachfolgenden Klassikergarde gleich Viau als Regelverstoßer betrachtet, ins zweite Glied verwiesen und bald vergessen wurde.

Jean Mairet (1604-1686)

Als wichtigster Theaterautor vor dem ersten Klassik-Heros Corneille war Mairet bereits selber und daher auch der *aller*erste Klassiker der französischen Literatur. In dieser Eigenschaft war er natürlich gegen

Dichter wie Hardy eingestellt und schrieb mit seinem stärksten Drama *La Sophonisbe*, uraufgeführt 1634, die erste französische Tragödie, die wesentliche Klassik-Merkmale aufwies. Dieses Werk, dessen Thematik aus der römischen Geschichte stammte, verfolgte bereits in aller Strenge das neue Regelwerk und trug entscheidend zur Verbreitung der Normen bei. (Schon 1631 hatte Mairet im Vorwort zu einer Pastorale – *Préface de Silvanire* – für deren Befolgung im Sinne des eben veröffentlichten Chapelain-Traktates plädiert. Mit Chapelain entwarf er um 1635 die speziell gegen Hardys Schule gerichteten Regeln und Vorstellungen des klassischen Theaters.)- Mairets dramatische Version des Lebens und Todes jener numidischen Königin, die wie Cleopatra den Tod einer römischen Demütigung vorzog, war sein größter Treffer. Insgesamt schrieb Mairet nur rund zehn Tragödien und Tragikomödien, sein Durchbruch gelang ihm 1626 mit einem Beitrag zur Schäferliteratur (der pastoralen Tragikomödie *La Sylvie)*. Mairet profilierte sich in Folge als einer der härtesten Kritiker der angeblich ‚regellosen' Corneilleschen Tragikomödie *Le Cid* und beschloss seine Karriere frühzeitig 1643 mit der Tragikomödie *La Sidonie*.

Madeleine de Scudéry (1607-1701)

Die in E.T.A. Hoffmanns romantischer Kriminalnovelle *Das Fräulein von Scuderi* 1819 verewigte erste französische Romanautorin von europäischer Ausstrahlung, deren seit 1652 bestehender Pariser „Salon" ein Zentrum der *Précieuses* war, hatte *ihren* Durchbruch mit ‚historischen' Abenteuerromanen, die sie zunächst unter dem Namen ihres Bruders herausbrachte.

Info

Les Précieuses. *„Die Kostbaren" waren gebildete oder auch mehr scheingebildete literarisch „interessierte" Damen der Pariser Aristokratie, die in der ersten Hälfte des 17. Jh.'s die lange existierenden literarischen Salons einrichteten. Tonangebend im Wortsinn war die „Zelle" des Preziösentums und der Académie, der besonders mondäne Salon der Marquise de Rambouillet im „Hôtel de Rambouillet", in dem sich Adel, Staatsmänner, Schöngeister sowie Angehörige der Kulturwelt zum hochgeistigen Austausch trafen.(„Hôtel": in Frankreich ab dem 17./18. Jh. eingeführter palastartiger städtischer Wohnsitz des Adels). Mlle de Scudéry war enge*

Bekannte der Marquise de Rambouillet, der „Oberin" der Pariser Salonkultur, deren Nachfolge sie in ihrem eigenen Salon antrat. Sie war auch typische Autorin bzw. Verbreiterin der in den Salons gepflegten „Preziosität", jener geziert-gespreizten Lebens-, Verhaltens- und Redediktion, die im „Gründersalon" der Marquise de Rambouillet gepflegt wurde. Die „Précieuses" bereiteten den Stil der Klassik vor, so wie die Salons die moralischen und ästhetischen Klassik-Gesetze (mit-)überwachten, wurden aber bald in Molières Komödie „Les Précieuses ridicules" (1659) ordentlich verspottet. Ihre eigenen Produktionen zeigten übrigens mehr barocke Vorlieben.

Es waren dies Scudérys jeweils zehnbändige Romane *Artamène ou le Grand Cyrus* und *Clélie, histoire romaine*. Als Literatur-Erzeugnisse der Mitte des Jahrhunderts sehr nachgefragten Barock-Gattung *roman héroïque-galant* waren diese um Liebe und Helden- bzw. Kriegstaten kreisenden, im geistreichen Konversationston der *Précieuses*-Salons gehaltenen Werke zugleich Schlüssellochromane aus der Gesellschaft, was ihre Popularität beförderte. (Dennoch war der dem Idealen verpflichtete, nicht gerade kurzweilige heroisch-galante Endlos-Roman des 17. Jahrhunderts kaum geeignet, der allgemeinen Langeweile in den Salons wirklich Einhalt zu tun.) Weniger Aufmerksamkeit ernteten Mlle de Scudérys die Mode der *zweiten* Jahrhunderthälfte bedienenden kürzere Romane. Vor allem *Le Grand Cyrus* und *Clélie* zirkulierten in europäischen Kreisen – nicht zum wenigstens die berühmte „*Carte de Tendre*" aus *Clélie,* eine allegorische „Landkarte" des Kosmos der rein seelischen Liebe.

Werke (Auswahl)

- *Artamène ou le Grand Cyrus (Roman) 1649-1653*
- *Clélie, histoire romaine (Roman) 1654-1660*
- *Célinte (Roman) 1661*
- *Histoire de Mathilde d'Aguilar (Roman) 1667*
- *Conservations morales 1680-1692*

Pierre Corneille (1606-1684)

Leben und Werk

Corneille entstammte einer reichen Familie aus Rouen und erhielt seine Erziehung in einem Jesuitenkolleg. Er studierte Jura und bekam eine Anwalt-Zulassung für das Parlement von Rouen. Aber seine Liebe galt nur der Literatur. Er begann mit Komödien und hielt sich an das Barockdrama mit seinen in komplizierten Haupt- und Nebenhandlungen ablaufenden Intrigen- und Verwirr-Stücken. Er verwendete kühne theatralische Effekte und arbeitete zunächst mit Elementen des antiklassischen Unwahrscheinlichen und Übernatürlichen. 1629 wurde seine erste Komödie *Mélite* in Paris uraufgeführt, es folgten weitere komödiantische Jugendwerke, mit denen sich Corneille schon als Autor festigte. In Rouen ging er weiterhin seinem bürgerlichen Beruf nach, war aber oft in Paris, wo er auch in Mme de Rambouillets „Salon“ verkehrte. 1635 begab er sich mit Kollegen vorübergehend in den dichterisch-politischen Dienst Richelieus, stellte aber bald seine Mitwirkung an dieser Art Propaganda-Theater ein. Nach seinem letzten regellos-barocken Stück, der märchenhaften Verskomödie *L'Illusion comique* (1636), schrieb Corneille sein großes Stück, die ‚spanische' Tragikomödie *Le Cid*, deren Uraufführung Ende 1636 im Pariser „Théâtre du Marais“ sehr gefiel. Doch es kam zu Angriffen, denen Corneille mit einem Pamphlet antwortete. In der daraufhin ausbrechenden „Querelle du *Cid*“ wurde Corneille der Verletzung der gerade zwingend gewordenen Regeln, in Sonderheit der „drei Einheiten“, bezichtigt. (Man beanstandete, dass im *Cid* der Schauplatz auf die ganze Stadt ausgedehnt wurde.) Auch das versöhnliche Ende des Stückes erregte Anstoß: man kritisierte die Verletzung der *bienséance*.

Info

Die drei Einheiten. *Kardinal-Regel der Klassik-Poetik (auch) für die Tragödie, zementiert in Chapelains (Gründungsmitglied der „Académie") „Lettre sur la règle des vingt-quatre heures" (1630), einem poetologischen Traktat über die aristotelische Lehre von den drei Einheiten des Dramas: Einheit der Handlung (Durchführung eines Grundmotivs ohne oder nur mit strikt untergeordneten Nebenhandlungen – d.h. einliniger Handlungsverlauf); Einheit des Ortes (ein einziger unveränderter Schauplatz bzw. Handlungsraum); Einheit der Zeit (Ablauf der Handlung innerhalb von 24 Stunden.) Chapelain folgte italien. Theoretikern und reagierte primär auf das un-regel-mäßige Theater Hardys.*

Académie-Pate Richelieu veranlasste eine maßvolle Abmahnung Corneilles durch die eben gegründete Kultur-Behörde, aber Corneilles Durchmarsch schien sich trotzdem fortzusetzen. Er kam in seiner Arbeit aber nunmehr den Regeln nach, so auch in seinen gut angenommenen Römerdramen *Horace* (nach Livius) und *Cinna ou la Clémence d'Auguste* (nach Seneca) und der Märtyrer-Tragödie *Polyeucte*. Es folgten nach der Komödie *Le Menteur* Tragödien wie *La Mort de Pompée*, *Rodogune, Princesse des Parthes*, *Héraclius*, *Nicomède, Pertharite, Roi des Lombards,* die nicht viel Beifall bekamen. Ein Gedicht zum Lob des Richelieu-Nachfolgers Mazarins brachte ihm eine Pensionszahlung, 1647 wurde auch er *Académie*-Mitglied. Als seine Stücke beim Publikum abfielen, zog sich Corneille aus dem Literaturbetrieb zurück, ging aber Ende der 50er Jahre nach Paris, bekam vom Förderer der Künste, dem Finanzminister Fouquet, erneut eine Pension und nahm, angeschoben von seinem Bruder und Dramatiker-Kollegen Th. Corneille, die Karriere wieder auf. Er versuchte erfolglos, mit *Œdipe* 1659 an den Ruhm von ehedem anzuknüpfen. 1663 setzte ihn der neue Minister Colbert auf eine Liste der für Staat und König nützlichen und daher alimentierungsfähigen Autoren, und Corneille schrieb Dankes- und königliche Huldigungsgedichte. Er verfasste neue Dramen, meist ‚römische' Tragödien, aber auch Komödien, die etwa auch Molières Theatergruppe zur Aufführung brachte. Doch der Aufstieg des Rivalen Racine lähmte ab Ende der 60er Jahre sein Schreiben und deprimierte ihn. Er verlor den Kampf, als er mit *Tite et Bérénice* und Racine mit *Bérénice* antrat. Zwar machte er noch weiter (so schrieb er zusammen mit Molière die Ballett-Tragödie *Psyché*), beendete sein Wirken aber zehn Jahre vor seinem Tod, wiewohl er bei Publikum wie bei Hofe, gerade bei Ludwig XIV., ein geschätzter Dichter blieb. 1684 starb Corneille vereinsamt in Paris.

Werke (Auswahl)

- *Mélite ou les fausses lettres (Komödie) 1629*
- *Médée (Tragödie) 1635*
- *L'Illusion comique (Komödie) 1636*
- *Le Cid (Tragikomödie) 1636*
- *Horace (Tragödie) 1640*
- *Cinna ou la Clémence d'Auguste (Tragödie) 1640/41*
- *Polyeucte martyr (Tragödie) 1641/42*
- *La Mort de Pompée (Tragödie) 1643*

- *Le Menteur (Verskomödie) 1643*
- *Rodogune, Princesse des Parthes (Tragödie) 1644*
- *Héraclius (Tragödie) 1647*
- *Nicomède (Tragödie) 1651*
- *Pertharite, Roi des Lombards (Tragödie) 1652*
- *Œdipe (Tragödie) 1659*
- *Tite et Bérénice (Tragödie) 1671*
- *Psyché (Ballett-Tragödie) 1671*

Le Cid
Beim Großerfolg seiner frühklassischen Tragikomödie *Le Cid* kam Corneille zugute, dass der spanische Stil nun in Frankreich sehr en vogue war. Schon in seiner Verskomödie *L'Illusion comique* hatte er mit dem Kraftmeier Matamore eine spanische Figur auftreten lassen, bei *Le Cid* dann ging er vollends zum Spanischen über. Er griff nach der Geschichte des illustresten Helden der Spanier, den diese schon seit dem 11. Jahrhundert in Legenden vergöttert und verewigt hatten – des kastilischen Granden Rodrigo Diaz, der einst teils auf spanischer, teils auf maurischer Seite kämpfte und den maurischen Beinamen „Cid" (Herr) trug. Bei seinem Stück benutzte Corneille die Dramenvorlage Guillén de Castros, die sich durch ein Übermaß an Einzelepisoden und Nebenfiguren auszeichnete, so dass die Aufführung des Spaniers drei Tage dauerte. Corneille passte diese dem französischen Theater an, verdichtete, kürzte, vereinfachte die überkomplizierte Handlung (er konzentrierte sie sogar auf die geforderten 24 Stunden, während sie bei de Castro 18 Monate dauerte), wahrte aber den spanischen Background und die spannende Story. Der überholt und altertümlich anmutende, auch bei Corneille noch unwahrscheinlich-verknäulte Konflikt in *Le Cid*, bei dem es Corneille-typisch im Kern um die Wahl zwischen Ehre und Leidenschaft geht, wird vom Helden Don Rodrigo (Rodrigue) nach kurzem Zögern im Sinne der Maxime „mit Vernunft für ein sittliches Ideal" zugunsten der Pflicht entschieden. Von diesem Don Rodrigo war das Publikum begeistert. Ihm gefielen sein Wille, sein Mut, seine Tugend, sein heroischer Sprachstil und die Bereitschaft, keinem Hauen und Stechen auszuweichen. Zudem verlieh Corneille der Figur des spanischen Nationalhelden (der die überraschend angreifenden Mauren besiegt) die Züge eines speziell *französischen* Heros. So war der Sieg der tragischen Komödie mit ihrem Liebes-Happy End gesichert. Das Publikum mochte die unalltäglichen Figuren, die Darstellung und Bewältigung innerer Konflikte und die Stück-Moral, dass die

passion, und zwar durchaus lohnend, hinter der *raison* zurückzustehen hatte.

Leseprobe: *Le Cid*

ERSTER AUFZUG
ERSTER AUFTRITT

Chimene. Elvire.

Chimene.
Darf ich dir glauben? Sprach mein Vater so? Mir scheint,
Du hättest doch nicht recht verstanden, was er meint.
Elvire. Was er mir sagte, war so einfach und so klar,
Daß da kein Mißverstehn, kein Zweifel möglich war.
Er schätzt Rodrigo hoch, wie Ihr ihn liebt, Chimene,
Und würd' ihn sicher gern als Euren Gatten sehn.
Chimene.
So sag, ich bitte dich, mir noch zum zweiten Mal,
Woraus du schließen magst, er billige meine Wahl.
Sag mir noch einmal klar, worauf ich hoffen kann –
Solch holde Reden hört man immer gerne an.
Versprichst du nicht zuviel, wenn du uns sagst, wir können
Zu unsrer Liebe uns vor aller Welt bekennen?
Hast mit dem Vater du vom Wettstreit auch gesprochen,
Der zwischen Sancho und Rodrigo ausgebrochen?
Und zeigtest du ihm nicht zu deutlich, daß mir beide
Nicht gleich wert, ich vielmehr aufs schärfste unterscheide?
Elvire.
O nein! Ich sagte ihm, Ihr wüßtet selbst noch nicht,
Ob Euer Herz für den, für jenen stärker spricht.
Nicht selbst entscheiden wollt Ihr drum. Gehorsam nimmt
Chimene zum Gatten, wen der Vater ihr bestimmt.
Sehr deutlich sah man es des Grafen Zügen an,
Wie wohl des Töchterleins Gehorsam ihm getan.

Zwar muß das alles noch einmal zur Sprache kommen,
Doch ist schon wichtig, was ich jetzt von ihm vernommen.
Mir ist es recht, gleichviel, für wen sie sich entscheide –
Aus edlem Blute, treu und tapfer sind sie beide.
Noch sind sie jung, doch aus dem Glanz der Augen lesen
Wir Ruhm verheißend schon der Ahnen hohes Wesen.
Vor allem sehn wir in Rodrigos Angesicht
Nicht einen Zug, der nicht von reinster Tugend spricht.
Die Väter führten einst das Heer von Sieg zu Siege,
Von Lorbeergrün umrankt war schon des Knaben Wiege.
Sein Vater, als er noch im Mannesalter stand,
War von der ganzen Welt als Wunder anerkannt.
Was er geleistet, kann uns manche Furche sagen,
Die schonungslos die Zeit in seine Stirn geschlagen.
Vom Sohn erwart ich, was ich einst vom Vater sah.
Wählt meine Tochter ihn, dann sag ich freudig ja.<
Gern hätt' ich das Gespräch noch weiter fortgesetzt,
Doch eilt' er sehr. Er sitzt im Rat des Königs jetzt.
Ihr seht nun – von den zwein, die sich um Euch bemühn,
Scheint er, den Ihr gewählt, entschieden vorzuziehn.
Einen Erzieher will dem Sohn der König geben.
Auf dieses Amt glaubt er nun Anspruch zu erheben.
Kein Zweifel, daß die Wahl des Königs auf ihn fällt,
Denn keinen wüßt' ich, der ihm hier die Waage hält.
So wird, was alle Welt erwartet, auch geschehn:
Daß wir ihn heute noch im hohen Amte sehn.
Rodrigos Vater wird, wie ihn der Sohn gebeten,
Gleich nach der Sitzung als Freiwerber vor ihn treten.
Was also – urteilt nur ganz frei und unbefangen –,
Was spräche nicht für Euch? Was könnt Ihr mehr verlangen?
Chimene.
Ach, so viel Glück ist fast fürs müde Herz zuviel,

Das Schicksal treibt so gern mit uns sein tückisch
Spiel,
Und was so froh begann, kann um so trauriger enden.
Ein Augenblick genügt – gleich kann sich alles
wenden.
Elvire.
Glaubt mir, die Furcht ist bald aufs glücklichste
zerstreut.
Chimene.
Komm, warten wir es ab. Entscheiden muß sich's heut.
(*Beide ab.*)

Rezeption
Corneille war mit seinen ca. 33 Stücken sowohl der Begründer als auch der erste Mann des klassischen französischen Dramas; seine Tragödien wurden, alles in allem, als die ersten praktisch gewordenen Ideale der von der Klassik gewollten Literatur-Kunst angesehen. Wenn Goethe zu Eckermann meinte: *„Von Corneille ging eine Wirkung aus, die fähig war, Heldenseelen zu bilden"*, so entwickelte dieser Dramatiker in der Tat Menschen, die den Eindruck von unbürgerlichen Nicht-Durchschnittsmenschen hinterließen. Entsprechend sprachen sie eine eigene pathetische Sprache. Mag dieser Stil heutzutage befremden, Fakt bleibt, dass Corneille mit Molière und Racine eines der „drei Musketiere" des französischen Klassik-Dramas war. Während der Haft vor seiner Hinrichtung ließ Ludwig XVI. ihn sich rezitieren, und ausgerechnet Napoléon I. zählte *„Cinna oder die Milde des Augustus"* zu seinen Lieblingsstücken. Auch der deutsche Dramatiker Schiller war Corneille-Anhänger.

Cyrano de Bergerac (1619-1655)

Als bedeutender Autor des in der 2. Hälfte des 17. Jahrhunderts in Frankreich aufkommenden *satirisch-utopischen Romans* ist Cyrano de Bergerac heute auch noch im deutschen Sprachraum (etwa: *Briefe; „Die Reise zum Mond und zur Sonne")* präsent. (Weitere Autoren des phantastisch-utopischen Literarisierens/oder Philosophierens waren in diesem Zeitabschnitt der Frühaufklärungs-Philosoph *Fontenelle* (*Entretiens sur la pluralité des mondes,* 1686*)*, sowie später auch Perrault, C. Bernard oder M. d'Aulnoy im Bereich der Märchenliteratur.) Seine beiden phantastischen Romane *Histoire comique contenant Les Estats et Empires de la lune (1657)/ L'Histoire comique des estats et empires du soleil (*1662, Fragment)) nahmen weniger die phantastischen Romane J. Vernes vorweg, als dass sie auf Jean de Meun(g)s mittelalterlichen *Roman de la rose, Teil II* rückverwiesen, denn Cyrano de Bergerac benutzte in beiden Fällen seine barock-burlesken Geschichten dazu, eine gelehrte Diskussions-Enzyklopädie des zeitgenössischen Wissens und Denkens vor dem Leser auszubreiten. Andererseits schilderte er im Ansatz alternative utopische Gesellschaften auf entfernten Planeten, wodurch der humanitär Denkende (wie die anderen Repräsentanten der utopischen Literatur) satirisch und unangepasst die real herrschenden Verhältnisse, Autoritäten und Normen kritisch diskutierte. Cyrano de Bergerac kann damit wie mit seiner Neigung zu philosophisch-räsonierenden Literaturinhalten auch als Vorbote der Aufklärungs-Literatur eingestuft werden. E. Rostand behandelte seine bewegte Biographie (er starb bereits mit 36) in dem Versdrama *Cyrano de Bergerac* 1897, außerdem gab es 1990 einen Cyrano de Bergerac-Film, 1995 ein Cyrano de Bergerac-Musical sowie auch schon eine Cyrano de Bergerac-Oper.

Paul Scarron (1610-1660)

Scarron war im 17. Jahrhundert so etwas wie einer der Kronzeugen der anti-klassischen, burlesken Literatur, und dies gattungsübergreifend. Er schrieb witzige Gedichte, ‚spanische' Lustspiele, aktuelle, verfolgte politische Satire, eine *Aeneis*-Parodie, die 1648-53 in sieben Büchern erschien, sowie, wie schon angemerkt, Parodien auf den Schäfer- und Abenteuerroman, d.h. satirische „Antiromane" mit realistischem Einschlag. Der spöttelnde Allround-Literat konnte zu Lebzeiten einige Publikumsgunst verbuchen, und das zuallererst mit seinem Komödianten- oder Schauspielerroman *Le Roman comique* (Bd. 1: 1651 – kursierende Plagiate erforderten 1655 eine revidierte Fassung; Bd. 2: 1657). Hier machte Scarron mit nicht zimperlichem Witz die heroisch-galanten- oder Schäfer-Romane lächerlich, verspottete die *bienséance* und anderes. Der im 17. Jahrhundert allseits beliebte *Roman comique* gefiel selbst Dichtungs-Gesetzgeber Boileau-Despréaux, obwohl er als Protestliteratur gegen die offizielle von Hof, Kirche, „Salons" und *Académie* verlangte preziöse Sprache und Attitüdik gerichtet war. Scarron selbst schrieb über seinen Episodenroman, der wie die geistesverwandten Romane von Sorel oder

Furetière den bürgerlich-realistischen Ansatz vertrat und auch in der Nähe zum *Don Quijote* stand: „*Mein Buch ist nur eine Anhäufung von Narreteien, aber ich hoffe, jeder Narr findet ein wenig von seinem eigenen Charakter darin*“.

François de La Rochefoucauld (1613-1680)

Der Begründer der literarischen Kunstform „Maxime“, eine biographisch nicht untypische französische Schriftsteller-Figur des Jahrhunderts, wurde 1613 als Abkömmling eines alten Adelsgeschlechtes in Paris geboren. Er ist literaturgeschichtlich gesehen der „Gründer“ der französischen *Moralisten.*

Info

Die Moralisten. *Rein frz. lit.-philos. Gruppierung, unter die auch La Bruyère mit seinem liter. Porträtwerk „Les Caractères de Théophraste, traduits du grec, avec les caractères ou les mœurs de ce siècle (1688)" zu subsumieren ist, desgleichen B. Pascal („Pensées de M. Pascal", posthum 1669 und 1670), von Haus aus Mathematiker, der als junger Mann das Vakuum „nachwies" und als Moralist glaubte, dass „das ganze Unglück der Menschen allein daher rührt, dass sie nicht ruhig in einem Zimmer zu bleiben vermögen." Moralisten des 18. Jh.'s waren der Frühromantiker Vauvenargues oder Chamfort, im 19.Jh. schrieb Joubert seine moralische Maxime: „Es gehört nur ein wenig Mut dazu, nicht das zu tun, was alle tun." Ihrer aller Vater aber war La Rochefoucauld. Die Moralisten wollten die seelisch-nervlichen Motive menschlichen Handelns ergründen und das menschliche Verhalten, besonders in seinen Täuschungen und Selbsttäuschungen, kritisch dechiffrieren. Ihre Prosa (Maximen; Sentenzen; Aphorismen; auch Essay und Brief) kam von der Essayistik Montaignes, war aber auch beeinflusst vom Vordenker des Jahrhunderts, Descartes. Th.Mann ließ 1924 die frz. Moralisten im „Zauberberg" im Übrigen so definieren: "Les grands moralistes n'étaient point des vertueux, mais des aventuriers dans le mal, des vicieux, des grands pécheurs..."*

1628 verheiratete man den 15-Jährigen mit einem nicht älteren adligen Fräulein. Bis etwa 1653 nahm er als Offizier an etlichen Kriegen teil – u.a. an einem Feldzug in Italien und am 30-jährigen Krieg. In der Zeit dazwischen lebte La Rochefoucauld auf seinen Gütern oder am Hof. Frühzeitig befasste er sich mit Literatur, etwa den barocken Hirtenromanen. Bekannt ist sein tollkühner, aber entdeckter Plan aus dem Jahre 1637, Anna von Österreich, Frau Ludwigs XIII., und deren Hofdame nach Brüssel zu entführen, weshalb er für acht Tage in die Bastille kam. Er war aktiver Richelieu- und Mazarin-Gegner und nahm in der Zeit der Fronde an den kurzfristig erfolgreichen Aufständen teil. Dabei wurde das Stammschloss seines Adelsgeschlechts niedergebrannt, er selbst 1652 bei den Kämpfen schwer verwundet. Amnestie gewährte ihm der junge König Ludwig XIV. erst, als der aristokratische Rebell sich von der Fronde lossagte. Fortan lebte der Herzog zunächst zurückgezogen auf den beiden ihm gebliebenen Schlössern und wandte sich der Schriftstellerei zu. Er schrieb seine *Memoiren,* in denen er Erfahrungen und Erlebnisse aus den Jahren 1624-1652 schildert – ein wichtiges Dokument auch für die französische Historie. Nachdem er 1656 nach Paris zurückkehren durfte, erschienen sie zunächst 1662 als Raubdruck und ohne sein Wissen in Amsterdam. 1874 publizierte er eine vollständige autorisierte Fassung. Mit diesen *Mémoires* zählt La Rochefoucauld zur Fraktion der französischen *Memoralisten* des 17. Jahrhunderts wie sein politischer Feind *Retz* oder *Saint-Simon,* dessen (Hof)-*Mémoires* weit berühmter wurden.

La Rochefoucaulds entscheidendes Werk aber waren seine *Réflexions ou Sentences et Maximes morales* (1665), eine Sammlung von aphoristisch pointierten, im Grundton pessimistischen Lebensweisheiten, Leitsätzen und philosophischen Kurz-Sentenzen, die vor allem auf den Beobachtungen und Erfahrungen beruhten, die der Duc de La Rochefoucauld in den „Salons" der gebildeten Damen machte. (Wie er fanden sich gerade die bei Hofe während der Fronde missliebig gewordenen Adligen in den „Salons" der Schöngeisterinnen ein. Nachdem ihr Feldzug gegen Hof und König gescheitert war, ergaben sie sich resigniert der luxuriösen Langeweile. Die Beschäftigung mit Literatur war für viele von ihnen reine Kompensation. Speziell befreundet war La Rochefoucauld mit Damen wie der Marquise de Sablé und der Gräfin de La Fayette sowie auch mit der Briefliteratin Madame de Sévigné.)

Die *Maximen* erlebten innerhalb weniger Jahre mehrere Auflagen und erfuhren Erweiterungen. Die 5. Auflage enthielt schließlich 504 Aphorismen und erschien 1678 – zwei Jahre vor dem Tod La Rochefoucaulds 1680 in Paris. In diesem Werk der Reflektions-Prosa zeigte sich der Adlige als scharf blickender Kritiker sowohl der „Salon"- als auch der allgemeinen höheren Gesellschaft des Jahrhunderts, der überall hinter die Fassaden sah und von ihm erkannte Wahrheiten beim Namen nannte. Wollte man die übergeordnete *Réflexion* der Klugheiten dieses Buches herausgreifen, so wäre es die Erkenntnis, dass der Egoismus Quelle allen menschlichen Tuns ist und ewig bleiben wird. Viele Franzosen der Zeit waren von den *Maximen* allerdings nicht amüsiert und fanden sie zu entlarvend. Außerhalb Frankreichs wurde das Werk vorbehaltlos geschätzt, und als Kunstform hatten Maxime und Sentenz großen Einfluss auf die nachfolgende europäische Literatur, v.a. auf Goethe; Nietzsche verglich La Rochefoucauld zündend mit einem *„scharf zielenden Schützen, welcher immer wieder ins Schwarze trifft – ins Schwarze der menschlichen Natur"*, und Th. Mann ließ in *Buddenbrooks* ausgerechnet einen Immobilienmakler eine La Rochefoucauld-Weisheit zitieren: *„L'espérance, toute trompeuse qu'elle est, sert au moins à nous mener à la fin de la vie par un chemin agréable" („Die Hoffnung, so trügerisch sie auch ist, dient doch wenigstens dazu, uns auf einem angenehmen Weg ans Ende des Lebens zu führen").*

Werke (Auswahl)

- *Les Mémoires sur la régence d'Anne d'Autriche 1662*
- *Réflexions ou Sentences et Maximes morales 1665*

Antoine Furetière (1619-1688)

Wie Scarron in vielen Gattungen zu Hause (gleich diesem schrieb er eine *Aeneis*-Parodie und war zudem einer der großen Lexikographen Frankreichs) ist der Satiriker Furetière eigentlich nur mit *einem* Werk in der europäischen Literatur vertreten – seinem einzigen Roman, dem „Bürgerroman", der auch hierzulande noch Ende des 20.Jahrhunderts eine Neu-Übersetzung erfuhr. *Le Roman bourgeois, ouvrage comique,* erschienen 1666, spielte schon im Titel auf *Le Roman comique* von Scarron an, und wie dieser gehörte er zur aufmüpfigen realistischen Sektion des französischen Romans im 17. Jahrhundert (Sorel, Scarron) und verstand sich intentional als Kritik sowohl des heroisch-galanten Romans à la Scudéry als auch des pastoralen à la d'Urfé. *Le Roman bourgeois* machte also Front gegen den vorherrschenden Romantypus und war abgesehen davon der erste französische Roman überhaupt, der in der Alltagswirklichkeit des Pariser Bürgertums spielte – anstatt in den gewohnten adligen resp. ritterlichen Kreisen. Furetières formal vielfältig experimentierender, auch in dieser Hinsicht neuer Roman begeisterte die Leserschaft wenig.

Seit 1662 bis zu seinem Hinauswurf 1685 Mitglied der *Académie,* erlebte der Autor später noch, dass diese den Druck des wegweisenden, erst 1690 posthum von Frühaufklärer P. *Bayle* in Holland herausgebrachten modernen Furetière-Wörterbuchs *Dictionaire universel, Contenant généralement tous les mots françois tant vieux que modernes, & les termes de toutes les sciences et des arts* unterdrückte, weil es in Konkurrenz zu ihrem eigenen schon konventionell angestaubten Lexikon stand.

Molière (1622-1673)

Leben und Werk

Molière wurde 1622 in Paris unter dem Namen Jean-Baptiste Poquelin getauft und war Sohn von Jean Poquelin, Inhaber eines Tapezier- und Einrichtungsgeschäfts in der Rue Saint-Honoré und „Königlicher Dekorateur und Kammerherr". Der finanzierte seinem Sohn den Besuch des Pariser Jesuitenkollegs „Collège de Clermont" (später das Gymnasium „Louis-le-Grand"). Molière erhielt dort eine exzellente humanistisch-literarische Bildung. Anschließend studierte er Jura, vermutlich in Orléans. Dieses Studium brach er ab – vielleicht aufgrund der Bekanntschaft mit der hübschen Schauspielerin Madeleine Béjart. Die Entscheidung kam nicht von ungefähr. Denn Molière war schon in seiner Kindheit von der Schauspieler- und Theaterwelt fasziniert. Nicht weit vom Wohnhaus der Eltern, in der Gegend der Markthallen auf der neuen Seine-Brücke Pont-Neuf, hatte er die Straßentheater-Szene erlebt und genossen.

Info

Der Pont-Neuf. *Die schönste und prominenteste der Pariser Brücken. Der engl. Maler W. Turner hat sie gemalt. Heinrich IV. hatte für die neue Brücke zum ersten Mal auch von der Fahrbahn getrennte Gehsteige bauen lassen. Nach der Einweihung 1604 tummelten sich hier Müßige und Händler, Scharlatane und Taschendiebe, Bajazzos und Zahnärzte. Auch die agilen ital. Virtuosen der Commedia dell'Arte traten unter Beifall auf, und Ärzte und Apotheker setzten auf offener Straße Possenreißer und Schauspieler zur Kundenrekrutierung ein.*

Die Begeisterung für die Theater-Welt und die Liebe zu einem freieren Leben veranlassten den 20-Jährigen dazu, sich 1643 an der

Gründung einer neuen Pariser Theatergruppe zu beteiligen, dem „Illustre Théâtre“. An diesem Projekt war auch die Schauspielerfamilie Béjart beteiligt einschließlich Madeleine Béjarts, seiner baldigen Geliebten. Jean Poquelin arbeitete als Schauspieler und war für die Geschäftsführung zuständig. Erstmals unterschrieb er hier 1644 mit dem Künstlernamen *Molière*. Unternehmungen dieser Art waren mit großen Schwierigkeiten verbunden – Konkurrenz, Zensur, Geldmangel. (Als Finanzverwalter kam Molière sogar kurzfristig ins Gefängnis.) Deshalb schloss sich das „Illustre Théâtre“ 1645 der Theatertruppe von Ch. Dufresne an und verließ Paris. 13 Jahre lang zog Molière nun mit der Wanderbühne durch die Provinz. Dabei machte er wertvolle Erfahrungen als Schauspieler und Dramatiker und erwarb sich einen reichen Fundus an Themen, Motiven, Szenen, Figuren und vor allem dramatischen Kunstgriffen, von denen seine Erfolgsstücke aus späterer Zeit Zeugnis ablegen. In diesen Jahren entwarf er erste Farcen und szenische Skizzen für sein Ensemble. Das meiste davon ist verloren gegangen oder nie aufgeschrieben worden. 1731 tauchten zwei Molièresche Kurzpossen auf: *Le Médecin volant* und *La Jalousie du Barbouillé*, die wohl in jenen Wanderjahren entstanden waren.

Info

Farce. *Oft gleichbedeutend mit Posse. Sie wurde in Frankreich seit ihrer Einführung im 14. Jh.* *(vgl. Kap. 2)* *als komisches Intermezzo in ernsten Schauspielen erst später eigenständige dramatische Form. Ihre Komik beruhte auf Gestik, Mimik und Pantomime der Schauspieler. Die Handlungsabläufe waren meist gleichförmig, hatten Freiraum für Improvisationen, boten immer dieselben „Typen“. Molière verband die spätmittelalterliche frz. Gattung mit Mustern und Machart der „commedia dell'arte“. Die Charakteristika der Farce finden sich auch in seinen großen Komödien.*

1652 wurde Molière Direktor seines Ensembles, und 1658 kehrte der jetzt 36-Jährige in die Hauptstadt zurück. Es war Madeleine Béjart gelungen, das „Ballspielhaus im Marais“, neben dem „Hôtel de Bourgogne“ das eine der beiden etablierten Pariser Theater, als Theatersaal anzumieten. Der Bruder Ludwigs XIV., der 18-jährige Philippe von Orléans, übernahm die Protektion. Bald schon durfte Molières Schauspielgruppe sogar im schönen Saal im Seitenflügel des Louvre, dem „Petit-Bourbon“, auftreten. Bei Aufführung der Farce

Le Docteur amoureux war auch der 20-jährige Ludwig XIV. angetan. Mit witzigen Stückchen dieser Art erzielte Molière seine ersten Erfolge. Ein spektakulärer gelang ihm 1659 mit *Les Précieuses ridicules*, jener einaktigen Satire, in der er seine Hiebe gegen das aufdringliche preziöse Getue in Gesellschaft und bei Hofe führte. Das Stück fand über alle Standesgrenzen hinweg Anklang – König und Hof inklusive. Mit der Komödie *L'École des femmes* (1662) legte Molière ein Meisterwerk nach. Doch es begannen Probleme, weil nicht nur Widerstände von Seiten verspotteter Einzelpersonen und Gruppen kamen, sondern auch die Instanzen aufstanden, namentlich die Kirche. Denn Molière plädierte in teilweise leicht zotiger Form für eine freiere Gestaltung von Liebe und Ehe und wurde wegen seiner liberalen Ansichten und seiner Gesellschaftskritik zunehmend zur Zielscheibe von Anfeindungen und Intrigen. Einen Höhepunkt erreichten diese bei der Aufführung des *Tartuffe ou l'Imposteur* (Uraufführung 1664, endgültige Fassung 1669). Seine Widersacher warfen ihm Religionsfeindlichkeit und Pornographie vor, weil er Bigotterie, geheuchelte Sittenstrenge und den Fanatismus z.B. der Jesuiten angriff. Deshalb wurde diese Komödie erst nach fünf Jahren für die Öffentlichkeit freigegeben. 1662 heiratete Molière Armande Béjart, die jüngere Schwester oder vielleicht sogar Tochter seiner langjährigen Geliebten Madeleine Béjart. Diese Heirat trug ihm viel Häme ein, denn man hielt Armande für seine Tochter und beschuldigte ihn des Inzests. Ludwig XIV. gewährte Molière dessen ungeachtet weiterhin seine Gunst und wurde 1664 sogar Pate bei seinem ersten Sohn. Seit 1665 übernahm er zudem selbst die Protektion für die Theatergruppe, die sich nun „Schauspieltruppe des Königs im Palais-Royal" nennen durfte.

Im Winter 1664/65 erkrankte Molière bedrohlich, arbeitete aber unermüdlich weiter: als schreibender Dramatiker, Intendant, Manager, Regisseur und Schauspieler und beeindruckte mit genau geplanten und sorgfältig vorbereiteten Inszenierungen. Anfang 1673 erkrankte er wiederum schwer. Am 10.2.1673 begann sein Sterben auf der Bühne während der vierten Aufführung seiner Komödie *Le Malade imaginaire* im „Palais-Royal", in der er die Titelrolle spielte. Ausgerechnet in diesem Stück erlitt der Todkranke einen Schwächeanfall, den er mit schauspielerischen Tricks überspielte, an dem er jedoch Stunden nach der Aufführung starb. Die Kirche verweigerte Molière ein christliches Begräbnis, da Schauspieler zur untersten Gesellschaftskaste zählten und der Sakramente unwürdig waren. Ludwig XIV. revidierte das Verdikt auf Bitten von Molières Frau.

Gemäß kirchlichem Befehl ohne Pomp und bei Nacht wurde das Begräbnis des bis heute größten Komödiendichters Frankreichs vollzogen.

Werke (Auswahl)

- *Les Précieuses ridicules (Prosakomödie) 1659*
- *L'École des femmes (Komödie) 1662*
- *Le Tartuffe ou l'Imposteur (Komödie) 1664/1669*
- *Dom Juan ou le Festin de Pierre (Prosakomödie) 1665*
- *Le Misanthrope (Komödie) 1666*
- *L'Avare (Komödie) 1668*
- *Les Femmes savantes (Komödie) 1672*
- *Le Bourgeois gentilhomme (Ballett-Komödie) 1672*
- *Le Malade imaginaire (Prosakomödie mit Balletteinlagen) 1673*

L'Avare
Molière ist der Urheber der Gattung *Charakterkomödie,* und seit dem 19. Jahrhundert wird *L'Avare* als deren theatergeschichtliches Musterexempel angesehen. Dabei nahm man zunächst diese Komödie nur lau auf, u.U. wegen ihrer Prosaform, denn das Publikum war an Verse gewöhnt. Heute ist *„Der Geizige"* immer noch eine der meist gespielten Komödien Molières, und die Figur des Harpagon fungiert als personifizierte Allegorie der bürgerlichen Habgier, die vor keiner Aktion, keinem Geschäft zurückschreckt, winkt nur die Vermögensakkumulation – Harpagon als Mensch und seine volle Geldkassette sind bei Molière ein und dasselbe. Er wahrte aber den Komödiencharakter seiner Studie, indem er den alten Geizkragen mit lächerlichen Eigenschaften ausstattete. (Dazu gehörten die panische Angst vor dem (eigenen) Bestohlenwerden, absurde Sparmaßnahmen und eine anämische Greisenverliebtheit.) Die *L'Avare*-Interpretation bewegt sich seit dem 17. Jahrhundert in widersprüchlichen Deutungen, in deren Radius Harpagon mal als zeitlose Inkarnation einer angeblich allzu menschlichen Eigenschaft, mal als normaler Geschäftsmann eingestuft wird. Am ehesten trifft seine Einordnung als Repräsentant (früh)bürgerlichen Erwerbsdenkens das Wesen dieser Figur. *„Akkumuliert! Akkumuliert! Das ist Moses und die Propheten!"* schrieb Karl Marx im „Kapital" über Moral und Charaktermaske des kapitalistischen Anhäufers – er hätte auch *„Das ist Molières L'Avare!"* schreiben können.

Leseprobe: *L'Avare*

Aufzug V

Sechster Auftritt

Cléante. Valère. Mariane. Élise. Frosine. Harpagon. Anselme. Meister Jacques, La Flèche. Der Polizeibeamte. Dessen Schreiber.

CLÉANTE. Quält Euch nicht weiter, lieber Vater, und beschuldigt niemanden. Ich habe einiges über Eure Angelegenheit herausgebracht und bin hierhergekommen, um Euch zu sagen, daß Euer Geld Euch zurückgegeben wird, wenn Ihr Euch dazu entschließen wollt, mich Mariane heiraten zu lassen.

HARPAGON. Wo ist es?

CLÉANTE. Macht Euch darum nur keine Sorgen: es ist an einem Ort, für den ich bürge, und alles hängt nur von mir ab. An Euch ist es, mir zu sagen, wofür Ihr Euch entscheidet; Ihr könnt wählen, entweder mir Mariane zu geben oder Eure Kassette zu verlieren.

HARPAGON. Hat man nichts herausgenommen?

CLÉANTE. Überhaupt nichts. Seht zu, ob Ihr Euch dazu entschließen könnt, dieser Heirat zuzustimmen und Euch mit Eurem Einverständnis dem der Mutter anzuschließen, die ihr die Freiheit läßt, zwischen uns beiden zu wählen.

MARIANE. Ihr wißt aber noch nicht, daß dieses Einverständnis nicht genügt und daß der Himmel mir soeben zusammen mit einem Bruder, den Ihr hier seht, einen Vater zurückgegeben hat, von dem Ihr mich erbitten müßt.

ANSELME. Der Himmel, liebe Kinder, gibt mich Euch nicht zurück, damit ich euren Wünschen im Weg sei. Werter Herr Harpagon, Ihr seht doch ein, daß die Wahl eines jungen Mädchens eher auf den Sohn als auf den Vater fällt. Vorwärts denn, besteht nicht darauf, daß man Euch eine Antwort gibt, die zu hören überflüssig ist, und willigt ebenso wie ich in diese doppelte Hochzeit ein.

HARPAGON. Um zu einer Entscheidung zu kommen, muß ich erst meine Kassette sehen.

CLÉANTE. Ihr werdet sie heil und unversehrt sehen.

HARPAGON. Ich kann meinen Kindern kein Geld mit in die Ehe geben.

ANSELME. Nun gut! ich habe genug für sie; das soll Euch nicht beunruhigen.
HARPAGON. Verpflichtet Ihr Euch, alle Kosten der beiden Hochzeiten zu übernehmen?
ANSELME. Ja, ich verpflichte mich dazu; seid Ihr zufrieden?
HARPAGON. Ja, wenn Ihr mir für die Hochzeit einen Anzug machen laßt.
ANSELME. Einverstanden. Genießen wir jetzt die Freude, die dieser glückliche Tag uns schenkt.
DER POLIZEIBEAMTE. He! meine Herren, halt! Nicht so eilig, wenn ich bitten darf: wer bezahlt mir meine Schriftstücke?
HARPAGON. Wir haben mit Euren Schriftstücken nichts zu schaffen.
DER POLIZEIBEAMTE. Ja! aber ich, ich habe keine Lust, sie umsonst angefertigt zu haben.
HARPAGON. Zu Eurer Bezahlung ist da jemand, den ich Euch zum Aufhängen überlasse.
MEISTER JACQUES. O je! Wie soll man es denn anstellen? Man gibt mir Stockschläge, wenn ich die Wahrheit sage, und man will mich hängen, wenn ich lüge.
ANSELME. Werter Herr Harpagon, man muß ihm diesen Betrug verzeihen.
HARPAGON. Ihr bezahlt also den Polizeibeamten?
ANSELME. Meinetwegen. Beeilen wir uns, unsere Mutter an unserer Freude teilhaben zu lassen.
HARPAGON. Und ich, meine teure Kassette zu sehen.

Rezeption
Molières Harpagon hatte in Frankreich etwa Balzacs Wucherer Gobseck und Flauberts Tuchhändler Lheureux, in England Dickens' anscheinend seelenlosen Akkumulator Scrooge als literarische Nachfolger. Molières Hauptverdienst ist es, die inhaltlichen und formalen Prinzipien der Klassik auf die Komödie übertragen zu haben – eine Literaturgattung, die im 17. Jahrhundert kaum angesehen war. Seine Werke zeigen einerseits ein lebhaftes Bild der Gesellschaft, Lebensbedingungen, Umgangsformen, Verhaltensnormen und Denkmuster dieser Zeit; zugleich spielen seine Bühnenfiguren überzeitliche bürgerliche Eigenschaften. Molière-Komödien beinhalteten auch die Möglichkeit tragischer Ausgänge, so beim „*Menschenfeind*", und

gerade darin beeinflusste er das bürgerliche Aufklärungs-Drama. Molière ist einer der zeitlos gültigen Bühnenautoren der Welt. Sein (wiewohl zweit-klassiger) Nachfolger in Frankreich war *J.-F. Regnard* (1655-1709), der auch für das „Théâtre Français“ schrieb.

Jean de La Fontaine (1621-1695)

Leben und Werk

Jean de La Fontaine (nicht zu verwechseln mit dem deutschen Trivialromancier A. Lafontaine) verbrachte bis 1635 Kindheit und frühe Jugend in Château-Thierry und besuchte das Gymnasium bis zu seinem 14. Lebensjahr. Die schulische Ausbildung setzte er in Paris fort. 1645 begann er das Studium der Jurisprudenz in Paris und heiratete 1647 die 14-jährige Marie Héricart. 1652 wurde er – wie schon sein Vater – Forstmeister in Château-Thierry, bis zur Auflösung des Forstamtes, wonach er seine feste Einnahmequelle einbüßte. Einen ersten „Gönner“ fand er im Finanzminister und Kunstmäzen Fouquet. Als der gestürzt und 1664 zu lebenslanger Haft verurteilt wurde, nahm die Herzogin von Orléans La Fontaine als Kammerdiener (*„gentilhomme servant“*) auf, während seine Frau in Château-Thierry verblieb. Ab 1665 veröffentlichte La Fontaine in fünf Teilausgaben die *Contes et Nouvelles en vers* – erstmals 1811 in Deutschland anonym erschienen unter dem Titel *„Schwänke und Märchen“*. Das war eine Sammlung von frivolen, „galanten“, auch obszönen Geschichten, bei denen La Fontaine auf antike Muster (Anakreon, Petronius, Apuleius) rekurrierte, aber auch Motive von italienischen (Boccaccio, Ariosto) und französischen (v. Navarra, Rabelais) Autoren aufnahm, veränderte und mit seinen Ideen bereicherte. (Personnage u.a.: Ehetrottel, untreue Ehefrauen, erfolgreiche Liebhaber, liebesbereite Nonnen, lüsterne Pfaffen.) Weil die vierte Teilausgabe fast *nur* von den erotischen Eskapaden der Kirchenleute handelte, wurde ihr Druck und weiterer Verkauf polizeilich verboten.

1668 veröffentlichte La Fontaine seine ersten sechs Bücher mit 124 Versfabeln: *Fables choisies, mises en vers*. Die Ausgabe, von Chauveau mit Kupferstichen illustriert, sprach so an, dass noch im selben Jahr eine zweite Auflage kam. Durch Vermittlung Madame de Montespans, der Mätresse Ludwigs XIV., wurde La Fontaine, der mit seinen *Contes* dessen (offiziellen) Unwillen hervorgerufen hatte, wieder in Gnaden aufgenommen; seine Fabeln machten ihn jetzt sogar zum Prominenten. Nach dem Tod der Herzogin von Orléans 1672 fand er Aufnahme im Hause der reichen und kunstsinnigen Madame de La Sablière, die ihm bis zu ihrem Tod 1693 Kost und Logis gewährte. Eine zweite Sammlung von fünf Fabelbüchern erschien 1678 – Buch VII und VIII – und 1679 – Bücher IX bis XI – unter dem gleichen Titel wie 1668 und erbaute das Publikum. 1684 gelangte La Fontaine nach anfänglichem Veto Ludwigs XIV. in die *Académie*. Nach Madame de La Sablières Tod kam er bei der Bankiersfamilie Hervart unter. Im selben Jahr erschien seine letzte Fabelsammlung *Fables choisies* (Buch XII). 1695 starb er in Paris, nachdem er drei Jahre zuvor bereits nach einer schweren Erkrankung eine Generalbeichte abgelegt und seine schlüpfrigen Versnovellen bereut hatte.

Werke (Auswahl)

- *Contes et Nouvelles en vers (5 Teile, 1665-96)*
- *Fables (1668-1694)*

Fables
La Fontaine hat über 250 Versfabeln gedichtet, und sein Ruhm gründet sich auf *sie*. Er griff auf Fabelversionen und Fabelmotive zurück, die seit der Antike bekannt waren (Aesop, Phaedrus, Avianus, Horaz, Ovid), benutzte aber als Quelle auch die *fabliaux* des Mittelalters und die französischen Fabulisten des 16. Jahrhunderts sowie die gerade in Europa bekannt gewordenen orientalischen Märchen. Er übernahm die gängigen Fabel-Akteure, vor allem die Tiere, aber auch Götter, Menschen, Naturgewalten, doch erfand er die Schablonen neu, wandelte sie ab, versah sie mit anderen Akzenten und füllte die Vorlagen mit richtigem Leben. Er gestaltete auch den kargen Handlungsaufbau derselben so um, dass ein Drama in Miniaturformat mit Exposition, Peripetie und – oft tragikomischer – Lösung entstand. Er bot subtile, psychologisch vertiefte Charakterstudien und ließ echte Personen mit markanten Charakterzügen agieren. Die belehrende Absicht der Fabel trat bei ihm in den Hintergrund. Zwar stellte er oft einen moralischen Lehrsatz voran oder beendete die Fabel mit einem solchen, aber öfter fehlte er auch, wie bei einer von seinen kritischsten Fabeln *La Cigale et la Fourmi*. La Fontaines Versfabeln enthielten zahlreiche, nicht selten böse satirische Anspielungen auf Staat und Gesellschaft seines Jahrhunderts, aber seine kritischen Kommentare und verschlüsselten Wahrheiten waren nicht zeitgebunden. Er belichtete und bebilderte die Herrschaft der Reichen und Mächtigen, das Unterliegen der Armen und Schwachen, die Schmeichelei der Untergebenen usw. Wie der von ihm respektierte La Rochefoucauld sah er in Eitel-

keit und Egoismus die Basis menschlichen Vorgehens und Zusammenlebens. An eine Änderbarkeit der menschlichen Natur glaubte er nicht. La Fontaine präsentierte in seinen Fabeln einen großen Wortschatz und hielt sich nicht an die von der *Académie* gezogenen engen Sprachgrenzen. Er fügte Provinzialismen, Wendungen von Rabelais, volkstümlichen Jargon und das Vokabular aus Handel und Gewerbe ein – ein Kunstgriff, der in den vorfindlichen mäßigen deutschen Übersetzungen unerkannt bleibt. Außerdem lieferte er seine Fabeln in Versform, wobei er sich nicht an eine bestimmte Versstruktur gebunden fühlte und frei mit der klassischen Metrik hantierte. So gelang es ihm, eine vormals kunstlose Prosa zur literarischen Form gemacht zu haben – La Fontaines *Fables* sind von daher tatsächlich große kleine Kunstwerke.

La Cigale et la Fourmi
In dieser Fabel verzichtete La Fontaine nicht nur auf eine Moral, sondern zog, aber implizit, die ihr üblicherweise angehängte bürgerliche Devise („Ohne Arbeit kein Brot!“) in Zweifel. Denn die immerfort rackernde Ameise wird im Fabel-Verlauf nicht als braves, nachzuahmendes Arbeitstier, sondern als gefühl- und seelenloses Raff-Wesen dargestellt, das kein Mitleid für die Not der armen, künstlerisch tätigen, seelenvollen und gutartigen Grille hat, deren anstehender Hungertod sie nichts angeht. Zudem steht dem Leser am Ende *la fourmi* als beschränkte Kunstbanausin vor Augen, wobei statt für sie für *la cigale*, die brotlose Künstlerin, um Sympathie nachgesucht wird.

Leseprobe: *La Cigale et la Fourmi*

(ERSTES BUCH, FABEL I)

Grillchen, das den Sommer lang
Zirpt' und sang,
Litt, da nun der Winter droht',
Harte Zeit und bittre Not:
Nicht das kleinste Würmchen nur,
Und von Fliegen keine Spur!
Und vor Hunger weinend leise
Schlich's zur Nachbarin Ameise;

Fleht' sie an, in ihrer Not
Ihr zu leihn ein Körnlein Brot,
Bis der Sommer wiederkehre.
„Glaub mir" – sprach's – „auf Grillen-Ehre,
Vor dem Erntemond noch zahl
Zins ich dir und Kapital." –
Ämschen, die, wie manche lieben
Leute, das Verleihen haßt,
Fragt die Borgerin: „Was hast
Du im Sommer denn getrieben?" –
„Tag und Nacht hab ich ergetzt
Durch mein Singen alle Leut." –
„Durch dein S i n g e n? – Sehr erfreut!
Weißt du was? Dann – t a n z e jetzt!"

Rezeption
1837/38 und 1839/40 erschien in Paris eine prachtvoll illustrierte Ausgabe der *fables* mit 242 Holzstichen und 12 Titelvignetten von J.J. Grandville, einem der fähigsten Karikaturisten und Illustratoren seiner Zeit, der das literarische Können La Fontaines verstärkend ins Blickfeld rückte. Gerade von dieser Ausgabe haben die *fables* in Folge nachdrücklich profitiert. Das Lob La Fontaines hat vielleicht in Frankreich A. Gide am besten auf den Punkt gebracht: „*Seine Kunst besteht darin, die bestürzenden Wahrheiten (...) leicht und spielerisch zu formulieren.*" Dagegen konnten sich Kritiker des Fabeldichters nicht durchsetzen – wie der so revolutionär gesonnene Rousseau, der seinem Musterzögling Émile die Lektüre der *fables* wegen ihrer moralisch bedenklichen Wirkung untersagte.

Madame de Sévigné (1626-1696)
(Marie de Rabutin-Chantal, Marquise de Sévigné)

Mit einem einzigen Werk, nämlich ihren posthum und vollständig erst 1818 der Lektüre zugänglichen *Lettres*, prägte die vermögende und (wirklich) gebildete „Salon"-Dame Madame de Sévigné die in Blüte gekommene Klassik-Gattung der *Lettres*, ohne von diesem Verdienst jemals wirklich etwas gehabt zu haben. Ihre mit ihrer Tochter, aber auch mit mehr oder weniger hochgestellten oder literarischen Persönlichkeiten geführte weitschweifige *Correspondance*, von ihr nicht zur Veröffentlichung angelegt, ist von einiger historischer Relevanz, da Mme de Sévigné, eine wahre Dame „von Welt", außer Privatem auch Öffentliches anschaulich zu machen wusste – supraadligen Hof-Alltag und Politik unter Ludwig XIV., daneben auch Gesellschaftsklatsch und das Pariser Leben dieser Zeit. Von 1725 erschienen bis heute viele immer veränderte bzw. manipulierte Ausgaben der Sévigné-*Lettres* und brachten es zu hohem europäischen Ansehen. Noch in jüngster Zeit wurden sie auch in Deutschland neu verlegt. – Mit ihren sich naiv und spontan gebenden, in Wahrheit zeitaufwendig erarbeiteten geistreichen wie kunstvoll-literarischen Briefen, die als „Kopien" einzeln in der Gesellschaft kursierten, steht Mme de Sévigné im 17. Jahrhundert in einer Reihe mit anderen Briefkunst-Meistern: dem witzig-„galanten" *V. Voiture;* dem affektierten „grand épistolier", klassischem Stilisten und Malherbe-Anhänger *J.-L. Guez de Balzac* (seine sehr beliebten *Lettres*, eigentlich ein Traktatpotpourri in Briefform, erschienen 1624, gesonderte Malherbe-, Richelieu-, Scudéry-Korrespondenzen folgten); oder auch dem Moralisten *Pascal*, der 1656/1657 *Les Provinciales* (*Les petites lettres, Lettres provinciales*) unter Pseudonym veröffentlichte. Die 18 Briefe umfassende antijesuitische Briefserie eines erfundenen provinzlerischen Paris-Reisenden war unglaublich populär. Außerdem wäre der Briefliteratin Mme de Sévigné noch die Mätresse, dann zweite Frau Ludwigs XIV., *Madame de Maintenon* (wie Madeleine de Scudéry E.T.A. Hoffmann-Figur) zur Seite zu stellen. *G. de Guilleragues'* 1669 anonym erschienenen, lange ihm gar nicht zugeschriebenen, die *passion* preisenden *Lettres portugaises* sollten trotz ihrer Existenz als letztendlich fiktiver Briefroman wohl gleichfalls zum prosperierenden *Lettres*-Genre dieses französischen Jahrhunderts gerechnet werden.

Charles Perrault (1628-1703)

Zum Begriff wurde Perrault durch sein 1687 die *"Querelle des anciens et des modernes"* auslösendes Verstraktat *Poème sur le siècle de Louis le Grand – berühmt* wurde er aber mehr durch seine mit ihrer kleinen ironischen Schlussvers-Moralistik an La Fontaine erinnernde Märchensammlung *Histoires ou Contes du temps passé, avec des moralitez*, die 1697 zuerst gedruckt wurde – unter dem Namen seines Sohnes. Perrault bezog seine Anregungen aus dem überlieferten Volksgut und aus italienischen Märchensammlungen, die er dem Zeitgeist des ausgehenden 17. Jahrhunderts anpasste. Er strebte eine

Balance zwischen Kunst- und Volksmärchen an, und seit Perrault wurden in Frankreich die *contes de fées* beliebt. Sein Einfluss war u.a. in *Grimms Märchen* erkennbar. Wie er sagte, wollte er in seinem Märchenwerk *„ein Bild davon geben, was sich in den ärmsten Familien abspielt, wo zur Unterweisung der Kinder einfache Geschichten erzählt werden.“* In Frankreich waren auf dem (Kunst)-Märchenmarkt zur Zeit Perraults insbesondere die Dramatikerin *C. Bernard* (1662-1712) sowie die Romanautorin *M.C. d'Aulnoy (*1650-1705) aktiv, letztere wurde zur erfolgreichen Märchenmode-Autorin. In Perraults Nachfolge stand in gewisser Hinsicht im 18. Jahrhundert *C.P.J. de Crébillon* (1707-1777, Sohn des (Vor-)Klassik-Dramatikers *P.J. Crébillon* (1674-1767)) und bekannter Romancier. Sein „moralisches Märchen“, die Erzählung *Le Sopha* (1742), orientierte sich an den arabischen Märchen aus *1001 Nacht.*

Madame de La Fayette (1634-1693)

Die mit ihrem Roman *La Princesse de Clèves* literaturgeschichtlich relevant gewordene Autorin wurde 1634 in Paris geboren, zwei Jahre vor Boileau, fünf vor Racine, zwölf vor Molière. Zunächst war für ihr Leben und Schreiben die Mode der *Preziosität* bestimmend. Dann veränderte die Freundschaft zu La Rochefoucauld und Mme de Sévigné ihre Vorlieben. Die Anthropologie von „Port-Royal“, der Hochburg der Jansenisten, beeinflusste zudem ihr Bild vom Menschen und die Figuren in ihren Erzählungen. In den 70er Jahren entstand ihr Hauptwerk, der Roman *La Princesse de Clèves* (1678), der als erster psychologischer Roman der europäischen Literatur gilt. Hintergrund des realistischen historischen Stoffs war der Hof zur Zeit Heinrichs II. Das hübsche, reiche Fräulein von Chartres heiratet nach dem Rat ihrer Mutter ohne Liebe den Prinzen von Clèves. Kurz danach verliebt sie sich in den Herzog von Nemours. Beide verheimlichen ihr Verlangen vor den gierigen Augen der intriganten höfischen Gesellschaft. Schließlich verlässt die Prinzessin aus Gewissensnöten fluchtartig die höfische Welt, eilt zu ihrem Mann in die Provinz und „gesteht“. Der Prinz ist vernichtet, aber seine Liebe zu seiner Frau nimmt eher zu. Dennoch stirbt er als gebrochener Mann. Die Prinzessin, nun frei, wählt nicht die *Leidenschaft,* sondern den Verzicht auf Liebe und Welt und widmet sich dem sühnenden Andenken an ihren Ehemann. Sie stirbt als Ideal weiblicher Tugend.

Die Mittelpunkt-Handlung des Romans wurde durch häufige Einschübe unterbrochen; neben Beschreibungen des Lebens am Hof ging es um Individual-Schicksale (Prinzessin, Prinz, Herzog). Die Psychologie besaß in der *„Prinzessin von Clèves"* jene Bedeutung, die sie in der französischen Literatur lange Zeit hatte, und in Gesprächen oder langen Monologen offenbarten die Personen ihr Innenleben. Bei seinem Erscheinen schätzte man es, dass in diesem Roman (im Unterschied zum verklärenden Barockroman) Realität geschildert wurde. Zusammen mit La Rochefoucauld hatte La Fayette für ihr Werk, das anonym erschien, aber ihr zugeordnet wurde, ein sorgfältiges Studium historischer Quellen betrieben. Sowohl La Rochefoucauld als auch sie selber leugneten jedoch ihre Mitarbeit resp. Verfasserschaft an dem Roman. Es bleibt unklar, ob Mme de La Fayette nicht zu der von ihr bewunderten Mlle de Scudéry in Konkurrenz treten oder ob sie als Adlige Rücksicht auf ihre gesellschaftliche Position nehmen und deshalb nicht als Autorin in Erscheinung treten wollte. Jedenfalls verleugnete sie auch andere ihrer Werke. Dazu gehört *La Princesse de Montpensier* (1662) und *Zaïde* (1670). Der Tod von La Rochefoucauld 1680 traf sie schwer. Traurigkeit, Krankheit, Schmerzen verbitterten ihre letzten Jahre, wie ihre Briefe aussagten. 1693 starb sie mit 59 Jahren in Paris.

Ihr sprachlich in äußerster klassischer Strenge gebauter bemerkenswertester Roman war in den „Salons" engagiert diskutiert worden. Personengestaltung und Zutaten – *passion*, *raison, devoir*, *vérité, vertu*, *gloire, cœur, bonheur, bienséance* – waren dem Jahrhundert natürlich bestens geläufig. Gegenstand der „Salon"-Diskussionen bildete vorrangig der prinzessliche Liebesverzicht; das „Geständnis" der Protagonistin rief blanke Empörung hervor. Die Ausstrahlung des Romans auf die nachfolgende Literatur Frankreichs war beträchtlich, zu erwähnen wären nur *Les Liaisons dangereuses* (1782) von *Choderlos de Laclos*. Noch Stendhal hob die *„Prinzessin von Clèves"* in seinen Betrachtungen *De l'amour* (1822) heraus; und bis in die Gegenwart wird der Roman auch in Deutschland noch gelesen.

Nicolas Boileau-Despréaux (1636-1711)

Der Klassik-Programmierer war außer Literaturkritiker/Theoretiker versierter, produktiver Schriftsteller und schrieb mit seinen, auch Kritik an Chapelain oder Mlle de Scudéry enthaltenden *Satires* (12 Bde.) ein ästhetisches Zeit-Werk, das im französischen Bewusstsein fortexistiert. Die insgesamt 12 (Vers-)Satiren erschienen weit auseinander gezogen zwischen 1666 und 1716. Geübt am römischen Satire-Spezialisten Juvenal, sehr beeinflusst aber auch vom französischen Kollegen M. Régnier, kritisierte Boileau-Despréaux in seinem literarischen Format, oft auch ohne Ironie, in aller Schärfe teils mächtige Personen und Institutionen (Kirche, Parlament, Justiz), teils (in Satire Nr.1, *Contre les mœurs de la ville de Paris*) korrupte Zustände in Frankreichs Metropole; dann wieder menschliche Eigenschaften (z.B. Habgier, Ehrgeiz, Frömmlertum, Pedanterie), Typen, die Lebensart der bürgerlichen Kreise oder auch zeitgenössische Dummheiten und Albernheiten in all ihren Varianten. Realismus, Sarkasmus, genaue Beobachtung, Humor und Wahrheitsliebe kennzeichneten eine Satire-Kunst, die durch ihre Unbestechlichkeit bestach. Weitere Werke des Dichtungs-Chefideologen des Jahrhunderts außer den in der „*Querelle*" gegen Perrault und „*les modernes*" Stellung beziehenden *Réflexions sur Longin* (1693) waren die wie seine *L'Art poétique* Horaz verpflichteten *Les Épîtres* (12 Bde., 1674-88) und das Komik-Epos *Le Lutrin,* 1674 und 1683, das Advokaten und Kleriker aufs Korn nahm.

Jean Racine (1639-1699)

Leben und Werk
Früh verwaist, kam der in La Ferté-Milon südlich von Soissons getaufte Racine als Schüler in die der Abtei angeschlossene Schule von Port-Royal. Der Abbé Saint-Cyran hatte diese Abtei zum Zentrum des Jansenismus gemacht.

Info

Jansenismus. *Harte Glaubensrichtung und einflussreiche kulturelle Strömung im Frankreich des 17. Jh.'s., genannt nach Cornelius Jansen (Jansenius), dem Bischof von Ypern (1585-1638). Nach ihr war gemäß der Gnadenlehre des Augustinus die göttliche Gnade dem Menschen zugeteilt oder auch nicht. Gefordert wurden Askese und Abkehr von Welt und Gesellschaft. Die Anhänger dieser Lehre, die in Gegensatz zur ebenso strengen jesuitischen stand (die eine Symbiose von Christentum und Welt propagierte), fanden im Kloster Port-Royal bei Versailles ihr Glaubenszentrum. Die Jansenisten hatten auch eigene Schulen gegründet, die Petites Écoles.*

Racine besuchte diese Schule zehn Jahre lang und erhielt eine kompakte humanistische Ausbildung. Seine ersten literarischen Werke gingen verloren oder wurden zurückgewiesen, wie sein Theaterstück *Amasie* (1660) oder seine Tragödie über Ovid, *Amours d'Ovid* (1661). Er lebte zu der Zeit in Paris bei einem Onkel, der ihn in die höchsten Kreise mitnahm und dem wendigen Chapelain vorstellte, der auch Kontakte zum Hof hatte. Auch lernte er den Bonvivant La Fontaine kennen, der ihn in die einschlägigen Pariser Künstler-Lokale führte – ins „Mouton Blanc", ins „Croix-de-Lorraine" und ins „Pomme de Pin" in der Nähe der Notre-Dame de Paris, einst schon Stammlokal der *Pléiade*. Um dieses lockere Leben zu unterbinden, schickte Racines Familie ihn 1661 zu einem andern Onkel, der als Religionsmann seine Kirchen-Laufbahn betreiben sollte. Doch 1663 war er wieder in Paris und lernte außer Boileau auch Molière kennen. Dessen Ensemble führte denn auch 1664 Racines erstes Theaterstück *La Thébaïde ou les Frères ennemis* im „Palais-Royal" auf. Die Tragödie *Alexandre le Grand* ließ er zuerst zwar auch von Molières Gruppe bringen, überließ sie dann jedoch nach wenigen Aufführungen 1665 den Schauspielern des „Hôtel de Bourgogne". Racine benutzte, von Ehrgeiz getrieben, in diesem Stück das historische Thema, um Ludwig XIV. als Feldherrn zu verherrlichen. Er mischte „galante" Liebesabenteuer hinzu und präsentierte alles im akuraten preziösen Stil. Eine Widmung an den König sicherte dem Drama endgültig den Erfolg. 1666 wandte sich Racine schroff von seinen ehemaligen Lehrern, den theaterfeindlichen Jansenisten, ab, die weder vom Königshaus noch vom überwiegenden Teil des Publikums geschätzt wurden; dank dieser Strategie vermehrte er sein Ansehen bei Hofe, was sich in Geldgratifikationen und Ehrentiteln niederschlug. Einen Triumph erzielte er 1667 mit seinem dritten Stück, der Tragödie *Andromaque*, die von den nach-trojanischen Ereignissen handelte, menschliche Leidenschaften ins Zentrum rückte und der königlichen Schwägerin Henriette d'Angleterre gewidmet war.

Nun wurde Racine der führende unter den zeitgenössischen Tragödiendichtern, die bisherige Dominanz Corneilles ging dahin. In den folgenden neun Jahren kam er mit sieben Stücken heraus, wobei er mit *Les Plaideurs,* seiner einzigen Komödie, dem nach Corneille schärfsten Konkurrenten Molière, der ihm den Weg geebnet hatte,(vergebens) auszustechen dachte. Racine tat alles für den Erfolg. Mit *Bajazet* ging er z.B. 1672 bereitwillig auf die herrschende Türkenmode ein und reüssierte mit einer Haremstragödie. 1673 erfolgte endlich die ersehnte Aufnahme in die *Académie*. Seine 1677 uraufgeführte (in Deutschland von Schiller übersetzte) Tragödie *Phèdre et Hippolyte* (ab 1687 nur noch *Phèdre* betitelt), fußend auf der Vorlage des Euripides, wurde zum Vorzeigedrama der Epoche. Danach schrieb Racine, gekränkt von Theater- und Hof-Intrigen, keine weltlichen Dramen mehr. 1677 ernannte Ludwig XIV. ihn zum Historiographen. Auf Wunsch der bigotten Mme de Maintenon, (zuerst Gattin von Scarron, die seit 1684 mit Ludwig XIV. in morganatischer Ehe lebte) schrieb er noch einmal zwei bibelfeste Stücke für die ‚armen adligen jungen Mädchen' des von Mme de Maintenon 1686 installierten „Mädchenpensionats" in Saint-Cyr bei Versailles: *Esther* (1689) und *Athalie* (1691). 1690 wurde er *„Gentilhomme ordinaire du Roi"*. Am Ende seines Lebens strebte er nach Versöhnung mit den Jansenisten von Port-Royal. In seinem *Abrégé de l'histoire de Port-Royal* zollte er den Erziehern aus seinen Jugendjahren Respekt. Auf eigenen Wunsch wurde er auf dem Friedhof von Port-Royal des Champs begraben.

Werke (Auswahl)

- *Andromaque (Tragödie) 1667*
- *Les Plaideurs (Komödie) 1668*
- *Britannicus (Tragödie) 1669*
- *Bérénice (Tragödie) 1670*
- *Bajazet (Tragödie) 1672*
- *Mithridate (Tragödie) 1673*
- *Iphigénie (Tragödie) 1674*
- *Phèdre (Tragödie) 1677*

Phèdre
Phèdre et Hippolyte wird im Allgemeinen als Racines bestes Werk angesehen. Gegenüber Euripides nahm er wesentliche Veränderungen vor. Phädra, zweite Frau des Theseus, liebt (gemäß griechischer Mythologie) ihren Stiefsohn Hippolyt und gesteht dies der Amme Oenone. Bei der Kunde vom Tode Theseus' ermuntert diese ihre Herrin, sich keinen Zwang mehr aufzuerlegen. Aber Hippolyt liebt (in Abweichung vom Euripides-Stück) die athenische Prinzessin Aricia und weist die Schwiegermutter ab. Als sich zeigt, dass Theseus sehr wohl lebt, macht die enttäuschte Phädra die Amme für ihre delikate Lage verantwortlich. Oenone rät, die Dinge zu verdrehen und Hippolyt als Schwiegermutter-Verführer zu präsentieren. Auf Grund dieser Geschichte bittet Theseus Poseidon, seinen Sohn zu richten. Statt zu reden, flieht der Denunzierte. Auf dem Weg nach Mykene tritt der Fluch des Vaters mit Hilfe Poseidons in Kraft: ein aus dem

Meer kommendes Ungeheuer macht Hippolyts Pferde scheu, die ihn zu Tode schleifen. Zu spät erkennt Theseus die Unschuld seines Sohnes, und Phädra gesteht ihrem Mann nach Einnahme von Gift auf dem Totenbett ihre Schuld.- Racine hielt sich in *Phèdre* penibel an die *drei Einheiten* und beachtete beflissen die Klassik-Regeln für die *haute tragédie*. Seine Sprache, seine paarweise gereimten Alexandriner und der durchkonstruierte Aufbau fanden Anerkennung. Ins Zentrum *seiner* Tragödie rückte er (wie schon bei *Andromaque)* nicht so sehr den äußeren Handlungsverlauf als die von ihrer „rasenden Leidenschaft" beherrschte Phèdre und die Konfliktsituation. Doch damit fiel er hinter Corneille zurück, der die Schicksals-Waffe der antiken Götter immerhin durch die freien Willen der zwischen Pflicht und Neigung wählenden, mithin eigenrechtlich handelnden Personen ersetzt hatte. Diese Möglichkeit machte Corneilles so in diesem Sinn emanzipierte Personen „groß", wohingegen Racine Götter und Schicksal gewissermaßen nur in ohnmächtige Willen und entmündigende, die Personen auch zerstörende Leidenschaften verwandelt hatte.

Leseprobe*: Phèdre*

5. Aufzug, Letzter Auftritt

THESEUS.
Nun! Ihr frohlockt und mein Sohn ließ sein Leben.
Ah! Ich habe allen Grund zur Furcht! Und welch schrecklicher Verdacht
Entschuldigt ihn in meinem Herzen und macht zu Recht mir angst!
Doch, Herrin, er ist tot, nehmt Euer Opfer hin:
Freut Euch an seinem Untergang, zu Unrecht oder zu Recht geschehen.
Ich billige, daß meine Augen für immer getäuscht werden.
Ich halte ihn für einen Frevler, da Ihr ihn anklagt.
Sein Tod ist Grund genug für meine Tränen,
Ohne daß ich nach weiteren gräßlichen Wahrheiten forsche,
Die ihn meinem gerechten Schmerz nicht wiedergeben können
Und die vielleicht mein Unglück nur noch vermehren würden.
Laßt mich weit weg von Euch und weit von diesem Ufer

Das blutige Bild meines zerfleischten Sohnes fliehen.
Bestürzt und von tödlicher Erinnerung verfolgt,
Möchte ich mich selbst aus dem gesamten Universum verbannen.
Alles scheint sich gegen meine Ungerechtigkeit zu erheben.
Und der Ruhm meines Namens vermehrt noch meine Qual.
Wäre ich den Sterblichen weniger bekannt, könnte ich mich
besser verbergen.
Ich hasse selbst die Huld, mit der die Götter mich beehren,
Und ich werde ihre mörderische Gunst beweinen,
Statt sie länger mit nutzlosem Beten zu ermüden.
Was immer sie für mich getan haben, ihre finstere Güte
Kann mir das nicht ersetzen, was sie mir geraubt haben.
PHÄDRA. Nein, Theseus, und ein ungerechtes Schweigen muß
gebrochen werden:
Eurem Sohn muß seine Unschuld zurückgegeben werden.
Er war nicht schuldig!
THESEUS. Ah! Unglückseliger Vater!
Und im Vertrauen auf Euch habe ich ihn verdammt!
Grausame, glaubt Ihr, Ihr hättet genug Abbitte geleistet ...
PHÄDRA.
Jeder Augenblick ist mir teuer, hört mich an, Theseus.
Ich war es, die auf diesen keuschen und ehrerbietigen Sohn
Einen lasterhaften und blutschänderischen Blick zu werfen
wagte.
Der Himmel hatte meine Seele in unheilvollem Feuer entflammt;
Die ruchlose Oenone hat alles andere gelenkt.
Sie fürchtete, daß Hippolytos, als er von meiner Raserei
erfuhr,
Ein Feuer entdeckte, das ihn sich entsetzen ließe.
Das treulose Weib hat meine übergroße Schwäche ausgenutzt
Und hat ihn eilends vor Euren Augen angeklagt.
Sie hat sich selbst bestraft; sie floh vor meinem Zorn
Und fand in den Wogen eine allzu milde Strafe.
Das Schwert hätte schon längst mein Leben beendet;
Aber ich ließ die beargwöhnte Tugend schmachten.
Ich wollte, indem ich vor Euch meine Reue gestehe,
Einen langsameren Weg zu den Toten hinabgehen.
Ich nahm, ich goß in meine brennenden Adern ein Gift,
Das einst Medea nach Athen gebracht hat.

> Das Gift ist mir schon bis ans Herz gelangt,
> Und füllt dieses Herz, das kaum noch schlägt, mit nie gekannter Kälte;
> Ich sehe nur noch wie durch eine Wolke
> Sowohl den Himmel als auch den Gemahl, die meine Gegenwart entehrt,
> Und der Tod, der meinen Augen das Licht raubt,
> Gibt dem Tag, den sie besudelten, all seine Reinheit wieder.
> PANOPE. Sie stirbt, Herr!
> THESEUS. Warum stirbt nicht mir ihr
> Die Erinnerung an eine so schwarze Tat!

Rezeption

In Frankreich wird Racine nach wie vor als der wichtigste aus den Reihen der Klassik-Dramatiker gesehen. Aber im Unterschied zu Corneille und Molière ist sein Ruhm im weltliterarischen Maßstab erheblich verblasst. In Deutschland etwa sucht man ihn auf den Spielplänen der Gegenwarts-Theater zumeist vergebens. Die Interpretationen seiner *Phèdre* differierten und differieren in der Schuldfrage. Laut Racines *Vorrede* sollte seine Titelheldin anders als die des Euripides „*weder völlig schuldig noch gänzlich frei von Schuld*" sein – und „*etwas weniger verabscheuenswürdig*"; die „Leidenschaft" rückte in seiner Adaption in die Nähe eines gegen die Ordnung gerichteten Aufbegehrens. Der Jansenist Arnauld beurteilte Phèdres schuldhafte Verstrickung und ihr Ende selbstredend unter dem Gesichtspunkt von Sühne und Läuterung, andere feierten Racine ungeachtet seiner Vorrede als „*Dichter des Verzichts oder der überwundenen Leidenschaft*". Spätere Deuter wollten in seinem Drama gar eine psychoanalytische Studie erblicken.

François de la Mothe Fénelon (1651-1715)

Der Theologe und Schriftsteller betreute als Priester ungefähr seit 1675 konvertierte Hugenottinnen. Seine Erfahrungen verarbeitete er in seinem *Traité de l'éducation des jeunes filles* (1687), in dem er sich für die Entwicklung der natürlichen Anlagen der jungen Mädchen unter sanft lenkender Anleitung aussprach. Fénelons Fähigkeiten als Prediger veranlassten 1689 Ludwig XIV., ihm die Erziehung seines Enkels Louis, des Duc de Bourgogne, anzuvertrauen. In seiner

Funktion als Prinzenerzieher verfasste Fénelon mehrere Schriften mit lehrhafter Intention – so die *Dialogues des morts* (hrsg. erst 1712) und auch sein 1695/96 geschriebenes, 18 Bände umfassendes Monumentalwerk, das Schlagzeilen machte und unter dem Titel *Les Aventures de Télémaque* weltberühmt wurde. Vom Autor selbst wurde es als Prosaepos betrachtet und war nur für seinen Zögling Louis, den präsumptiven Thronfolger, gedacht. Sein ursprünglicher Titel *Suite du quatrième livre de l'Odyssée d'Homère ou les Avantures de Télémaque, fils d'Ulysse* verdeutlichte, dass Fénelon an das vierte Buch der *Odyssee* anknüpfte. Der *Télémaque* war ein in der Tradition der Spätantike stehender Abenteuerroman mit Kämpfen, Reisen, Schiffbrüchen Liebesabenteuern usf., aber dieser Rahmen diente Fénelon nur als Hintergrund für die Darlegung von Maximen, die das von ihm gewünschte Selbstverständnis und Verhalten von Herrschenden betrafen. Sein „Fürstenspiegel" wurde ein berühmtes Buch, wie man an den vielen Ausgaben und Übersetzungen seit der Erstpublikation ablesen kann. Bereits 1717 erschien eine Neuausgabe nach dem Originalmanuskript und begann seinen Siegeszug durch Europa. Das lag zum einen an der phantasievollen Erzählvirtuosität Fénelons; doch im Wesentlichen gefiel der Roman wegen der in ihm verpackten vielleicht falsch aufgefassten politischen Inhalte – das 18. Jahrhundert feierte den *Télémaque* (den die machthungrige russische Katharina, zusammen mit Voltaires *„Philosophie-Lexikon"*, wohl nicht von ungefähr ihrer Lieblingslektüre zuordnete) sogar verfehltermaßen als vorrevolutionäres Geistesprodukt.

Doch Fénelon stellte in seinem Bildungsroman die Prinzipien der absoluten Monarchie durchaus nicht in Frage (*„Wir sollten Könige achten und sie, selbst wenn wir nicht mit ihnen einverstanden sind, gut behandeln")*. Er verteilte Ratschläge an die Herrscher (*„Denen, die Religion, Sitte und Anstand leugnen, mit dem Laster prahlen und Dinge verherrlichen, die besser im Verborgenen blieben, sollte der Prinz nicht vertrauen, sondern sein Mißfallen und seine Verachtung äußern")* und äußerte Überlegungen, z.B. die Forderung nach einer allgemeinen Friedenspolitik oder die Überzeugung, dass der Fürst das Wohl des Volkes im Auge haben und seine Allmacht gesetzlich beschränkt werden müsse. Man hielt nicht zu Unrecht die Gestalt des Idomeneus für ein kryptisches Porträt von Ludwig XIV. und eine Kritik an dessen Regierungsstil. Fénelon bestritt dies. Trotzdem brach Ludwig XIV. den Druck der Pariser Originalausgabe während der Fertigstellung des fünften Buches ab und untersagte eine Veröffentlichung, dabei schien dieser Fürstenspiegel mehr am guten Funktionieren des Systems denn an seiner Aushebelung interessiert, wie auch Fénelons Rat an des Königs Adresse bezüglich des Bauernvolks zeigte: „*Verhänge auf jene, die ihre Felder vernachlässigen, Steuern, Geldstrafen, und wenn nötig sogar andere harte Strafen…*" 1699 erschien der *Télémaque* dennoch (anonym und ohne Genehmigung Fénelons) in Brüssel und Den Haag.

Fénelon schrieb außer dem *Télémaque* noch einige politische, theologische und literaturkritische Schriften, darunter die um Literatur und Sprache kreisenden *Réflexions sur la grammaire, la rhétorique, la poétique et l'histoire, ou Mémoire sur les travaux de l'Académie françoise à M. Dacier.* Diese Gedanken erschienen als Abhandlung 1716 unter dem Kurztitel *Lettre à l'Académie*. Er sprach sich – im Unterschied zu Boileau-Despréaux – für eine Poesie und Sprache aus, die Fantasie und Gefühl erreichen sollten, womit er dichtungstheoretische Ideen der Romantik vorwegnahm. Aber auch die Aufklärer schätzten ihn als einen ihrer Geistesväter.

Testfragen

1. *Welches Programm verfolgte die frz. Klassik? Welche Autoren stellten es zusammen bzw. formulierten es?*
2. *Worin unterschieden sich Vorklassik und Klassik? Welche Autoren stehen im frz. 17. Jh. für „Vorklassik"?*
3. *Was war der Inhalt der „Querelle des anciens et des modernes"? Wer provozierte diese und womit?*

Lektüretipps

Baader, R.: *Dames de lettres. Autorinnen der preziösen, hocharistokratischen und ‚modernen' Salons (1649-1698). Mlle de Scudéry – Mlle de Montpensier – Mme d'Aulnoy. Stuttgart 1986.*

Berger, G.: *Der komisch-satirische Roman und seine Leser. Poetik, Funktion & Rezeption einer niederen Gattung im Frankreich des 17. Jh. Heidelberg 1984.*

Heitmann, K.: *Das französische Theater des 16. und 17.Jh.'s. In: Klaus von See (Hg.): Neues Handbuch der Literaturwissenschaft. Bde. 9/10. Frankfurt a.M. 1972.*

Köhler, E.: *Vorlesungen zur Geschichte der französischen Literatur. Vorklassik. Stuttgart 1983.*

Köhler, E.: *Vorlesungen zur Geschichte der französischen Literatur. Klassik II. Stuttgart 1983.*

Mittag, W.: *Individuum und Staat im dramatischen Werk Pierre Corneilles. Diss. Münster 1976.*

4. Kapitel
AUFKLÄRUNG (LE SIÈCLE DES LUMIÈRES/LES LUMIÈRES) (18.Jh.)

Historischer Kontext

Der letzte spanische Habsburger, Karl II., hatte einen Enkel Ludwigs XIV. testamentarisch zum Erben bestimmt. Als Karl II. 1701 starb, leisteten die europäischen Mächte – insbesondere England und Holland – im Spanischen Erbfolgekrieg (1701-1714) Widerstand gegen das Übergewicht Frankreichs in Europa. Die französische Wirtschaftsmacht in Verbindung mit dem spanischen Kolonialbesitz erschien ihnen allzu bedrohlich. Frankreich unterlag seinen Gegnern; das Land war nach zahlreichen Kriegen, dem Bau von Versailles und infolge des luxuriösen Hoflebens finanziell ruiniert. Als Ludwig XIV. 1715 starb, stand es am Rande des Staatsbankrotts; seine Versuche, die Privilegien von Adel und Klerus anzutasten, waren erfolglos geblieben, auf sie, besonders die Steuerfreiheit, wollten Klerus und Adel auch unter Ludwig XV. (1715-1774, Urenkel Ludwigs XIV.) nicht verzichten. Da dieser bei seinem Amtsantritt erst fünf Jahre alt war, übernahmen der Herzog Philipp von Orléans (1715-1723), dann der Herzog von Bourbon-Condé (1723-1726) vorübergehend die Regentschaft. Verstärkte Ausschweifung und Sittenlosigkeit kennzeichneten diese Epoche.

Auch Ludwig XV. führte, zur Realmacht gelangt, teure Kriege (u.a. den Siebenjähriger Krieg (1756-1763)) und finanzierte eine ganze Reihe von Mätressen, darunter die Marquise de Pompadour und die Comtesse Du Barry. Frankreich büßte seine politische Vormachtstellung ein.

Ludwig XVI. (1774-1793), Enkel Ludwigs XV. und verheiratet mit der österreichischen Königstochter Marie Antoinette, bemühte sich fruchtlos um Finanzreformen. Die Unterstützung des Kampfes der englischen Kolonien um ihre Unabhängigkeit von Großbritannien verschärfte die staatliche Geldkrise. Zugleich fanden die Ideen der *Aufklärung*, die in Büchern, Broschüren und Theaterstücken kursierten, immer mehr Anhänger. Kritiker am *Ancien Régime* gab es in allen drei Ständen. Die Notwendigkeit von Veränderungen lag in der Luft. Vor allem das wirtschaftlich aufstrebende und reich gewordene Bürgertum wollte – wie in England – an der politischen Macht teilhaben. Naturkatastrophen führten in der zweiten Hälfte des Jahrhunderts zu Missernten und machten Fleisch- und Getreidepreise für die einfachen Leute in der Stadt unbezahlbar.

Um endlich Reformen durchzusetzen, sah sich Ludwig XVI. gezwungen, zum 1.5.1789 (erstmals nach 1614) die Generalstände einzuberufen. Damit wurden Ereignisse in Gang gesetzt, die zum Ende des *Ancien Régime* führten. Am 17.6.1789 erklärten sich die Abgeordneten des Dritten Standes in einem revolutionären Akt zur Nationalversammlung. Man schwor am 20.6.1789 im Ballhaus in Versailles, nicht eher auseinander zu gehen, bis die Ausarbeitung einer Verfassung abgeschlossen sei. Die Konzentration von Truppen auf Befehl des Königs um Versailles und Paris führten zu Panik und am 14.7.1789 zur Erstürmung der Bastille, dem Symbol absolutistischer Herrschaft. Im August 1789 erklärte die Nationalversammlung alle Privilegien für aufgehoben und verkündete die Menschen- und Bürgerrechte als Grundlage einer neuen Verfassung. Im selben Jahr erfolgte die Verstaatlichung der Kirchengüter. Im Sommer 1791 versuchte der König, ins Ausland zu fliehen, wohin bereits unzählige Adlige emigriert waren. Aber der Fluchtversuch scheiterte, und er wurde nach Paris zurückgebracht. Beinahe als Gefangener leistete er im September 1791 den Eid auf die neu ausgearbeitete Verfassung einer konstitutionellen Monarchie.

Im Herbst 1791 gewannen in der Nationalversammlung zunehmend Republikaner an Einfluss, zum einen die Jakobiner mit ihren Wortführern Marat, Robespierre, Danton, zum andern die „gemäßigt"-bürgerlichen Girondisten. Emigrierte Adlige drängten deutsche Fürsten zum Krieg gegen Frankreich, um die alte Ordnung wieder herzustellen. Die Republikaner wollten einer drohenden ausländischen Intervention zuvorkommen. So begannen 1792 die Revolutionskriege. Ludwig XVI. hoffte auf eine Rettung seines Throns. Als seine Geheimkontakte zum Ausland bekannt wurden, verurteilte ihn der Nationalkonvent (seit 20.9.1792 Nachfolgeorgan der Nationalversammlung) zum Tode, am 21.1.1793 wurde er enthauptet.

In den ersten Monaten des Jahres 1793 begann die Herrschaft der Jakobiner, die in den Konventsausschüssen, dem Revolutionstribunal und lokalen Revolutionskomitees politische Gewalt ausübten und alle der Konterrevolution Verdächtige im Schnellverfahren aburteilten und hinrichteten.

Sie verabschiedeten im Sommer 1793 eine neue republikanische Verfassung. Danach lag die Staatsgewalt in den Händen revolutionärer Konventsausschüsse, einer davon war der Wohlfahrtsausschuss, der unter Robespierre zur obersten Regierungsbehörde wurde.

Mit dem Sturz Robespierres 1794 und seinem Ende auf der Guillotine am 28.7.1794 verlor der Wohlfahrtsausschuss seine Macht, und eine Gruppe von fünf Direktoren (Direktorium 1795-1799) übernahm am 4. Brumaire des Jahres IV des neuen Revolutionskalenders (26. Oktober 1795) die Regierung, unterstützt von zwei Kammern: dem „Rat der Fünfhundert" und dem „Rat der Alten", bis schließlich am 18. Brumaire, dem 9.11.1799, General Napoléon Bonaparte nach einem Staatsstreich die Macht ergriff.

Epoche & Strömungen

Das französische Aufklärungszeitalter war wie das gesamteuropäische das der Philosophie und Theorie und bei Lichte betrachtet weniger das der Literatur. Es war einerseits historisch markanter Wirkungszeitraum der literarisierenden Philosophen, zum anderen der der philosophierenden Literaten, und niemals zuvor und danach war die Belletristik gerade in Frankreich so stark von Theorie und Wissenschaft beherrscht und durchwirkt. Die Literatur des *Siècle des Lumières,* die nach dem Attentat auf Ludwig XV. (1757) unter dem Druck von Zensur, Verbot und Verfolgung stand und häufig in die anonyme Publikation ging, verschmolz tendenziell mit der Philosophie und am Ende des Jahrhunderts nicht mehr nur tendenziell mit der Politik. Die Philosophen *Voltaire, Diderot, Rousseau,* aber auch *Montesquieu* instrumentalisierten sie zunächst als günstiges Unterhaltungsmedium für ihre theoretischen Anliegen, und schon hier wurde sie (und zwar noch vor der Revolution) im Grunde zum Vehikel. Die Prosa bevorzugte den meist blassen und sterilen philosophischen Roman oder, gegenpolig-antiaufklärerisch, den leidenschaftlich-emphatisch-sentimentalen. Beide Richtungen einte der Hang zur Unwirklichkeit. Das Theater, sich von der klassischen Regelpoetik verabschiedend, verwandelte sich in eine moralische Anstalt – nicht mehr die „drei Einheiten" zählten als oberste Regel, sondern Lichtsuche und Vernunft. Wie das Theater, das in der Revolution direkt als politischer Zweck benutzt wurde (das Revolutionsdrama repräsentierte *M.J. Chénier*), entwickelte sich auch die im Jahrhundert schwach vertretene, gern didaktische Lyrik (zu nennende Lyriker waren *J.B. Rousseau*, der erst von der Romantik gefeierte *A. Chénier* oder *J. Delille)* in der Revolutionszeit, oft in Verbindung mit der

Musik, zur politischen Kampf-Instanz – bis hin zur neuen Gattung des *Revolutionschansons*, die aber, wie die ganze Revolutionsliteratur, zweit- oder drittklassig blieb.

Ab Beginn dieses Jahrhunderts kam es in Frankreich zur Ausbildung eines *Literaturmarktes*.

Gattungen/Vorherrschende Gattungen

Roman; Traktat/Abhandlung; Erzählung; Tragödie; Komödie; Satire; Lyrik (v.a.: Lehrgedicht; Spottgedicht).

Autoren & Werke

Alain-René Lesage (1668-1747)

Im deutschen Sprachraum verknüpft sich mit Lesage nur noch der Roman *Histoire de Gil Blas de Santillane* (1715-1735), wohingegen andere Werke dieses vermutlich ersten französischen Belletristen (und in seiner Zeit relevantesten Romanautors), der den Verkauf seiner literarischen Ware zum Brotberuf machte, außerhalb Frankreichs nicht mehr bewusst sind. Hierunter fallen etwa die Prosakomödie *Crispin, Rival de son maître* (1707), der Roman *Le Diable boiteux* (1707) und *Turcaret* (1709), eine mutige Prosa-Komödie, die in Nachfolge Molières die Gierigen und das Schicksal der Ausgebcuteten an den Pranger stellte und den gemeinen Betrug als Haupt-Prinzip der Gesellschaft auswies. Nicht Lesages bissiges Theater-Stück, nicht seine weiteren über hundert, auch meist burlesk/satirisch konzipierten Stücke, nicht seine „Nebenromane" oder sein erster phantastischer Schelmenroman, sondern sein zweiter vierbändiger Roman *Gil Blas* fand Eingang in die Weltliteratur. In diesem wirkungsreichsten französischen Pikaroroman, den Lesage scheinbar in Spanien zur Zeit Philipps III. (1598-1621), in Wahrheit aber Anfang des 18. Jahrhunderts in Frankreich ansiedelte (aber so geschickt, dass das kaum realisiert wurde), ließ er seinen klugen *pícaro* (span. Schelm; auch Gauner) in nachlässig verknüpften Abenteuern und Episoden die Gesellschaft durchstreifen. Vor den Augen des amüsierten, wenn auch von Abschweifungen de-konzentrierten Lesers entstand ein satirisches Panoptikum, in dem die lästernde Kritik die

Verhältnisse förmlich zum Tanzen brachte. Lesages Dienerfigur, ein eigenständiger vom spanischen Vorbild emanzipierter „*Schelm*", präfigurierte *Beaumarchais' „Figaro"*, wobei er im Verlauf der Bände nicht nur zum Herrn wurde, sondern auch noch eine Adlige heiratete. Generalthema des *Gil Blas*, in dem Lesage den Schelmenroman für die realistische Beschreibung der Welt einsetzte, waren die Macht- und Korruptions-Sümpfe des Absolutismus.

Pierre Carlet de Chamblain de Marivaux (1688-1763)

Seit der beifallumrauschten Uraufführung seines Stücks *La Surprise de l'amour* 1722 im „Théâtre Italien" sieht man in Marivaux den Architekten des *psychologischen Lustspiels*, den Schöpfer der gefühlsanalytischen, nicht nur an Komik interessierten Aufklärungskomödie. Kennzeichnend für seine von Molières Komödien abweichende spezielle Lustspielvariante war die Abkehr von den typenhaft starren Charakteren, also die Gestaltung von Menschen mit individuellen, veränderbaren Zügen. Als Marivaux' Klassiker gilt aber *Le Jeu de l'amour et du hazard*, Uraufführung 1730. Wie sämtliche seiner Lustspiele handelt auch „*Das Spiel von Liebe und Zufall*" nur von dem *einen* Thema; und am Ende auch dieses Stücks siegte wie in allen Marivaux-Komödien die Liebe, d.h.: die Natur über die Grundsätze des Verstandes, die Seele über die Vernunft, die *passion* über die *raison*. Im Gegensatz zu Molière, Regnard, Lesage oder auch Beaumarchais fehlte bei Marivaux zwar nicht nur in dieser Komödie der kritisch-analytische Blick auf die Gesellschaft. Dafür war sein Augenmerk auf das Studium der Gefühle sowie die sehr wohl von ihm erkannte Differenz von Sein und Schein gerichtet.- Aus der Vielzahl seiner Komödien (Marivaux schrieb um die 30 Stücke) wären *La double inconstance*, *L'École des mères*, *Le Legs* herauszugreifen, die zu den unterhaltsamsten, meistgespielten Komödien seines *théâtre d'amour* zählte. Sein Dialogstil brachte es gar zur Marke und bürgerte sich unter dem Begriff „*marivaudage*" ein. Doch während die eine Kritiker-Sektion die hohe Kunst der Marivaux-Dialoge rühmte, verwarf die andere deren gestelzte, leere, exaltiert galante Unnatürlichkeit – in diesem Sinne sprach Voltaire vom „*Stil der Preziosität*". Doch Marivaux antwortete, er tue nichts als den existierenden Konversationston realistisch nachzuahmen. Er war im Übrigen außer Komödien- auch Romanautor. Seine beiden Romane, *Le Paysan parvenu ou les Mémoires de M****(unvollendet, 5 Teile) und *La Vie de Marianne ou les Aventures de madame la comtesse de* *** (11 Teile bzw. zwölf Teile), offerierten psychologisch fundierte Charakter-Analysen. Dieses Befasstsein mit der Anatomie psychischer Abläufe machte Marivaux zu einem Vorläufer der „Empfindsamkeits"-Strömung. Er gehört neben Molière, Corneille, Racine zu jenen klassischen Dramatikern, die auch heute auf der Bühne des französischen Nationaltheaters gespielt werden. Schon zu Lebzeiten brachte man seine Bühnenwerke in der Regel mit großem Erfolg auf den namhaften Bühnen „Hôtel de Bourgogne", „Comédie-Française", „Théâtre Italien"; in Deutschland pries ihn Lessing, der *L'École des mères* in seiner *Hamburgischen Dramaturgie* als perfektes Exempel des neuen Theaters nannte.

Info

Comédie-Française. *1680 wurden auf Anordnung Ludwigs XIV. die Schauspieler der drei in Paris rivalisierender Truppen – des „Hôtel de Bourgogne", der Italiener und des „Illustre Théâtre" – zum gemeinsamen Theaterspiel aufgefordert. So entstand 7 Jahre nach dem Tod Molières die Comédie-Française. Das Repertoire besteht nach wie vor vorwiegend aus Klassikern. Das prächtige Theatergebäude, in dem die „Comédie-Française" heute noch spielt, wurde aber erst in den letzten Jahren des 18. Jh.'s vom Architekten V. Louis gebaut und gilt als frz. Nationaltheater – das „Théâtre Français".*

Werke (Auswahl)

- *La Surprise de l'amour (Komödie) 1722*
- *La double inconstance (Komödie) 1723*
- *Le Jeu de l'amour et du hazard (Komödie) 1730*
- *L'École des mères (Komödie) 1732*
- *Le Paysan parvenu ou les Mémoires de M*** (Roman) 1734/35*
- *Le Legs (Komödie) 1736*
- *La Vie de Marianne ou les Aventures de madame la comtesse de *** (Roman) 1731-42, 1739, 1745*

Charles-Louis Baron de Montesquieu (1689-1755)

Der Schriftsteller, Staatsphilosoph und Historiograph, auf Schloss La Brède bei Bordeaux geboren, betrieb humanistische und juristische Studien, wurde 1714 Parlamentsrat und war von 1716 bis 1726 Präsident des Parlaments von Bordeaux. In diesem Zeitraum veröffentlichte er nach einer Reihe wissenschaftlicher Schriften anonym seinen ersten Roman *Lettres persanes*, der schon im 18. Jahrhundert eine Vielzahl von Neuauflagen erlebte. Er wies voraus auf des Autors bekanntestes Werk, *De l'esprit des lois*, in dem Montesquieu bekanntlich u.a. das System der Gewaltenteilung als Voraussetzung bürgerlicher politischer Freiheit und der Aufhebung einer absolut regierenden Herrschaft entwickelte. Gegen Ende seines Lebens erblindete Montesquieu und starb in Paris.

Werke (Auswahl)

- *Lettres persanes (satirischer Roman in Briefform) 1721*
- *Le Temple de Gnide (philosophisch-satirischer Roman) 1725*
- *Considérations sur les causes de la grandeur des Romains et de leur décadence (Abhandlung) 1734*
- *De l'esprit des lois (sozialpolitische Untersuchung) 1748*

Lettres persanes
In diesem für das Zeitalter typischen theoretisch-diskutierenden Literatur-Werk wurden aus der Sicht zweier Perser die französischen und europäischen Gegebenheiten in Form eines fingierten Briefwechsels kritisch ins Visier genommen. Die *Lettres persanes* waren eine lockere Folge von 160 fiktiven Briefen der beiden persischen Standesherren Rica und Usbek, die aneinander und an Freunde in der Heimat gerichtet sind. Darin teilten sie ihre Beobachtungen mit, die sie auf ihrer Reise 1711-1720 durch Europa und insbesondere durch Frankreich machten. Die Themen der Briefe waren reichhaltig (es ging um Religion, Absolutismus, Kolonialismus, Klassengegensätze, Emanzipation, Mode, Salons sowie auch den Literaturbetrieb und die *Académie)*, ein innerer Zusammenhang wurde durch eine Serailgeschichte gebastelt, nach der in Usbeks Harem während seiner Abwesenheit ein Aufstand der Frauen ausbrach. Das Ganze gab nicht nur ein amüsierendes Bild der Pariser Gesellschaft zu Beginn des Aufklärungs-Jahrhunderts, sondern auch eine meist ironische Vorstellung von illustren Vertretern derselben; bezüglich Ludwigs XIV. hieß es, um ein Beispiel zu geben: „*Ich habe seinen Charakter studiert und darin Widersprüche gefunden, die ich unmöglich lösen kann. Etwa: er hat einen Minister von achtzehn und eine Geliebte von achtzig Jahren*“ (XXXVII. Brief).

Leseprobe: *Lettres persanes*

Dreiundsiebzigster Brief

Rica an ***
Ich habe von einer Art Gericht gehört, das *Académie française* heißt. Es gibt keins in der Welt, was weniger geachtet würde; denn man sagt, daß das Volk seine Entscheidungen, kaum daß sie gefällt sind, aufhebt und ihm Gesetze vorschreibt, die es befolgen muß.

Um seine Autorität zu festigen, gab es vor einiger Zeit eine Sammlung seiner Urteilsprüche heraus. Das Kind so vieler Väter war bei der Geburt fast schon alt, und trotz seiner legitimen Abkunft wäre es von einem zuvor erschienenen Bastard bei der Geburt fast erstickt worden.

Die Mitglieder des Gerichtshofes haben nichts anderes zu tun, als ständig zu schwatzen. Lobreden mischen sich wie von selbst in ihr ewiges Gewäsch, und sobald sie einmal in seine Geheimnisse eingeweiht sind, werden sie von der Sucht nach Lobeshymnen gepackt und nicht mehr freigelassen.

Dieser Körper hat vierzig Köpfe voller Redefiguren, Metaphern und Antithesen; so viele Münder reden fast nur in Ausrufen; seine Ohren möchten immer von Rhythmus und Harmonie beeindruckt werden. Von Augen ist nicht die Rede, denn es hat den Anschein, als sei er nur zum Sprechen, nicht aber zum Sehen gemacht. Er steht nicht sehr fest auf den Füßen, denn die Zeit wird ihm zum Verhängnis, erschüttert ihn ständig und zerstört alles, was er gemacht hat. Man behauptete früher, er habe gierige Hände, aber darüber will ich schweigen und das Urteil denjenigen überlassen, die besser Bescheid wissen als ich.

Dies alles sind Dinge, lieber ***, von denen man in unserem Persien nichts weiß. Wir denken nicht an solche merkwürdigen und sonderbaren Einrichtungen, denn wir suchen immer in unseren einfachen Sitten und unseren schlichten Gewohnheiten die Natur.

Paris, am 27. des Monats Dhul-hiddsche 1715

Hundertundsiebenundvierzigster Brief

Der Obereunuch an Usbek in Paris
Die Zustände hier sind an einen Punkt angelangt, wo sie nicht mehr hingenommen werden können. Deine Frauen bilden sich ein, sie

könnten sich alles erlauben, weil Du abwesend bist. Schreckliche Dinge gehen hier vor. Ich selbst zittere bei dem entsetzlichen Bericht, den ich Dir machen muß.

Als Zelis vor ein paar Tagen in die Moschee ging, ließ sie ihren Schleier fallen und zeigte sich mit fast freiem Gesicht vor allen Leuten.

Ich habe Zachi ertappt, wie sie mit einer ihrer Sklavinnen schlief, obwohl dies doch die Gesetze des Serails streng verbieten!

Durch den allergrößten Zufall habe ich einen Brief abgefangen, den ich Dir schicke. Ich habe nie ausfindig machen können, an wen er gerichtet war.

Gestern abend wurde ein junger Mann im Garten entdeckt, der aber über die Mauer flüchten konnte.

Dazu kommt noch alles das, was ich nicht entdecken konnte, denn ich bin sicher, daß Du verraten wirst. Ich erwarte Deine Befehle und werde bis zu dem glücklichen Augenblick, wenn ich sie erhalte, in einer tödlichen Lage sein. Wenn Du aber nicht alle Deine Frauen meiner Macht unterstellst, kann ich für keine die Verantwortung vor Dir übernehmen und werde Dir alle Tage die gleichen traurigen Nachrichten senden müssen.

Aus dem Serail von Isfahan, am 1. des Monats Redscheb 1717

Rezeption

Montesquieu war ein zentraler Staatstheoretiker des 18. Jahrhunderts. Er blieb wie viele Aufklärungs-Schriftsteller ein theoretischer Autor mit historischem oder politischem Visier, ist aber (ähnlich wie Pascal) auch als Briefroman-Literat der französischen Literatur ein Begriff geblieben.

Antoine-François Prévost d'Exiles (1697-1763)

Prévost (auch „L'Abbé Prévost") wäre mittlerweile mitsamt seinen über zwanzig Romanen, seinen romantisch-historischen Sachbüchern, Biographien, Reiseberichten und Übersetzungen (er übertrug z.B. Richardsons Empfindsamkeits-Klassiker *Clarissa Harlowe* ins Französische) ein weitgehend toter Mann in der Literaturgeschichte, hätte er nicht, fast en passant, ein einziges unsterbliches Werk verfasst: *Manon Lescaut* (vollständiger Titel: *Histoire du Chevalier des Grieux et de Manon Lescaut)*. Dieser psychologische Roman (eine in seiner Machart an die Abenteuerromane des 17. Jahrhunderts gelehnte heftige Liebesgeschichte), innerhalb der Entwicklung des europäischen Romans kein nur marginaler Markierungsstein, erschien in einer ersten Fassung 1731 als Nachzügler und letzter, siebter Band des Romanzyklus *Mémoires et aventures d'un homme de qualité, qui s'est retiré du monde;* 1753 publizierte Prévost eine überarbeitete Ausgabe des ausgekoppelten *Manon Lescaut*-Romans, der, zwischenzeitlich in Frankreich verboten, dann stabilen Weltruhm brachte. Grund hierfür dürfte Prévosts Eintritt für die von ihm als legitim bewertete Macht der Gefühle, das Recht von Leidenschaft und Trieb gegenüber der Vernunft gewesen sein oder die Beschreibung des Sieges der Liebe über gesellschaftliche und religiöse Normen, die ihn zu einem J.-J. Rousseau-Vorgänger machte. Ein weiterer dickleibiger Roman (8 Bücher), der zwischen 1731 und 1739 erschien, ein Werk voller lebhafter, nicht besonders lebensechter Episoden, in dem Prévost sich quasi auf derselben Route intensiv mit Gefühlen und Gefühlskrisen beschäftigte und auch viel Religiöses beitat, wurde zwar auch wegen des Themas ‚Selbstverwirklichung' gelesen, fiel aber schnell wieder in Vergessenheit. (*Le Philosophe anglois, ou Histoire de Monsieur Cleveland, fils naturel de Cromwell.)*

Voltaire (1694-1778)

Leben und Werk

Voltaire (bürgerlicher Name: François-Marie Arouet) besuchte ab 1704 das Pariser Jesuitenkolleg „Louis-le-Grand" und knüpfte Kontakte zu freigeistig-oppositionellen Kreisen. 1711 begann er ein Jura-Studium, wollte aber Schriftsteller werden und wurde es. Als Spottverse auf den Übergangsregenten, den Duc d'Orléans, auftauchten, hielt man ihn für den Autor – Voltaire saß deshalb zunächst 1717/1718 elf Monate in der Bastille. 1718 wurde seine erste Tragödie *Œdipe* mit Erfolg uraufgeführt. Erstmals benutzte er für sie das Pseudonym „Voltaire". Zur europäischen Figur machte ihn sein Geschichtsepos *La Ligue ou Henri le Grand* aus dem Jahre 1723, in dem er ein Loblied auf Heinrich IV. sang. (Seit der in London erschienenen Prachtausgabe, die ihm 150 000 Livres einbrachte, nur noch *La Henriade* genannt.) Einer drohenden zweiten Verhaftung nach einem Streit mit einem Adligen entzog sich Voltaire 1726 durch Flucht nach England, das damals in politischer, philosophischer und naturwissenschaftlicher Hinsicht weit fortgeschrittener und liberaler als Frankreich war. 1729 kehrte er nach Paris zurück. Durch Ausnutzung eines Fehlers der staatlich autorisierten Lotteriegesellschaft gewann er plötzlich finanzielle Unabhängigkeit. 1730 veröffentlichte Voltaire die Tragödie *Brutus*, die die konstitutionelle Monarchie über den Absolutismus stellte; 1732 erzielte seine antireligiöse Tragödie *Zaïre* an der „Comédie-Française" einen weiteren Uraufführungstriumph. Seine Beobachtungen in England verarbeitete er in den *Lettres philosophiques*, in denen er die politischen und geistigen Zustände in England und Frankreich miteinander verglich und besonders die Traditionen der katholischen Kirche in Frankreich kritisierte. (Dieses Werk war sehr viel weniger umfassend und fundiert als *Mme de Staëls* vergleichbare dreibändige Schrift *De l'Allemagne* aus dem frühen 19. Jahrhundert (1810), die in Frankreich den Einfluss Englands zurückdrängte.) Die Publikation wurde sogleich verboten und zwang Voltaire 1734 abermals zur Flucht.

Die Marquise du Châtelet nahm ihn in ihrem Château de Cirey auf. Sein antireligiöses Drama *Mahomet* (von Goethe übersetzt) wurde wieder verboten. 1746 kam Voltaire dennoch in die *Académie*, der Marquise de Pompadour verdankte er zuletzt des Königs Wohlwollen, den Zugang zu höchsten höfischen Kreisen und seine Ernennung zum „*Gentilhomme de la Chambre du Roi*". (Als Pompadour-„Schützling" goss Voltaire viel Häme über einem Konkurrenten, dem „Schauer-Dramatiker" und königlichen Zensor *P.J. Crébillon* aus, der *Mahomet* 1742 verboten hatte – indem er zu den Stücken *dieses* Pompadour-Günstlings, um sie zu blamieren, Alternativ-Versionen anfertigte.) 1750 nahm er die Einladung Friedrichs des Großen an den preußischen Hof an, der ihm Orden, Ehrungen, ‚freien Haushalt' und zusätzlich 5000 Taler pro Jahr bot, und begann hier sein Geschichtswerk *Le Siècle de Louis XIV.* Nach dem Bruch mit Friedrich II. kaufte Voltaire nach einer Reise-Phase 1755 das Landhaus Délices bei Genf und schrieb u.a. Artikel für Diderots *Encyclopédie*. Ein Jahr später erschien das kulturgeschichtlich-geschichtsphilosophische Kompendium *Essay sur l'histoire générale et sur les mœurs et l'esprit des nations depuis Charlemagne jusqu'à nos jours*. Differenzen mit der calvinistischen Stadtregierung von Genf veranlassten ihn 1758 zum Kauf des Dorfes und Schlosses Ferney nahe dem Genfer See (heute Ferney-Voltaire genannt), wo er als Grundherr bis zu seinem Tod lebte. Da Voltaire immer oder sogar vor allem Geschäftsmann war, richtete er hier eine Uhrenindustrie ein. (Im Briefwechsel mit seiner politisch so denkbar wenig freizügig-radikal eingestellten Bewunderin Katharina der Großen bot er auch ihr seine Uhren an, die ebenso den Weg zu den Pekinger Mandarinen fanden).

In Ferney entstand der satirisch-philosophische Roman *Candide ou l'Optimisme*. 1764 veröffentlichte er das antiklerikale *Dictionnaire philosophique portatif* (Kurztitel: *Portatif*), ein schon erwähntes philosophisches Taschenwörterbuch. Als er 1778 nach 28-jähriger Abwesenheit zur Uraufführung seines Dramas *Irène* nach Paris kam, empfing man ihn mit Glanz. Kurz darauf starb er. Da Staatsbegräbnis und kirchliche Bestattung in Paris abgelehnt wurden, wurde sein Tod verheimlicht, um eine würdelose Verscharrung zu verhindern. Angehörige setzten Voltaires einbalsamierten Leichnam in eine Kutsche, zogen ihm einen Hausrock an und eine Mütze über die Augen. Ein Diener neben ihm sollte ein Umfallen verhindern. Die sechsspännige Kutsche fuhr den wie Ruhenden über die Stadtgrenze in die Champagne nach Scellières nahe Romilly-sur-Seine bei Troyes, wo ihm ein Abbé in der Kapelle der Abtei (der danach entlassen ward) die Messe las. 1791 überführten Revolutionäre Voltaires Leichnam nach Paris und bestatteten ihn in der Krypta der ehemaligen Abteikirche Sainte-Geneviève, in der Revolutionszeit in „Panthéon" umgetauft.

Werke (Auswahl)

- *Œdipe (Tragödie) 1718*
- *La Ligue ou Henri le Grand (Epos) 1723*
- *Brutus (Tragödie) 1730*
- *Zaïre (Tragödie) 1732*
- *Mahomet (Tragödie) 1742*
- *Le Siècle de Louis XIV (Geschichtswerk) 1751*
- *Candide ou l'Optimisme (philosophischer Roman) 1759*
- *La Pucelle d'Orléans (heroisch-komisches Epos) 1762*
- *Dictionnaire philosophique portatif (Lexikon) 1764*

Candide ou l'Optimisme
Gerade Voltaires erzählerische Werke, in denen er bemüht war, auf *unterhaltsame* Art seine anti-absolutistische Gesellschaftskritik zu artikulieren, waren voller Witz. Er selbst bezeichnete sie (*Le Micromégas* (1752), *Zadig ou la Destinée* (1747), *L'Ingénu* (1767)) als „philosophische Romane". Klassiker wurde aber nur der anonym erschienene Abenteuerroman *Candide* (*Candide ou l'Optimisme, traduit de l'allemand de Mr. le Docteur Ralph. Avec les additions qu'on a trouvées dans la poche du docteur lorsqu'il mourut à Minden l'an de grâce 1759)*. An die Existenz jenes „Docteur Ralph"

glaubte damals niemand, schon der Romananfang stellte klar, wer der Verfasser in Wahrheit war. Voltaire wies indes eine Urheberschaft entrüstet von sich und bei Erscheinen in Genf wurde der Roman sofort verboten – mit dem (vermutlich spekulierten) Resultat, dass es noch im selben Jahr 13 Auflagen gab. Ziel des *Candide* war es, den Satz des Philosophen Leibniz, man lebe in der *„besten aller möglichen Welten"*, mit der Realität zu konfrontieren. Einst hatte der gutgläubige Candide besagte Lehrmeinung von seinem Lehrer Maître Pangloss willig angenommen. Am Ende beginnt er stark an ihr zu zweifeln.

Leseprobe: *Candide ou l'Optimisme*

Zweites Kapitel
Was aus Candide bei den Bulgaren wurde

Candide, aus dem irdischen Paradies verjagt, wanderte lange, ohne zu wissen wohin. Er weinte, hob die Blicke gen Himmel oder wandte sie oft dem schönsten aller Schlösser zu, das die schönste aller Baronessen beherbergte, er legte sich, ohne zu Abend gegessen zu haben, mitten auf den Feldern zwischen zwei Furchen nieder; der Schnee fiel in großen Flocken. Der ganz durchfrorene Candide schleppte sich am nächsten Tag bis in die benachbarte Stadt namens Valdberghoff-trarbk-dikdorff, völlig mittellos und sterbend vor Hunger und Müdigkeit. Traurig blieb er vor der Tür einer Schenke stehen. Zwei blaugekleidete Männer bemerkten ihn. „Kamerad", sagte der eine, „da ist einmal ein gutgebauter junger Mann, der die erforderliche Größe hat." Sie gingen auf Candide zu und baten ihn sehr höflich, mit ihnen zu speisen. – „Meine Herren", erwiderte Candide mit reizender Bescheidenheit, „Sie erweisen mir viel Ehre, aber ich besitze nichts, womit ich meine Zeche zahlen könnte." – „Ach", sagte einer der beiden Blauen, „Leute von Ihrem Aussehen und Ihrer Art brauchen nie zu zahlen: messen Sie nicht fünf Fuß und fünf Zoll?" "Ja, meine Herren, das ist in der Tat mein Maß", sagte er und machte einen Kratzfuß. „Nun, nehmen Sie Platz; wir werden Sie nicht nur freihalten, sondern auch niemals dulden, dass es einem Mann wie Ihnen an Geld fehlt; die Menschen sind ja da, um einander zu helfen." – „Sie haben recht", sagte Candide, „das sagte auch Herr

Pangloss immer, und ich sehe wohl, dass alles zum Besten bestellt ist." Man bittet ihn, ein paar Taler anzunehmen, er nimmt sie und will einen Schuldschein ausschreiben; man erlaubt es ihm nicht, man setzt sich zu Tisch: „Haben Sie nicht eine große Liebe? ..." – „O ja", antwortet er, „ich liebe Fräulein Kunigunde sehr." – „Nein", sagt einer der beiden Herren, „wir meinen, ob Sie nicht eine Vorliebe für den König der Bulgaren haben." – „Keineswegs", sagt er, „denn ich habe ihn nie gesehen." – „Wie! Aber er ist der charmanteste König, den man sich denken kann, und man sollte auf seine Gesundheit trinken." – „Aber sehr gern, meine Herren", und er trinkt. „Genug jetzt", sagt man ihm, „nun sind Sie die Stütze, der Helfer, der Beschützer, der Held der Bulgaren; Ihr Glück ist gemacht und Ihr Ruhm gesichert." Auf der Stelle legt man ihn in Eisen und bringt ihn zum Regiment. Man lässt ihn nach rechts und links kehrtmachen, den Ladestock heben und senken, anlegen, schießen, den Schritt beschleunigen und verabfolgt ihm dreißig Stockschläge; am (...) übernächsten Tag gibt man ihm nur noch zehn, und seine Kameraden sehen ihn wie ein Wundertier an.
Candide, noch ganz verblüfft, konnte noch nicht ganz fassen, inwiefern er ein Held sein sollte. An einem schönen Frühlingstag fiel ihm ein, spazieren zu gehen, und so ging er vor sich hin in dem Glauben, es sei ein Vorrecht der Menschen wie der Tiere, sich zu ihrem Vergnügen ihrer Beine bedienen zu dürfen. Er hatte noch keine zwei Meilen zurückgelegt, als vier weitere Helden, ein jeder sechs Fuß hoch, ihn einholen, binden und in einen Kerker schleppen. Man fragte ihn von Rechts wegen, ob er lieber vor dem ganzen Regiment sechsunddreißigmal Spießruten laufen oder zwölf Bleikugeln auf einmal ins Gehirn haben wolle. Er konnte noch so lange von der Freiheit des Willens reden und dass er weder das eine noch das andere wünsche, er musste eine Wahl treffen; er entschloss sich kraft der göttlichen Gabe, die man *Willensfreiheit* nennt, dazu, sechsunddreißigmal Spießruten zu laufen; er stand sie zweimal durch. Das Regiment zählte zweitausend Mann; das machte für ihn viertausend Rutenhiebe aus, die ihm, vom Nacken bis zum Hintern, Muskeln und Nerven bloßlegten. Als man zum dritten Mal beginnen wollte, bat Candide, der nicht mehr konnte, ihm gütigerweise den Kopf zerschmettern zu wollen; ihm sollte die Gunst zuteil werden; man verbindet ihm die Augen, man lässt ihn niederknien. Der König der Bulgaren reitet in diesem Augen-

blick vorbei und fragt nach dem Verbrechen des armen Sünders; und da der König ein Mann von bedeutendem Geist war, begriff er aus allem, was er über Candide erfuhr, dass es sich um einen jungen, in den Dingen dieser Welt noch sehr unerfahrenen Metaphysiker handelte, und begnadigte ihn mit einer Milde, die in allen Zeitungen und durch alle Jahrhunderte hindurch gepriesen werden wird. Ein braver Wundarzt heilte Candide in drei Wochen mit Hilfe von Arzneien nach den Lehren des Dioskorides. Er hatte schon wieder ein wenig Haut und konnte gehen, als der König der Bulgaren dem König der Avaren Bataille lieferte.

Drittes Kapitel
Wie Candide von den Bulgaren weglief und was aus ihm wurde

Nichts war schöner, gewandter, glänzender, wohlgeordneter als die beiden Armeen. Die Trompeten, die Pfeifen, die Oboen, die Trommeln und Geschütze bildeten eine Harmonie, wie es sie nicht einmal in der Hölle gab.
Zuerst streckten die Kanonen etwa sechstausend Mann auf jeder Seite hin, dann befreiten die Muskoten die beste aller Welten von etwa neun- bis zehntausend Schuften, die ihre Oberfläche beschmutzt hatten. Auch das Bajonett bildete den zureichenden Grund für den Tod einiger tausend Leute. Alles in allem konnte es sich wohl um dreißigtausend Seelen handeln. Candide, der wie ein Philosoph zitterte, versteckte sich während dieser heroischen Schlächterei so gut er konnte.
Schließlich fasste er, während die beiden Könige, jeder in seinem Lager, ein *Te Deum* anstimmen ließen, den Entschluss, anderswo über Wirkungen und Ursachen nachzudenken. Er schritt über Haufen von Toten und Sterbenden hinweg und erreichte zuerst das nächste Dorf (...), das die Bulgaren nach den Regeln des Völkerrechts niedergebrannt hatten. Hier sahen von Schüssen durchbohrte Greise zu, wie ihre niedergemachten Frauen starben und dabei ihre Kinder an die blutenden Brüste pressten; dort taten aufgeschlitzte junge Mädchen, die zuvor die natürlichen Bedürfnisse einiger Helden befriedigt hatten, den letzten Seufzer; andere wieder, zur Hälfte verbrannt, schrien, man möge ihnen den Gnadenstoß versetzen. Hirn war neben abgehackten Armen und Beinen über den Boden verspritzt...

Rezeption

Voltaire galt schon zu Lebzeiten in ganz Europa als ‚Aufklärungs-Koryphäe' Frankreichs. Er war in allen Gattungen des Schreibens tätig, aber nicht gleich eindrucksvoll, was durch den unkritischen Voltaire-Bonus stets verklärt wurde. Aufgrund seiner Tragödien betrachtete man ihn als *„einen der größten Theaterdichter aller Zeiten"*. Man feierte ihn aufgrund seiner Epen als *„neuen Vergil"*. Jedoch überdauerten diese wie jene die Jahrhunderte nicht. Einiges leistete er als Theoretiker und Philosoph sowie als Historiker. Am Ende aber überlebten nur Voltaires von ihm selbst gering geschätzten und in Briefen und Selbstzeugnissen kaum erwähnten Romane – sie sind *„der lebendigste Träger seines Ruhms geblieben"* (H. Friedrich). Sämtliche seiner Werke aber vermitteln einen Eindruck von den das Jahrhundert prägenden Diskussionen und Kämpfen um Freiheit, Toleranz, Vernunft, Menschlichkeit. Friedrich der Große schrieb dennoch ungerührt an seine Schwester: *„Er ist der schlimmste Schurke auf der Welt. Du wirst staunen, was er hier alles an fragwürdigen Machenschaften, Doppelzüngigkeit und Bosheit verübt hat. Viele Verbrecher, die aufs Rad geflochten werden, verdienen ihr Geschick weniger als er."*

Jean-Jacques Rousseau (1712-1778)

<u>Leben und Werk</u>

Der Schriftsteller-Philosoph wurde in Genf als Sohn eines hugenottischen Uhrmachers geboren und bezeichnete sich gern als *„citoyen de Genève"*. Nach schwerer Kindheit floh der 16-Jährige nach Annecy zu der zwölf Jahre älteren Madame de Warens, die seine mütterliche Geliebte und erste „Gönnerin" wurde. Hier befasste er sich auch intensiv mit Lesen und Musik. Nachdem ein Nebenbuhler ihn in der Gunst der Gönnerin verdrängt hatte, begab sich Rousseau 1742 um der Karriere willen nach Paris und lernte hier Diderot und die Enzyklopädisten kennen. Über Nacht berühmt wurde er, als er 1750 die Preisfrage der Akademie von Dijon, *„Si le rétablissement des sciences et des arts a contribué à épurer les mœurs"* mit einem provozierenden Traktat beantwortete. Rousseau bestritt in seinem *Discours*, dass die Sitten verfeinert worden seien und formuliert seine Doktrin, wonach Zivilisation und Gelehrsamkeit immer nur zu Laster und Ungleichheit unter den ehedem natürlichen, freien und guten Menschen geführt hätten. In der Ur-Gesellschaft hätten keine Hierarchien, folglich weder Konkurrenz noch Feindschaft noch Neid bestanden. Der Aufschwung der Künste und Wissenschaften hätte dann den moralischen Niedergang der Gesellschaft bewirkt. Diese Thesen erregten Aufsehen und wurden in Folge immer wieder auf die Formel „*retour à la nature*" reduziert. Rousseau schloss seinen von Diderot, nicht (wie er behauptete) von ihm inspirierten *Discours* mit einer Lobrede auf die *vertu* des schlichten, unverbildeten Menschen. In einer zweiten Schrift, auch für eine Preisfrage der Dijoner Académie abgefasst, dem *Discours sur l'origine et les fondements de l'inégalité parmi les hommes* wiederholte er die These, dass die Menschen in ihrem prähistorischen Zeitalter glücklich, weil genügsam gewesen seien, dieser Zustand sei mit dem Privateigentum zerstört worden. Ein Kampf um Besitz und Macht hätte Unrecht gesät, Wissenschaft und Kunst den Prozess beschleunigt, der denkende Mensch sei ein heruntergekommenes Tier *(„L'homme qui pense est un animal dépravé").* Voltaires unfreundlicher Kommentar hierzu lautete: *"Niemals hat jemand soviel Geist darauf verwandt, den Menschen zum Tier zu machen. Bei der Lektüre des Werks bekommt man Lust, auf allen Vieren zu kriechen."*

Zu Rousseaus Hauptwerken zählt sein Roman *Lettres de deux amans, habitans d'une petite ville au pied des Alpes*, der seit 1764 in (kalkulierter) Anspielung auf das historische Liebespaar Abaelard und Heloisa unter dem weitaus besser ziehenden Titel *La nouvelle Héloïse* erschien.

Info

Abélard und Héloïse. *Der Theologe und Philosoph Pierre Abélard (1079-1142), Lehrer am Kloster von Notre Dame, wurde wegen einer Liebesaffäre mit seiner Schülerin Héloïse im Auftrag ihres Onkels, des Domherrn Fulbert, entmannt.*

Der tragische bis sentimentale, von Naturbegeisterung durchglühte, wenn nicht sogar ein wenig triefende Briefroman wurde ein Rousseau-Klassiker. 1762 folgten weitere, wie die staatsphilosophische, an Hobbes und Locke anknüpfende Untersuchung *Du contrat social ou Principes du droit politique* sowie die romanhaft aufgemachte pädagogische Lehrschrift *Émile ou de l'éducation.* Dieses Buch (besonders die in ihm enthaltene *Profession de foi du vicaire savoyard*, in dem Rousseau Gott durch eine Art Natur-Guru ersetzte) wurde mit Haftbefehl geahndet. Rousseau floh nach Genf. Aber die Stadtväter verboten den *Émile* ebenso wie den *Contrat social* und verweigerten Asyl. Er floh weiter nach Neuchâtel in das Dorf Môtiers, einer preußischen Enklave, wo er auf Geheiß Friedrichs II. bleiben durfte. Aber Voltaire hatte in einer anonymen Schrift „enthüllt“, dass der Verfechter eines neuen humanen Erziehungsideals seine eigenen fünf Kinder ins Findelhaus gesteckt hatte – in dem damals mehr als 70 Prozent der Deportierten in den ersten drei Monaten starben. Nun wandten sich die Dorfbewohner gegen den exotisch gekleideten Zugereisten, der ihnen mit seinem Kaftan und seiner armenischen Pelzmütze ohnehin verdächtig war. Steine flogen, weshalb Rousseau auf die Petersinsel im Bieler See floh. Hier beherbergte ihn ein Berner Amtmann, bis die Behörden einschritten. Schließlich lud der englische Philosoph Hume den Verfolgten 1766 nach England ein. Nach einem Streit mit Hume kehrte Rousseau 1770 trotz des bestehenden Haftbefehls nach Paris zurück. Er beendete seine Erinnerungen, die unter dem Titel *Les Confessions* erst posthum erschienen, nachdem eine mit Erotika gepeppte Salon-Lesung von der Polizei aufgelöst worden war. In diesem Werk finden sich außer Liebes-, Jugend- und Naturgeschichten auch Angriffe auf Zeitgenossen und Züge von Selbstverherrlichung und Verfolgungswahn. Neben eingebildeten Feinden hatte Rousseau auch tatsächliche. Die Enzyklopädisten Diderot und d'Alembert hielten ihn für einen Anti-Aufklärer, mit Voltaire, dem „Weisen von Ferney“, war er verfeindet. 1776 begann er ein letztes Werk: *Les Rêveries du promeneur solitaire*. 1778 starb er bei einem letzten Gönner. Auch seine sterblichen Überreste wurden 1794 ins Panthéon überführt.

Werke (Auswahl)

- *Du contrat social ou Principes du droit politique. (staatsrechtlich-sozialphilosophische Untersuchung) 1762*
- *Lettres de deux amans, habitans d'une petite ville au pied des Alpes. (Briefroman) 1761, 1764 unter dem Titel La nouvelle Héloïse*
- *Émile ou de l'éducation (romanhaft angelegte pädagogische Lehrschrift) 1762*
- *Les Rêveries du promeneur solitaire (autobiographisches Werk) 1782*
- *Les Confessions (Autobiographie) postum erschienen 1782 und 1789*

La nouvelle Héloïse

In diesem in der Nachfolge Richardsons und des Abbé Prévost stehenden Roman literarisierte Rousseau die Zivilisationskritik, die er in seinen philosophischen Schriften schon ausgebreitet hatte. Vor allem aber trat er als Gegner der Verstandeskultur auf und äußerte seine Überzeugung vom Primat des Gefühls gegenüber der Vernunft. Der Roman handelte von der leidenschaftlichen, aber gesellschaftlich unmöglichen Liebe der adligen Julie d'Étanges zu ihrem bürgerlichen Hauslehrer Saint-Preux. Im Verlauf des sechsteiligen Werks schreiben die entsagenden Verliebten zumindest im ersten Teil einander eine Masse gefühliger, auch verzweifelter, häufig schwer erträglicher Briefe, ehe der Roman einen weiteren, idealen, teilweise aber auch sentimental ausgestalteten Horizont gewinnt, um tragisch zu enden. Hauslehrer Saint-Preux tauchte im deutschen *Werther* wieder auf; später wurde er resp. sein erster Brief von Puschkin in der Erzählung *Der Schneesturm* dann als Bild gefühlsduseligen Schmalzes ironisiert.

Leseprobe: *La nouvelle Héloïse*

An Julien

(...) Jeden Tag fühle ich's mehr: Von Ihnen geliebt werden ist das größte Glück; es gibt keins, kann keins geben, das ihm gleich wäre (...) Außer Ihnen finde ich in diesem irdischen Aufenthalte nichts, was würdig wäre, meine Sinne, mein Herz einzunehmen (...) Nicht also ist es mit Ihnen, himmlische Julie; Sie begnügen sich, unsre Sinne zu reizen, und müssen doch die Ihrigen nicht bekämpfen. Es scheint, als wären menschliche Leidenschaften für eine so erhabne Seele zu niedrig, und neben der Engel Schönheit besitzen Sie auch ihre Reinheit. O Reinheit, die ich widerstrebend verehre! Warum kann ich doch nicht entweder Sie erniedrigen oder aber mich zu Ihnen erheben! Doch nein, stets werde ich auf der Erde kriechen, Sie aber im Himmel glänzen sehen. Ach! Seien Sie auf Kosten meiner Ruhe glücklich; genießen Sie alle Ihre Tugenden; verwünscht sei der niederträchtige Sterbliche, der jemals eine davon versuchen wird zu beflecken! Seien Sie glücklich; ich werde mich zu vergessen bemühen, wie beklagenswürdig ich bin, und selbst aus Ihren Glücke Trost für mein Unglück schöpfen. Ja, teure Geliebte, mich dünkt, meine Liebe ist ebenso vollkommen als ihr anbetungswürdiger Gegenstand; alle Begierden, durch Ihre Reize entflammt, erlöschen in Ihrer Seele Vollkommenheiten(...) Sooft ich in Versuchung gerate, Ihnen die geringste Liebkosung zu entwenden, hält mich die Gefahr, Sie zu beleidigen, und noch mehr mein Herz durch die Furcht zurück, eine so reine Glückseligkeit zu stören. Beim Werte des Glücks, nach dem ich strebe, sehe ich nur noch den Preis, den es Sie kosten kann; und da ich mein Glück mit dem Ihrigen nicht vereinen kann – urteilen Sie, wie sehr ich liebe! –, so begebe ich mich des meinigen. Was für unerklärliche Widersprüche sind in den Empfindungen, die Sie in mir wecken! Ich bin demütig und verwegen, stürmisch und bescheiden zugleich. Ich kann nicht meine Augen zu Ihnen erheben, ohne in mir einen Kampf zu führen. Ihre Blicke, Ihre Stimme flößen zugleich mit der Liebe der Unschuld rührenden Reiz dem Herzen ein; einen göttlichen Reiz, den man nicht ungereut zerstören würde! Wenn ich ausschweifende Wünsche wage, so geschieht es nur noch in Ihrer Abwesenheit; meine Begierden, die sich nicht bis zu Ihnen trauen, wenden sich an Ihr Bild; an diesem räche ich mich für die Ehrfurcht, die ich Ihnen selbst erweisen muß. Indessen schmachte ich und verzehre mich; ein Feuer durchströmt meine Adern (...), und indem ich ihm Zwang antun will, fache ich es nur noch stärker an. Ich sollte glücklich sein, und ich bin es; das gebe ich zu. Ich klage nicht über mein Schicksal; so wie es ist, würde ich nicht mit der Erde Königen tauschen. Gleichwohl quält mich ein wirkliches Übel, und umsonst suche ich es zu fliehen; ich will nicht sterben, und doch sterbe ich; ich will für Sie leben, und doch töten Sie mich.

Rezeption

Rousseau, beseelt vom Glauben an eine bessere Gesellschaft in der Zukunft, griff das Gedankengut der Aufklärer auf (so die Überzeugung vom Gutmenschen des Naturzustands), wandte sich aber vom optimistischen Glauben an Zivilisation, Kultur und Fortschritt ab und setzte an seine Stelle die Priorität der Innerlichkeit. Damit stellte er die seit Jahrhunderten bestehende Überbetonung der Vernunft gegenüber der Emotion radikal um. Dieser subjektive Ansatz beeinflusste nicht nur die französische Literatur der Romantik, sondern vorher schon die Autoren und Gelehrten des deutschen Sturm und Drang wie Herder, den jungen Goethe oder Schiller. Friedrich der Große antwortete Voltaire mit Blick auf Rousseaus Natur-Schwärmerei indessen gewohnt grob-respektfrei: „*Er wird mich nie dazu bringen, Gras zu fressen und auf allen Vieren zu laufen.*“

Denis Diderot (1713-1784)

Leben und Werk

Der Philosoph, Enzyklopädist, Schriftsteller, Literatur- und Kunsttheoretiker wurde im Jesuitenkollegium seiner Geburtsstadt Langres erzogen, danach setzte er in Paris seine humanistischen und juristischen Studien am „Collège Louis-le-Grand" fort und beendete sie 1732. Die Anwaltskanzlei, in der ihn sein Vater untergebracht hatte, verließ er schon nach zwei Jahren. Diderot führte zehn Jahre lang ein Bohemeleben und schlug sich mit Übersetzen, Unterrichtsstunden und journalistischen Artikeln durch. Er verkehrte in Kaffeehäusern und machte dort die Bekanntschaft von Gelehrten und Literaten. 1743 heiratete er gegen den väterlichen Willen die hübsche Tochter einer armen Spitzenhändlerin. Die Ehe verlief wenig glücklich, 1744 wurde die Tochter Marie-Angélique geboren, die der Nachwelt ein lebendiges Bild von Diderots Leben hinterließ. Dieser ernährte die Familie mit anspruchsvollen Übersetzungen von voluminösen historischen und medizinischen Werken. Ein Verlegerkonsortium beauftragte ihn 1745 mit der Übersetzung eines fünfbändigen englischen Nachschlagewerks, der *Cyclopaedia* von E. Chambers. Daraus entwickelte Diderot die Idee, eine umfangreichere *Enzyklopädie* für seine Landsleute anzulegen. Die Verleger waren vom Plan begeistert. Diderot fand zahlreiche Mitarbeiter, auch unter den klugen Köpfen der Zeit, darunter Voltaire, Montesquieu, Rousseau, die sich jeweils Spezialgebieten widmeten. Sein Freund d'Alembert unterstützte ihn bis 1757 beim redaktionellen Teil und im wissenschaftlichen und mathematischen Bereich. Diderot selbst verfasste unzählige Artikel über unzählige Sachgebiete. Das riesige Werk nahm Gestalt an. Zwei kleine philosophische Schriften trugen Diderot aber 1749 eine viermonatige Einzelhaft in der Festung Vincennes ein, denn er hatte die Perfektheit der von Gott geschaffenen Welt angezweifelt. Auf Initiative seiner Verleger wurde er wieder freigelassen, doch die Kontrolle von Staat und Kirche blieb, Diderot musste fortan noch vorsichtiger zu Werke gehen. Denn abgesehen von der Sammlung und kritischen Aufarbeitung des verfügbaren Wissens, bei dem auch handwerkliche und technische Berufe berücksichtigt wurden, richtete sich das Werk seinem ganzen Geist nach gegen absolutistischen Despotismus und Religion, gegen Vorurteile und Autoritäten und trat für absolute *égalité* sowie die Befreiung der Bauern aus der Leibeigenschaft ein. Das Großwerk erschien schon deshalb verdächtig, weil aufgrund der alphabetischen Ordnung der *„roi"* noch hinter dem madagassischen Volksstamm der *„rohandriens“* kam. So wurden natürlich Hierarchien ignoriert. Der Grundgedanke des Lexikons war aber Diderots Auffassung, dass Bildung und Wissen die Voraussetzungen für Glück seien. 35 reich illustrierte Bände erschienen zwischen 1751 und 1780. Mit diesem riesigen Gemeinschaftswerk schuf Diderot *das* Sprachrohr der Aufklärung.

Neben theoretisch-philosophischen verfasste er indessen auch literaturtheoretische Schriften, in denen er seine Vorstellungen von einem *drame bourgeois* entwickelte, das die Welt des Bürgertums auf die Bühne bringen sollte. Mit seinen rührseligen bürgerlichen Schauspielen *Le Père de famille* (uraufgeführt 1761 in Paris) und *Le Fils naturel* (1771 aufgeführt) unternahm er wenig gelungene Versuche als Bühnenautor und fügte theoretische Abhandlungen hinzu, wie die *Entretiens sur le fils naturel* und den *Discours sur la poésie dramatique*. Um seiner Tochter eine Mitgift bieten zu können, wollte er 1761 seine gewaltige Bibliothek verkaufen. Die russische Zarin erfuhr davon und bot ihm deren Kauf für 15 000 Francs an, bei lebenslänglichem Nutzungsrecht, plus einer Anstellung als Kaiserlicher Bibliothekar für ein Jahresgehalt von 12 000 Francs. Als es Probleme bei dessen Übermittlung gab, zahlte ihm Katharina das Gehalt auf fünfzig Jahre im Voraus. 1773 reiste Diderot nach Petersburg und war von der sich aufgeklärt gebenden Politikerin fasziniert. Nach seiner Rückkehr vollendete er den philosophisch-satirischen Dialog *Le Neveu de Rameau*, der seit seinem ersten Entwurf 1761 bereits viermal überarbeitet worden war. 1784 erkrankte er; da ihm die Ärzte Treppen verboten hatten, ließ ihm die Zarin eine fürstliche Wohnung in der unteren Etage des Pariser Hauses Rue Richelieu Nr.39 einrichten. Er wohnte dort nur noch zwölf Tage, ehe er starb. Diderots Bibliothek und sein literarischer Nachlass wurden 1785 nach St. Petersburg gesendet und entgingen so der Vernichtung, die sein jüngerer Bruder Didier-Pierre, ein fanatischer Priester, verlangt hatte.

Werke (Auswahl)

- *Encyclopédie ou Dictionnaire raisonné des sciences, des arts et des métiers, par une société de gens de lettres (35 Bde.) 1751-1780*
- *Le Père de famille (bürgerliches Schauspiel) Urauff. 1760/61*
- *Le Neveu de Rameau (philosophisch-satirischer Dialog) entstanden um 1762, überarbeitet bis 1774, erschienen 1891*

- *Jacques le Fataliste et son maître (Roman) entstanden 1773-1775, erschienen 1796*
- *La Religieuse (Roman in Briefform) 1796*

Le Neveu de Rameau

Das Manuskript hatte ein seltsames Schicksal. Es kursierte zunächst nur in Abschriften unter Diderots Freunden. 1804 fiel eine Abschrift aus der Petersburger Eremitage auch Goethe in die Hände, der es, unter Weglassung der „gewagten Stellen“, übersetzte und 1805 als *Rameaus Neffe, ein Dialog von Diderot* veröffentlichte. Diese Fassung wurde 1821 ins Französische rückübersetzt und lange Zeit für das Original gehalten. Nach mehreren irrtümlich für original gehaltenen Versionen des Textes entdeckte 1890 der Pariser Bibliothekar der „Comédie-Française“, Monval, bei einem Bouquinisten an den Seine–Quais eine Abschrift, die unzweifelhaft von Diderot selbst stammte. Wie alle seine poetischen Arbeiten diente auch dieser philosophisch-satirische Dialog Diderots (ein janusköpfiges Literaturprodukt zwischen Pamphlet und Dichtung) allein der Propagierung aufklärerischen Gedankenguts. Die Parasiten-Figur des pockennarbigen illusionslosen Komödianten Jean-François Rameau begegnet im „Café de la Régence“ dem philosophisch-philanthropischen Ich-Erzähler, dem „moi“ der Erzählung, und bestreitet in der Umgebung von Schachspielern und Nichtstuern eine Unterhaltung über alle möglichen Grundfragen und Themen, inkl. des der Mängel der vorrevolutionären Gesellschaft.

Leseprobe: *Le Neveu de Rameau*

Es mag schön oder häßlich Wetter sein, meine Gewohnheit bleibt auf jeden Fall, um fünf Uhr abends im Palais Royal spazierenzugehen. Mich sieht man immer allein, nachdenklich auf der Bank d'Argenson. Ich unterhalte mich mit mir selbst von Politik, von Liebe, von Geschmack oder Philosophie und überlasse meinen Geist seiner ganzen Leichtfertigkeit. Mag er doch die erste Idee verfolgen, die sich zeigt, sie sei weise oder töricht. So sieht man in der Allée de Foi unsere jungen Liederlichen einer Kurtisane auf den Fersen folgen, die mit unverschämtem Wesen, lachendem Gesicht, lebhaften Augen, stumpfer Nase dahingeht; aber gleich verlassen sie diese um eine andere, necken sie sämtlich und binden sich an keine. Meine Gedanken sind meine Dirnen.

Wenn es gar zu kalt oder regnicht ist, flüchte ich mich in den Café de la Régence und sehe zu meiner Unterhaltung den Schachspielern zu. Paris ist der Ort in der Welt, und der Café de la Régence der Ort in Paris, wo man das Spiel am besten spielt. Da, bei Rey, versuchen sich gegeneinander der profunde Légal, der subtile Philidor, der gründliche Mayot. Da sieht man die bedeutendsten Züge, da hört man die gemeinsten Reden.(...)

Eines Nachmittags war ich dort, beobachtete viel, sprach wenig und hörte so wenig als möglich, als eine der wunderlichsten Personnagen zu mir trat, die nur jemals dieses Land hervorbrachte (...). Es ist eine Zusammensetzung von Hochsinn und Niederträchtigkeit, von Menschenverstand und Unsinn; die Begriffe vom Ehrbaren und Unehrbaren müssen ganz wunderbar in seinem Kopf durcheinander gehn; denn er zeigt, was ihm die Natur an guten Eigenschaften gegeben hat, ohne Prahlerei, und was sie ihm an schlechten gab, ohne Scham. Übrigens ist er von einem festen Körperbau, einer außerordentlichen Einbildungskraft und einer ungewöhnlichen Lungenstärke. Wenn ihr ihm jemals begegnet, und seine Originalität hält euch nicht fest, so verstopft ihr eure Ohren gewiß mit den Fingern oder ihr entflieht. Gott, was für schreckliche Lungen!

Und nichts gleicht ihm weniger als er selbst. Manchmal ist er mager und zusammengefallen, wie ein Kranker auf der letzten Stufe der Schwindsucht; man würde seine Zähne durch seine Backen zählen; man sollte glauben, er habe mehrere Tage nichts gegessen oder er käme aus la Trappe.

Den nächsten Monat ist er feist und völlig, als hätte er die Tafel eines Financiers nicht verlassen oder als hätte man ihn bei den Bernhardinern in die Kost gegeben. Heute, mit schmutziger Wäsche, mit zerrissenen Hosen, in Lumpen gekleidet und fast ohne Schuhe, geht er mit gebeugtem Haupte, entzieht sich den Begegnenden, man möchte ihn anrufen, ihm Almosen zu geben. Morgen, gepudert, chaussiert, frisiert, wohl angezogen, trägt er den Kopf hoch, er zeigt sich, und ihr würdet ihn beinah für einen ordentlichen Menschen halten.

Rezeption

Diderot war unbestritten der Mann, der dem Jahrhundert und der europäischen Welt die meisten Denkanstöße lieferte – er war der Aufklärer par excellence. Er war zugleich der Grundtyp des die Epoche kennzeichnenden philosophischen Literaten, wobei er wie Rousseau und Voltaire der poetisch freien, ungeregelten Phantasie ihren Stellenwert (zurück-)gab. Diejenigen seiner Werke, die seinen Namen lebendig gehalten haben, erschienen in ihrer Mehrzahl zumeist gar nicht zu seinen Lebzeiten in gedruckter Form. Dazu gehörten auch *Le Neveu de Rameau* und *Jacques le Fataliste*.

Pierre-Augustin Caron de Beaumarchais (1732-1799)

Pierre-Augustin Caron war Uhrmacher, der nach der Heirat der reichen Witwe Beaumarchais seinem Namen den ihrigen hinzufügte und ein Ministeramt kaufte, das ihm einen Adelstitel sicherte. Er verschaffte sich Zutritt bei Hofe und brachte es bis zum Geheimagenten des Königs. In die Literaturgeschichte kam Beaumarchais nur mit seiner *Figaro*-Trilogie bzw. mit deren ersten beiden Teilen, den Lustspielen *Le Barbier de Séville ou la Précaution inutile* (1775) und *Le Mariage de Figaro* (1784). *Le Barbier de Séville* folgte dem Muster der Verwirrungs-, Verwicklungs- und Intrigenkomödie des 17. und 18. Jahrhunderts und blieb hinter dem Niveau von Molières Charakter-Stücken zurück. Der spanische Edelmann Graf Almaviva hat sich in das Mädchen Rosine verliebt, die als Mündel bei dem mürrischen Doktor Bartolo in Sevilla lebt, der sie heiraten will. Der Graf möchte zu der Weggesperrten vordringen, aber es ist sein früherer Kammerdiener Figaro, der pfiffige und intrigante Bursche aus dem Volke, jetzt selbständiger Barbier in Sevilla, der die Sache arrangiert. Am Ende kann der Graf Rosine heiraten. Nicht nur Beaumarchais feierte mit diesem Stück Triumphe, auch der Komponist Rossini, der die Vorlage für seine populäre gleichnamige Oper verwendete.

Noch berühmter als *Le Barbier de Séville* wurde *Le Mariage de Figaro* (ursprünglich 1778 unter dem Titel *La folle journée* geschrieben), auch eine der ‚turbulenten Intrigenkomödien', in der der Autor den aufs Neue auftretenden Figaro-Diener, nun Titelheld, Attacken auf Feudalsystem, Adel, Justiz, Zensur, religiöse Intoleranz usw. reiten ließ, wobei im Resultat der Bürger mit seiner ökonomischen Schlauheit der Aristokratie mit ihren Privilegien als Alternative vorgehalten wurde. Mit dieser Überdosis Aufklärung traf der Geheimagent des Königs am Vorabend der Französischen Revolution gezielt den Zeitgeist; kein Wunder, dass Ludwig XVI. die Aufführung des Stücks zunächst ablehnte. Der Graf von Vaudreuil, der schon bei Marie-Antoinettes Aufführungen im Trianon mitspielen durfte, ließ es deshalb 1783 privat in seinem Schloss inszenieren. Das höfische Publikum war enthusiasmiert. Als Ludwig XVI. nachgab, wurde die offizielle Premiere in Paris 1784 zum Jahres-Ereignis. „Damen der Gesellschaft" soupierten mit Schauspielerinnen, um einen Platz zu ergattern, die Herzogin von Bourbon schickte ihren „Burschen" schon vormittags zum Theater, um Karten zu ordern, beim Sturm auf die Kassen wurden Türen und Barrieren zerstört. Danach verkündete die feine Welt, der *Figaro* sei skandalös, ja gefährlich – strömte aber in jede Vorstellung. Die *Figaro*-Hochzeit erlebte seitdem an der „Comédie-Française" eine unglaubliche Anzahl von Aufführungen. Außerhalb Frankreichs wurde ihre Opern-Bearbeitung durch Mozart (*Le Nozze di Figaro,* UA 1786*)* populärer. Beaumarchais' Typ der leichten Sozialkritik-Komödie war Höhepunkt der französischen Komödienkunst des 18. Jahrhunderts. Sie hob sich sowohl vom Typ der Marivauxschen "Geist"-Komödie als auch von dem der *comédie larmoyante* ab (einer bürgerlich sentimentalen Variante der Komödie), die sentimentale, zur Tragödie changierende Stücke mit Bürgern als Helden vorzog und von P.-C. Nivelle de la Chaussée, aber auch von Diderot vertreten wurde.

Jacques-Henri Bernardin de Saint-Pierre (1737-1814)

Der Rousseau-Freund Bernardin de Saint-Pierre ließ seinen (Kinderbuch)-Klassiker *Paul et Virginie* (1788) zunächst als „Anhang" des mehrbändigen theoretischen Werkes *Études de la nature* (1784-88) erscheinen, ehe das überwältigende Echo dieses kurzen exotisch-zivilisationskritischen Romans, dem ab 1789 viele, auch illustrierte Ausgaben und Übersetzungen beschieden waren, ihn als selbständig gedrucktes Buch für immer vereinzelte und emporhob. Bernardin de Saint-Pierre, dessen sonstige literarische Werke weit weniger Anklang fanden (wie z.B. auch *La Chaumière indienne,* 1791), wollte in *Paul et Virginie* sowohl Kritik an den französischen Gesellschafts-Zuständen üben als auch eine (am Ende untergehende) Naturidyllen-Utopie entwerfen. Seine Heldin Virginie war eine Empfindsamkeits-Schwester der Frauenfiguren Richardsons. Vor der Kulisse der heutigen Mauritius-Insel schilderte der Autor die einfache, sanfte, klassenneutrale Liebe der Halbgeschwister Paul und Virginie, deren Heirat nicht zustande kommt, weil die mittellose Heldin zu einer adligen Erbtante nach Frankreich gegeben wird und bei ihrer Rückkehr vor den Augen ihres Bräutigams ertrinkt. Der Held, den die Lektüre des *Télémaque* zunächst über die Abwesenheit der Liebsten tröstete, stirbt an Trauer. Der stellenweise sentimental aufgeladende, thematisch an *La nouvelle Héloïse* erinnernde Liebesroman gehörte auch zur prägenden Lektüre Emma Bovarys – der neben Don Quijote einschlägigsten von Lektüre geleiteten fiktiven Person der Literaturgeschichte. „*Sie hatte ‚Paul et Virginie' gelesen und sich die Bambushütte, den Neger Domingo, den Hund Fidèle sehnlichst herbeigewünscht, vor allem aber die zärtliche Freundschaft eines lieben kleinen Bruders, der für sie auf Bäume, höher als Kirchtürme kletterte und rote Früchte pflückt oder der auf bloßen Füßen durch den Sand läuft, um ihr ein Vogelnest zu bringen.*"

Pierre Ambroise François Choderlos de Laclos (1741-1803)

Choderlos de Laclos' ohne Zweifel wichtigstes Werk war sein Briefroman *Les Liaisons dangereuses,* erschienen 1782, dem der Autor ein Motto aus der *Nouvelle Héloïse* beigab: „*Ich habe die Sitten meiner Zeit gesehen und diese Briefe veröffentlicht.*" Er bestand aus 175 Briefen und enthielt eine kritische, kaum gefühlslyrische Darstellung der aristokratischen Gesellschaft im *Ancien Régime.* Als charakteristisch hat man seine exakte Anatomie der kalten instrumentellen Intellektualität der amoralisch-seelenlos operierenden herrschenden Klassen des 18. Jahrhunderts erkannt. Diese Sichtweise war in der zeitgenössischen Romanliteratur eine Seltenheit, denn in der Regel orientierte sich die französischen Romanciers eben am Sentimentalismus der englischen Literatur und fielen hinter Realismus und Lebensfülle eines Rabelais immer noch ziemlich zurück. Eine der beiden Hauptfiguren war die Marquise de Merteuil aus den allerhöchsten Pariser Etagen, die heuchlerisch das Ideal der Tugend verkörpert und in Wahrheit, vom Willen zur absoluten Macht obsessiert, nur Menschen zu vernichten trachtet, hierbei sich verlogen des Instruments „Liebe" bedienend. Der auf Seelen- und Charakteranalyse angelegte Roman war unbeschadet seiner über weite Strecken erschlagenden Leere Dokument der inneren Verkommenheit des *Ancien Régime* und zeigte die hohlen Lebensformen, die perfiden Denkweisen und die üblen Spielregeln der mondänen privilegierten

gegen d. Adel; Laclos verfasste Recht f. die Revolutionäre

Klassen vor der Revolution. Er leistete, dem Anspruch nach, *„die Diskreditierung aller menschlichen Seeleninhalte und ihrer Ausdrucksform als möglicher Trug- und Machtmittel“* (H. Friedrich), hielt ihn aber nie konzentriert ein. Die entlarvten Leser waren moralisch nach Erscheinen aufs Höchste echauffiert. Erst in späteren Jahrhunderten erlangte der Roman globales Interesse. Eine deutsche Übersetzung H. Manns erschien 1905 unter dem Titel *„Gefährliche Freundschaften.“*

Donatien-Alphonse-François Marquis de Sade (1740-1814)

Als Spross eines provenzalisch-italienischen Adelsgeschlechts aus Avignon wuchs Sade teilweise in Paris, teilweise in der Provence auf, kam nach Absolvierung des „Collège Louis-le-Grand“ als 14-Jähriger in die Kavallerieschule der königlichen Garde in Versailles und stieg zum Offizier auf. Schon in jungen Jahren liebte er Prasserei & Ausschweifungen. Desolate Vermögensverhältnisse machten 1763 die Einheirat in eine Familie des Pariser Richter- und Beamtenadels nötig. Seit dieser Zeit datierte eine langjährige Überwachung Sades durch einen Polizeiinspektor. Er setzte in der Ehe das wüste Leben fort und kam erstmals wegen seiner Exzesse kurz in Haft. 1772 wurde sein erstes Theaterstück privat aufgeführt. Im selben Jahr behaupteten Prostituierte, er habe sie mit einem Aphrodisiakum für Sodomie und andere perverse Sexpraktiken gefügig gemacht. Diese Anklage führte zum Todesurteil, dessen Vollstreckung Sade durch Flucht nach Italien entging. Zwar wurde das Urteil später kassiert, aber für Sade begann nach seiner Rückkehr eine langjährige Dauerhaft (er verbrachte insgesamt 27 Jahre hinter Gefängnismauern) im Festungs-Gefängnis Vincennes und ab 1784 in der Bastille, während derer er Schriftsteller wurde (nachdem er schon ab 1769 Reisebücher publiziert hatte) und viele seiner Werke, außer Dramen auch den „Sexroman“ *Les cent-vingt journées de Sodome ou l'École du libertinage*, verfasste.

Schauplatz der Fragment gebliebenen *„Schule der Ausschweifung“* war ein Schloss mit 42 eingesperrten Frauen und Knaben, die den Lüsten des herzoglichen Hausherrn und seiner Freunde (ein Kirchenfürst, ein Richter, ein Finanzhai) ausgeliefert sind, bis hin zum vollzogenen Lustmord. Sein Manuskript schrieb Sade in Mini-Schrift auf einer langen schmalen Papierrolle, um Papier zu sparen und das Manuskript vor seinen Wärtern verbergen zu können. Bei der Bastille-Erstürmung am 14.7.1789 war der Gefangene wegen revolutionären Verhaltens schon in die Irrenanstalt von Charenton gebracht worden. 1790 wurde er, Verfechter eines utopischen Sozialismus, im Zuge der Revolution freigelassen. Er assimilierte sich den Jakobinern und wurde Sekretär der revolutionären „Section des Piques", 1793 zum Richter ernannt und danach zum Gerichtspräsidenten. Revolutionskritische Äußerungen führten zum Todesurteil, der Sturz Robespierres rettete Sade, das Direktorium setzte ihn in Freiheit. Seine finanzielle Lage – gerade infolge der Beschlagnahmung seiner Güter während der Revolution – war fatal, seine Publikationen, darunter philosophische Schriften, Novellen und unaufgeführte Theaterstücke, verkauften sich nicht. Vielmehr führte ihre Veröffentlichung nach dem Machtantritt Napoléons zur abermaligen Verhaftung.

Dies betraf auch den Doppelroman *La nouvelle Justine ou les Malheurs de la vertu. Suivie de l'histoire de Juliette, sa sœur,* der 1797 anonym in Holland erschienen war. Der philosophische Abenteuerroman, auf zuvor geschriebenen Erzählungen fußend, zählt zu Sades Hauptwerken. In ihm wurden die Lebenswege zweier Schwestern kontrastiert – der tugendhaften Justine und der kriminellen Juliette. Die erste erlebt nach ihrer Entlassung aus dem Kloster nur Demütigungen, Vergewaltigung, Misshandlung und Folter von Seiten grausamer Herren, die zweite begeht Verbrechen und wird reich und angesehen. Sade demontierte in diesem zehnbändigen 4000 Seiten-Opus das christliche Dogma, wonach Ehrbarkeit belohnt wird und die göttliche Vorsehung es schon richtet. Die existierende Menschheit erschien im Roman vielmehr als Produkt einer finsteren Gottheit, die das Böse siegen ließ – für Christen und Philanthropen hatte Sade nur Zynismus parat. Das literarische Niveau dieses Romans mit seinen schauerromantischen Leihgaben blieb wie der von Sades Gesamtwerk fragwürdig, sieht man von seinem philosophischen Gehalt einmal ab. Sade, der immerhin von einer guten harmonischen Nicht-Sade-Gesellschaft träumte, wehrte sich jedenfalls gegen seinen Ruf als Apologet des Perversen und gab an, bloß Wahrheiten über die perverse Realität zu sagen, als „ein *Mann (…), der Philosoph genug ist, die Wahrheit zu sagen (…) gezwungenermaßen reißt er (…) mit der einen Hand den abergläubischen Zierat herunter, mit dem die Dummheit die Tugend schmückt, und mit der anderen zeigt er kühn dem unwissenden und hintergangenen Menschen das Laster*".

In der Irrenanstalt Charenton-Saint-Maurice schrieb Sade weiter und leitete Theatervorstellungen, zu denen auch Pariser Prominenz erschien. 1814 starb er, jetzt mit Schreibverbot belegt, in Einzelhaft. Vom 18./19. Jahrhundert bis in die Gegenwart lösten seine Werke zwiespältige Aufnahmen aus. Im 19. Jahrhundert wurden sie als wüste Sex-Phantasien eines Psychopathologen mehr oder weniger abgetan, doch daneben gab es auch Stimmen, die dieses Autors Qualität in der rückhaltlosen Sezierung menschlich-bürgerlicher Bosheit erkannten, wie der junge Flaubert (*„solche Ungeheuer verdeutlichen mir die Geschichte“)* und Baudelaire. Eine Art Begeisterung erweckte Sade bei *Fin de Siècle*-Autoren wie Huysmans; Dostojewski verwandte ihn in *Die Brüder Karamasow* hingegen ironisch als geflügelten Begriff („*Was sind das für Marquis de Sade!*“). Im 20. Jahrhundert begrüßten ihn die Surrealisten Apollinaire und Breton, der Sades schwarzen Humor lobte. Der Doppelroman „*Justine und Juliette*“ erfuhr in Deutschland durch Th. W. Adorno, der ihm die Entlarvung der christlichen Gebote als Ideologie und die Rettung der Aufklärung als Leistungen zubilligte, eine Aufwertung. Auch im 21. Jahrhundert ist Sade, dessen Leben viele, nicht nur pornographische Verfilmungen inspirierte, massiv, im Vergleich fast über Gebühr, vertreten, alleine natürlich als anrüchige literarische Marke. Die Frage, ob er philosophischer Gesellschafts-Obduzierer oder nur schreibender Sex-Obsessist war, bleibt offen. Französisches Pendant zu Sade in Sachen „Porno-Literatur“ war in dieser Zeit der Sozialutopist ‚*Restif de la Bretonne* (1734-1806) (Hauptwerk: *Le Paysan perverti,* 4 Bde., 1776)). Der Sadegegner befasste sich in seinen Sittenromanen mehr mit den Ausschweifungen der unteren Klassen.

Louis-Sébastien Mercier (1740-1814)

Merciers bedeutsamstes Buch war *L'An deux mille quatre cent quarante, Rêve s'il en fut jamais*, anonym erschienen zunächst im freigeistigen Amsterdam 1770. Mercier, auch der Verfasser von Familiendramen, historischen Schauspielen und Arbeiterdramen, wie *La Brouette du vinaigrier* und *Le Déserteur*, fügte den inflationär gewordenen Zukunftsromanen hiermit einen weiteren hinzu, aber er war der erste Autor, der eine Erzählung komplett in die Zukunft verlegte. In seinem Science Fiction-Roman fällt ein Pariser Bürger 1768 in Tiefschlaf und wachte im Jahre 2440 als Greis auf. Die Haupt-Ideale der Aufklärung – Vernunft, Toleranz – sind Realität geworden, an den Schulen wird aus Diderots *Enzyklopädie* gelehrt, die Religion ist durch die Wissenschaft ersetzt, die Bastille abgerissen, die feudale Ordnung beseitigt, dem Luxus und der Willkür der

Reichen wird per Gesetz Einhalt geboten. Dieser Idealstaat von fast Gleichen wird nun allerdings beherrscht vom unausgesetzten Arbeitszwang. Die Menschen haben keine Minute Müßiggang („*der Mensch darf keinen Tag untätig bleiben ... das Verlassen der Arbeit ist eigentlich nur ein gemäßigterer Ausdruck für den Tod*“), ihre Freizeit dient einzig der Reproduktion der Arbeitskraft, Freiheit gibt es nicht. *L'An 2440* fand bei den Rezipienten sensationellen Anklang, was für andere Utopien, die den Idealstaat in unerschlossenen Erdregionen (Morus, Campanella) oder im Weltraum (Cyrano de Bergerac) ansiedelten, nicht zutraf; außerdem koppelte Mercier ebenso geschickt wie zeitkritisch das aktuelle Paris mit einer näher besehen doch zweifelhaften Utopie.

Von Paris handelte auch Merciers zwölfbändige Sammlung von Feuilletons und Tatsachenberichten *Tableau de Paris* (1781 bis 1788) – ein Buch, das sich ebenfalls als Leser-Magnet erwies. Menschen überall in Europa waren darauf erpicht, das Alltagsleben der magischsten Stadt der damaligen Welt kennen zu lernen, deren Sitten und Unsitten überall den Ton angaben. (Leben und Politik der Pariser Revolutionsjahre waren Gegenstand von *Le nouveau Paris* (1799)). Mercier durchforschte Paris bei Tag und bei Nacht und machte Reportagen über die Facetten der Hauptstadt, speziell auch ihre armseligen, verkommenen, dunklen, von Elend und Ausbeutung gezeichneten, die die Leser, unter ihnen der Deutsche Schiller, richtiggehend verschlangen. Zu seiner wie symbolischen Beschreibung des fragwürdig glänzenden „Pariser Lebens“ gehörte auch die Schilderung seiner *dreckigen Straßen*, die sich bei Regen in Schlammwüsten verwandelten und ab 1799 zum Bau der überdachten prachtvollen (oder unheimlich-schäbigen wie in Zolas *Thérèse Raquin) Passagen* führten, für die Paris typisch wurde.

> „Nichts dürfte einen Ausländer mehr belustigen als der Anblick eines Parisers, wie er einen kotigen Bach überquert oder überspringt, und alles mit einer Dreiknotenperücke, weißen Wadenstrümpfen und einem mit Borten besetzten Rock, wie er die dreckigen Straßen auf Zehenspitzen hinunterläuft und sich der Guß der Regenrinnen über einen Taftschirm ergießt. Welche Luftsprünge muß einer nicht machen, der es unternimmt, sich vom Faubourg Saint-Jacques zum Faubourg Saint-Honoré zu begeben, um dort zu tafeln, wenn er sich des Straßenkots und der tropfenden Dächer erwehren muß! Schmutzhaufen, glitschiges Pflaster, die Schmiere der Radachsen: alles Klippen, die zu umschiffen sind.“

Merciers Kritiker warfen ihm unseriösen Journalismus, in Wahrheit die Ehrlichkeit seiner Reportagen vor, *„auf der Straße ersonnen, auf dem Randstein geschrieben“*, wie Schriftstellerkollege Rivarol zutreffend schrieb. Mercier antwortete: *„Wenn ich beim Stoffsammeln in den Mauern der Großstadt auf mehr abstoßendes Elend als gediegene Wohlhabenheit, auf mehr Gram und ängstliche Unruhe als Freude und Unbeschwertheit gestoßen bin, so schreibe man diese beherrschende Dunkelfarbigkeit nur ja nicht mir zu: ich wollte lediglich wahrheitsgetreu bleiben.“* Mercier war der erste kritisch-linke Schriftsteller der Großstadt. Ihm sollten in Frankreich Balzac, Sue, Baudelaire, Zola folgen.

Sébastien-Roch Nicolas Chamfort (1741-1794)

Mit der Komödie *La jeune Indienne (*1764), in der er das Natürliche der Kultur entgegenhielt, errang Chamfort Publikumszuspruch und noch mehr mit der Tragödie *Mustapha et Zéangir* (1778), für die er von Ludwig XVI. sogar eine Pension zuerteilt bekam. Im weltliterarischen Maßstab aber ist Chamfort nur als der radikalste französische *Moralist* namhaft geblieben. Der Pariser Dandy und geistige Vorbereiter/Parteigänger der Revolution (und Jakobiner-Opfer – Chamfort wurde unter Robespierre inhaftiert, dann freigelassen) erlebte die Drucklegung seiner überwiegend in den achtziger Jahren schriftlich niedergelegten *Maximes, pensées, caractères et anecdotes* indessen nicht, die 1795 als Fragment herauskamen. Chamfort hatte sie als Ingredienz eines groß angelegten Werkes vorbereitet, dessen Planentwurf man in seinem Nachlass entdeckte und dessen Inhalt offensichtlich die Abrechnung mit der Gesellschaft und dem Menschentypus seiner Zeit sein sollte. Weit weniger kühl und distanziert als La Rochefoucauld, verstand Chamfort die Kunstform der Maxime als aktives Widerstands- oder Aufrüttelungs-Instrument und privates Therapeutikum in einem, weil er in ihr sowohl seine negative Zeitanalyse als auch seine positiv-utopischen Vorstellungen am besten auszudrücken verstand. Als „Dagegen“-Schriftsteller kritisierte er Heuchelei und Unnatürlichkeit der französischen Gesellschaft des 18. Jahrhunderts und setzte ihr Kategorien wie Ehrlichkeit, Unverstelltheit, Authentizität, Wahrheit des Gefühls, kurz: von der Lüge befreite höhere Menschlichkeit gegenüber. Er plädierte gegen Kälte und Egoismus, für Freiheit statt Abhängigkeit, er attackierte Normen, Zwänge, Konventionen und trat für das Gewissen anstelle der Konformität als maßgebende Instanz ein. So waren Chamforts *Maximen* teils auf die Gegenwart, teils (ohne Hoffnung seitens des einsamen Pessimisten) auf ein Morgen gerichtet und träumten den Traum vom neuen Menschen in einer neuen Gesellschaft. Dieser endete im Selbstmord – einer erneuten Verhaftung während der Revolution entkam Chamfort durch diesen Ausweg.

In Frankreich warnte Sainte-Beuve vor dem lebensvergiftenden Gehalt der *Maximen,* doch ein anderer Schriftsteller, *Camus,* würde Besseres über seinen ihm geistes- und seelenverwandten Kollegen und dessen Werk darlegen. – Gemäßigter, zugleich auch mäßiger als Chamforts war das Denken *A. de Rivarols* (1753-1801), eigentlich französischer Sprach-Enthusiast/Essayist *(De l'universalité de la langue française*, 1784.) Auch seine *Maximen* erschienen z.T. erst posthum, nämlich 1808. – Früherer, bereits romantischer Moralist der Aufklärung war *Vauvenargues* (1715-1747), dessen *Réflexions et Maximes* 1746 erschienen waren. In einem Essay und mehr als 700 aphoristischen Maximen beschäftigte sich Vauvenargues ohne allzu viel Tiefe mit den Jahrhundert-Themen „Liebe“, „Leidenschaft“, „Natur“.

Testfragen

1. *Welche spezifischen Tendenzen waren der Literatur der französischen Aufklärung inhärent? Welche herausragenden Werke dieser Epoche wären zu nennen?*
2. *Wie lässt sich das Werk des Marquis de Sade beschreiben und beurteilen?*
3. *Welche frz. Moralisten schrieben im 17. und 18. Jh.? Welche Schreibziele verfolgten sie?*

Lektüretipps

Fohrmann, J.: *Utopie und Untergang. L.-S. Merciers L'An 2440. In: K. L. Berghahn, H.U. Seeber (Hg.): Literarische Utopien von Morus bis zur Gegenwart. Königstein/Ts. 1983, S. 105-124.*

Hudde, H.: *Bernardin de Saint-Pierres „Paul et Virginie“. Studien zum Roman und seiner Wirkung. München 1975.*

Köhler, E.: *Vorlesungen zur Geschichte der französischen Literatur. Hrsg. von H. Krauß u. D.Rieger. Band 5,1. Aufklärung I. Freiburg i.Br. (Universitätsbibliothek) 2006.*

Pinkernell, G.: *Interpretationen. Gesammelte Studien zum romanischen Mittelalter und zur französischen Literatur des 18. und 20. Jahrhunderts. Heidelberg 1997.*

5. Kapitel
ROMANTIK/REALISMUS/NATURALISMUS/ SYMBOLISMUS (19. Jh.)

Historischer Kontext

1802 stärkte Napoléon seine Machtstellung, indem er sich durch Plebiszit zum Ersten Konsul auf Lebenszeit wählen und 1804 zum erblichen „Kaiser der Franzosen" krönen ließ. (Ende der 1792 gegr. *Ersten Republik*;1804-1814: *Erstes Kaiserreich*). Er sorgte im Innern für eine feste Ordnung mit streng zentralistisch aufgebauter Verwaltung. Der *Code Civil* – Vorbild für viele europäische Gesetzbücher – garantierte allen Franzosen ein einheitliches bürgerliches Recht. Mit dem Papst schloss Napoléon 1801 ein Konkordat, das den römisch-katholischen Glauben als Religion der Franzosen anerkannte – dafür fand sich die Kirche mit der Enteignung der Kirchengüter von 1789 ab.

Adlige Emigranten durften ins Land zurückkehren, aber ihre aufgeteilten und verkauften Ländereien blieben in Händen der dadurch wohlhabender werdenden Bauern.

Napoléon konsolidierte die Staatsfinanzen u.a. durch Erhebung von Kontributionen aus besetzten Ländern.

Nach siegreichen Feldzügen ließ er überdies bedenkenlos bedeutende Kunstwerke aus ganz Europa nach Paris überführen und vermehrte damit den Glanz der Hauptstadt.

Fast während seiner gesamten Herrschaftszeit führte der von seinen Soldaten vergötterte General Kriege gegen die anderen europäischen Mächte, die sich in wechselnden Koalitionen immer wieder gegen die von ihm angestrebte Hegemonie Frankreichs in Europa, aber auch gegen die Verbreitung der Ideen der Revolution zur Wehr setzten. Dank seiner neuen militärischen Strategie – u.a. der schnellen Märsche, der überraschenden Truppenkonzentrationen an strategisch wichtigen Orten, der systematischen Verwendung der Artillerie – und gestützt auf ein Massenheer, waren Napoléons Truppen jahrelang erfolgreich und wirkten unbesiegbar. Legende wurden z.B. sein Sieg 1805 in der Dreikaiserschlacht bei Austerlitz über die österreichischen und russischen Truppen und 1806 sein Sieg über die preußische Armee bei Jena und Auerstedt.

Der entscheidende Gegner Frankreichs war – wie schon zu Zeiten Ludwigs XIV. – Großbritannien und blieb nach dem für die französische Flotte vernichtenden Seesieg bei Kap Trafalgar unter Admiral Nelson (1805) unangreifbar. Deshalb sollte die Kontinentalsperre den englischen Handel mit den Kontinentalstaaten unterbinden. Als Russland 1810 seine Häfen wieder für englische Schiffe öffnete, fiel Napoléon im Juni 1812 mit einer 610000 Mann starken „Großen Armee" in Russland ein. Der Brand Moskaus und damit die Zerstörung der Winterquartiere zwangen Napoléon zum Rückzug im Winter. Angreifende russische Truppen, eisige russische Wintertemperaturen, verlustreiche Kämpfe beim Übergang über die Beresina führten zum Untergang fast der gesamten Armee.

Nach dieser Katastrophe erhoben sich ab 1813 die europäischen Mächte erneut zum Kampf gegen die französischen Besatzer. Der Sieg eines Koalitionsheeres über die napoléonischen Truppen in der Völkerschlacht bei Leipzig 1813 beendete Frankreichs Macht über Europa. Am 6.4.1814 dankte Napoléon ab und wurde auf die Insel Elba verbannt. Auf den französischen Thron kam mit König Ludwig XVIII. (1814-1824) wieder ein Bourbone.

Aber am 1.3.1815 landete Napoléon überraschend in Südfrankreich. Begleitet von seinen Anhängern zog er am 20.3.1815 im Triumph in Paris ein, während die Siegermächte noch (zwischen September 1814 und Juni 1815) in Wien tagten. Die englischen Truppen unter Lord Wellington und die ihm zu Hilfe eilenden preußischen Truppen unter General Blücher konnten das letzte Heer Napoléons schließlich bei Waterloo am 18.6.1815 besiegen. Napoléon floh zu den Engländern, aber diese verbannten ihn auf die Atlantikinsel St. Helena, wo er 1821 starb.

Die Siegermächte legten bei ihren Verhandlungen über die Neuordnung Europas für Frankreich die Grenzen von 1792 fest, also das Gebiet, das es vor Beginn der Revolutionskriege besessen hatte. Der Großmachtstatus Frankreichs sollte im Interesse des europäischen Gleichgewichts erhalten bleiben.

Nach 1815 setzten das französische Großbürgertum und der alte Adel ihre Interessen und ihren politischen Einfluss durch. Aufgrund des Zensuswahlrechts waren z.B. von 28 Millionen Franzosen nur 100000 Männer wahlberechtigt. Diese Zeit der *Restauration* dauerte bis 1830. Als Karl X. (1824-1830) die soeben gewählte Kammer auflöste, das Wahlgesetz zu Gunsten des Grund besitzenden Adels änderte und die Pressefreiheit aufhob, brach im Juli 1830 eine neue Revolution aus. Studenten, Arbeiter und Handwerker kämpften auf den Straßen von Paris gegen Soldaten. Karl X. floh nach England. Aber anstelle einer Republik setzte das liberale Großbürgertum eine konstitutionelle Monarchie durch und ernannte den Herzog Louis Philippe von Orléans zum König der Franzosen. Das Wahlrecht wurde zwar erweitert (190000 Wahlberechtigte), aber nur dem besitzenden Bürgertum zugestanden. Die Zeit der *Julimonarchie* unter „Bürgerkönig“ Louis Philippe dauerte von 1830-1848. Unter den politisch einflusslosen Arbeitern, Handwerkern und Kleinbürgern herrschte weiterhin Unzufriedenheit. Napoléon entwickelte sich posthum zunehmend zum Idol; Louis Philippe ließ deshalb dessen Gebeine 1840 nach Paris überführen und im Invalidendom beisetzen.

Im Februar 1848 führten der Preisanstieg bei Grundnahrungsmitteln und das Emporschnellen der Arbeitslosenzahlen in Paris zur *Februarrevolution*, wobei es hauptsächlich um die Einführung des allgemeinen Wahlrechts ging. Nach der Flucht des „Bürgerkönigs“ nach England erklärte die Nationalversammlung Frankreich zur Republik. Die Zweite Republik dauerte von 1848-1852. In „Nationalwerkstätten“ fanden Arbeitslose Arbeit. Als die Nationalwerkstätten im Juni 1848 wieder geschlossen wurden und die Abschaffung der Republik bzw. die Abkehr von ihren Idealen immer sichtbarer wurde, kam es erneut zu blutigen Straßenkämpfen, d.h. der *Junirevolution*, die vom französischen Staat brutal und endgültig niedergeschlagen wurde.

Im November 1848 wurde eine republikanische Verfassung verabschiedet und allen männlichen Franzosen über 21 Jahren das allgemeine Wahlrecht gewährt. Zum Präsidenten wählte das Volk am 10.12.1848 Louis Napoléon Bonaparte, einen Neffen Napoléons I. Dieser löste am 2.12.1851 das Parlament auf, ließ Tausende auf den Pariser Boulevards und auch in der Provinz zusammenschießen, verhaften und deportieren. Ein Plebiszit billigte nachträglich den blutigen „Achtzehnten Brumaire des Louis Bonaparte“ (Marx) mit überwältigender Mehrheit und sicherte „Napoléon le Petit“ (Hugo) auf 10 Jahre die Alleinherrschaft. Grundlage seiner Macht blieb das Plebiszit und damit ein demokratischer Anstrich. 1852 erfolgte seine Inthronisierung als Kaiser Napoléon III. *Das Zweite Kaiserreich* erstreckte sich von 1852-1870.

Das Bürgertum leistete aus Angst vor neuen sozialen Unruhen keinen Widerstand. Napoléon III. regierte gestützt auf Heer, Polizei und Beamtenschaft. Mit dem Ausbau von Paris zur modernen Weltstadt unterstrich er die Größe Frankreichs, außenpolitische Erfolge, wie z.B. im Krimkrieg (1854-56), und die Unterstützung der italienischen Einigungsbewegung, dienten dem gleichen Zweck.

Nachdem die Spanier das bourbonische Herrscherhaus 1868 vertrieben und einem Prinzen aus dem Hause Hohenzollern die spanische

Krone angetragen hatten, sah sich Frankreich von Preußen bedrohlich umklammert. Die Spannungen führten zum *Deutsch-Französischen Krieg* 1870/71. Schon am 2.9.1870 kam es zur entscheidenden Niederlage der französischen Armee bei Sedan, zur Gefangennahme Napoléons III. und zum Ende seiner Herrschaft.

Am 4.9.1870 wurde Frankreich ein weiteres Mal Republik (*Dritte Republik* 1870-1940). Es musste laut Friedensvertrag Elsass-Lothringen an den Sieger abtreten und Kriegsentschädigung zahlen.

Noch während der Belagerung von Paris brach ein Aufstand der Arbeiter und Kleinbürger aus. Die Aufständischen, unter denen auch viele Kommunisten waren, wählten eine Pariser Gemeindeverwaltung (*Pariser Kommune* vom 18. März bis 28. Mai 1871). Mit Billigung der deutschen Besatzer schlugen Regierungstruppen auch diese Aufstände blutig nieder (Pariser Blutwoche).

Nach Gründung des Deutschen Reiches am 18.1.1871 waren die Machtverhältnisse in Europa verändert. Das Deutsche Reich hatte mit seiner wirtschaftlichen und militärischen Kraft Frankreich und Österreich überflügelt. Das Bismarcksche Bündnissystem isolierte Frankreich in Europa.

1897/98 spaltete die „Dreyfus-Affäre" Frankreich, nachdem ein Kriegsgericht den jüdischen Hauptmann Dreyfus zu Unrecht wegen Verrats zu lebenslanger Deportation verurteilt hatte.

Epoche(n) & Strömungen

Ins 19. Jahrhundert fällt die bedeutendste Phase der französischen Literaturgeschichte. Niemals zuvor oder danach wurden in Frankreich so viele wirklich große Romane geschrieben. Während in der ersten Hälfte des Jahrhunderts die antiklassizistische *Romantik* mit ihren Schwerpunkten Lyrik und Drama, aber auch Roman (Hugo) eindeutig vorherrschte, begann nach einer Übergangsperiode des noch romantisch gefärbten Halb-Realismus mit *Balzacs Comédie humaine* der mehr und mehr „reale Realismus". Aber erst *Flaubert* (der für sich den Realismus als Nicht-Kunst ablehnte) machte mit seinen wenigen Werken des *poetischen Realismus* den Realismus sozusagen literarisch wahr, d.h. *ästhetisch* zwingend. *Maupassants* impressionistisch getönter, mehr psychologischer Flaubert-Nachfolge-Realismus sowie *Zolas* verschärfter Realismus oder Naturalismus erbrachten weitere geniale literarische Resultate. Das Jahrhundert schloss ab mit der Literatur der weniger eindringlichen *Neuromantik,* der Mitte des Jahrhunderts von Baudelaire introduzierten *l'art pour l'art*-Strömung des mehr oder minder exaltierten *Symbolismus* sowie der diesem verwandten *Fin de Siècle*-Richtung – ehe die französischen Autoren zur dichterischen Behandlung des Lebens zurückzukehren versuchen.

Gattungen/Vorherrschende Gattungen

Roman; Erzählung; Novelle; Lyrik; Tragödie; (Boulevard)-Komödie.

Autoren & Werke

Alphonse de Lamartine (1790-1869)

Lamartine war wie ein anderer, ebenfalls nur zeitbezogen belangvoller Romantiker, nämlich *Chateaubriand,* Schriftsteller und Politiker. (Wie dieser arbeitete er als Diplomat; 1833 wurde er liberaler Kammer-Abgeordneter, 1848 nach der Februarrevolution Leiter der Provisorischen Regierung, dann Außenminister; er unterlag bei den Präsidentschaftswahlen und zog sich nach dem Staatsstreich aus der Politik zurück.) 1820 erschien anonym seine ihm frühen Ruhm bringende Gedichtsammlung *Méditations poétiques*. Dieses Werk bot poetisch aufgeschäumte Jugendgefühle, autobiographische Reminiszenzen und religiöse Reflexionslyrik, anknüpfend an die Dichtungen eines Rousseau oder Bernardin de Saint-Pierre, wobei Lamartine den Didaktik-Impuls dieser Literatur übernahm. Charakteristisch für seine gesamte Lyrik war ein Gestus, der das „*Alleinsein und Fremdsein der realen Welt gegenüber*" als Schwerpunkt vermittelte. Die Lamartine-Themen „Melancholie", „Tod", „Todessehnsucht", „Weltschmerz", „Vergänglichkeit" begründen seinen Ruf als klassischer Frühromantiker – oder auch als Verbreiter ‚lamartinischer Gewundenheiten', wie seine Kritiker sagten. Die *Méditations poétiques* blieben sein Hauptwerk, dessen Erfolg er nicht wiederholen konnte – weder mit den *Nouvelles méditations poétiques* (1823), noch den *Harmonies poétiques et religieuses* (1830) oder den *Recueillements poétiques* (1839). Er schrieb außerdem Autobiographisches: *Les*

Confidences (1847), *Raphaël* (1849), *Nouvelles confidences* (1851), den Reisebericht *Souvenirs, impressions, pensées et paysages, pendant un voyage en Orient 1832-1833 (*1835*)* und soziale Romane. Lamartines Werk-Gesamtausgabe 1860-66 umfasste 41 Bände.

Victor Hugo (1802-1885)

Der Lyriker, Dramatiker, Romancier, Theoretiker, Politiker und „König" der französischen Romantik, der diese am konsequentesten als politisch-poetische Freiheitsbewegung verstand, ist in Frankreich der möglicherweise populärste Dichter überhaupt. Seine an Chateaubriand geschulte, von oft exotischem Subjektivismus und gesellschaftspolitischen Ansinnen bestimmte Lyrik wurde ebenso zum poetischen Vorbild ‚einer ganzen Generation' wie sein dramatisches Schaffen, das sich gegen Einengungen jeglicher Art verwahrte. Hugos aufbegehrendes Anti-Klassik-Vorwort zu seinem Versdrama *Cromwell* wurde gleich nach Erscheinen, 1827, zum Handbuch der romantischen Schule. In dieser *„Préface de Cromwell"* agitierte der romantische Wortführer für *„die Freiheit der Kunst gegen den Despotismus der Systeme, Gesetze und Regeln*"; das Theater müsse eine *„peinture totale de la réalité"* bieten, die klassische Unterteilung in Tragödie und Komödie hielt er für verfehlt, die Einheit von Ort und Zeit lehnte er genauso ab wie die alte Schule der Vernunft. Hugo plädierte für eine Dichtkunst, die das Einzigartige, Monströse, Unschöne, Abweichende anstelle des Erhabenen veranschaulichte, und forderte für die Literatur als einzige Kriterien Richtigkeit und Lebensnähe. Diesem Anspruch kam er selbst in seinen Romanen und Dramen nie nach. Charakteristisch für seine Werke waren Elemente der Schauerromantik, grelle Effekte, Unwahrscheinlichkeiten usf., die auch seine beiden wichtigsten Romane durchzogen: *Les Misérables* und *Notre-Dame de Paris. 1482*; lediglich seine große Erzählung *Le dernier jour d'un condamné* war „wahr" im Sinne von einfach-realistisch. Legendär geblieben aus Hugos Œuvre ist aber einzig *Notre-Dame de Paris,* oder besser der über die Zinnen von Notre-Dame turnende Quasimodo, der die rassige Zigeunerin Esmeralda liebt. *Notre–Dame de Paris. 1482 (*hierzulande geläufiger unter dem Kino-Titel *„Der Glöckner von Notre Dame"),* ein am Romantiker W. Scott geschulter Roman über das spätmittelalterliche Paris, der Hugos Roman-Ideal verkörpern sollte, wurde ein phantastischer Longseller. Noch heute steigen Millionen Touristen die 387 Stufen der Kathedrale hinauf und sehen beim Anblick der tonnenschweren Glocke den buckligen Glöckner buchstäblich vor sich. An dieses gruselhistorische Melodram konnten *Les Misérables*, die rührselig-triviale Geschichte eines zur inneren Läuterung gelangenden entlassenen Galeerensträflings, nicht anknüpfen, ein Mammutroman, der auch Hugos vom Früh-Sozialismus getragenen humanen Ideen in langen Exkursen darlegte. „*Ja, eine Gesellschaft, die das Elend, eine Religion, die die Hölle, eine Humanität, die den Krieg zuläßt, erscheinen mir als minderwertige Gesellschaft, Religion und Humanität*“. Der politisch stets widersprüchliche Romantiker – erst Royalist, dann Liberaler, erst Anhänger des „petit Napoléon“ und bonapartistischer Abgeordneter nach der Februarrevolution, dann dessen Gegner – schrieb *Les Misérables* nach dem Staatsstreich im Exil.

Werke (Auswahl)

- *Les Orientales (Lyrik) 1820*
- *Odes et ballades (Lyrik) 1826*
- *Cromwell (Versdrama) 1827*
- *Le dernier jour d'un condamné (Erzählung) 1829*
- *Hernani ou l'Honneur castillan (Drama) 1830*
- *Les Feuilles d'automne (Lyrik) 1831*
- *Notre-Dame de Paris. 1482 (Roman) 1831*
- *Ruy Blas (Drama) 1838*
- *Les Burgraves (Drama) 1843*
- *Les Contemplations (Gedichtszyklus) 1856*
- *Les Misérables (Roman in fünf Teilen) 1862*

Alexandre Dumas père (1802-1870)

Alexandre Dumas père, auch Mitglied der 1. Generation der französischen Romantik und zunächst Lyriker und Stückeschreiber, feierte frühe Erfolge als Dramatiker – u.a. mit *Henri III et sa cour* und *Antony.* Mit pompös inszenierten mittelalterlichen Szenen und wilden Akteuren, die ohne Rücksicht auf Pflichten, Gesetze, Moral liebten, war Dumas noch vor Hugo der wahre Begründer des romantischen Theaters in Frankreich und bereits 1830 auf einer gewissen Ruhmeshöhe. Größere Popularität jedoch erzielte er ab 1840 als Autor oder Co-Autor historischer Abenteuerromane, die er mit Farbe, Einfallsreichtum und Ideenfülle zu schreiben vermochte. Deren Handlungen waren verwickelt und phantastisch, deren Hauptfigur oft eine vom Schicksal getroffene Person, die schließlich den Sieg über die Bösen davontrug. Mit diesen Romanen, die Dumas als Typus des immer beliebter werdenden Feuilletonromans in Zeitungsfortsetzungen brachte, traf er den Zeitgeschmack. In einer professionell aufgezogenen Schreib-Werkstatt, in der literarische Mitarbeiter und Historiker für ihn tätig waren, vor allem sein Co-Autor A. Maquet, wurden rund 300 Romane (und Dramen) in Serie produziert, in denen Dumas, Kopf und Chefdramaturg, bevorzugt große Ereignisse aus der französischen Historie aufgriff und sie, zumeist ohne Deckung mit der Wirklichkeit, frei und effektvoll zubereitete bzw. zubereiten ließ, indem er fiktive oder pseudohistorische Helden Abenteuer ohne Ende bestehen ließ. Unter den Dumas-Romanen haben *Les trois mousquetaires* (verfasst mit Maquet) und *Le Comte de Monte Cristo* Dauerbekanntheit erlangt. Dumas père, eine ähnlich charismatische Literatur-Figur des Jahrhunderts wie Hugo oder Balzac, ist noch heute einer der meistgelesenen und verfilmten Autoren Frankreichs und der Welt, und seine Abenteuerromane zählen zum zeitlos klassisch-romantischen Repertoire der Unterhaltungsliteratur.

Werke (Auswahl)

- *Henri III et sa cour (Drama) 1829*
- *Antony (Drama) 1831*
- *La Tour de Nesle (Drama) 1844*
- *Les trois mousquetaires (Roman) 1844/47*
- *La Reine Margot (Roman) 1845*
- *Le Comte de Monte Cristo (Roman) 1844/45*
- *Mémoires d'un médecin (Romanzyklus) 1846-1855*
- *La Dame de Monsoreau (Roman) 1846*

Stendhal (1783-1842)

Obwohl der selbsternannte Adlige Henri Beyle, der früh unter dem Pseudonym „M. de Stendhal" publizierte, mit dem Essay *Racine et Shakespeare* in die Literaturdebatte Romantik-contra-Klassik proromantisch eingriff, gehörte er nicht eigentlich zum Kreis der Romantiker und gar keiner literarischen Schule an. Der Napoléonoffizier und -bewunderer, hohe Militärbeamte, Journalist und spätere Konsul schrieb Biographien, Essays, Reisebücher, Novellen und Romane. *Le Rouge et le Noir. Chronique du XIXe siècle*, sein einzig wirklich mit seinem Namen assoziiertes Werk, erschien 1830. Dieser Roman einer Karriere, der auf einem Kriminalfall basierte, erzählt im Gesetzbuchstil (Stendhal gab als sein Vorbild den „Code civil" an) den Werdegang des ehrgeizigen Provinzjünglings Julien Sorel, der seine mit allen Tricks verfolgte Begierde nach Macht und Aufstieg letztlich wortwörtlich begraben muss, wegen Mordversuchs ins Gefängnis kommt und die *„große Tatsache“* seiner Hinrichtung heroisch annimmt. Insofern Stendhal seinen Helden, den er zum verkannten Supermenschen aufbaute, der tragisch an „der Zeit“ zerbricht (wie auch der gewählte Untertitel nahe legen wollte) in konkret geschilderter historischer Wirklichkeit scheitern ließ, schrieb er zweifellos einen in die Realität eingebundenen Roman. Der erste französische Literatur-Realist war er trotzdem nicht, zu autobiographisch und persönlich war seine sich ständig einmischende, mit Kommentaren den Leser lenkende Erzählweise. *Le Rouge et le Noir* hatte auch mit realistischer Zeitkritik nichts zu tun; diese erschien als solche nur aus der Perspektive des unverdienten Losers Sorel. Das Buch war kein Triumph für Stendhal, dies galt aber für seinen in kaum 60 Tagen diktierten Roman *La Chartreuse de Parme*, der gleichfalls die Geschichte einer danebengegangenen Karriere zum Inhalt hat. Balzac, der *„Rot und Schwarz“* abgelehnt hatte, lobte dieses Werk sehr. Zwar versuchte Stendhal in allen seinen Romanen (so auch in seinem unvollendeten dritten Karriere-Roman um den Pariser Bankierssohn *Lucien Leuwen*) eine Symbiose von Psychologie des Individuums und Gesellschaftsbild, die Szene beherrschten aber seine egoistischen Charaktere, die, über Leichen gehend, die vom Autor nie hinterfragte *„Jagd nach dem Glück“* zu realisieren suchen.

Werke (Auswahl)

- *Racine et Shakespeare (Essay) 1824/1825*
- *Le Rouge et le Noir. Chronique du XIXe siècle (Roman) 1830*
- *La Chartreuse de Parme (Roman) 1839*
- *Les Nouvelles inédites (Sammlung) 1855*
- *Souvernirs d'égotisme (autobiographische Aufzeichnungen) 1892*
- *Lucien Leuwen (unvollendeter Roman) 1894*

Prosper Mérimée (1803-1870)

Der Senator Prosper Mérimée (ab 1853), Freund der Familie Napoléons III., besonders der Kaiserin Eugénie, und auch Stendhals, schrieb Dramen, Balladen, Studien, historische Romane im Stil von Scott sowie in neuartiger dunkler Spannung gehaltene Novellen. Er interessierte sich für die seltsame und grausame Seite der menschlichen Natur, für alles Exotische und für fremde Literaturen. (So übersetzte er Puschkin und Turgenjew ins Französische.) In seinen Novellen fanden sich zwar subjektiv-romantische Töne, aber sie zeichneten sich auch durch objektive Wiedergabe von Realität aus und werden oft der Gattung der *nouvelle artistique* (Kunstnovelle) zugerechnet. Mérimée-Novellen begründen zusammen mit denjenigen Maupassants die Geburt der europäischen realistischen Novellistik, bewegen sich aber, im Gegensatz zu Maupassants Novellen, erst im *Übergang* von Romantik zum Realismus. Typisch für sie ist neben einer Vorliebe für gesetzlose Figuren die romantische Verwurzelung des Geschehens in einem fremdartigen regionalen Hintergrund. (So spielt die Zigeuner-Novelle *Carmen* (durch die Opernfassung Bizets (1875) außerhalb Frankreichs erst richtig auffallend geworden) in Spanien und die „Vendetta"-Novelle *Colomba* im noch wilden Korsika.) Mérimées Novellenstil ist von fast kalter Distanz; diese Sprache der Ruhe und Unberührtheit kontrastiert eigenartig mit dem Schrecken und der Brutalität seiner Inhalte, wie in der für die Gattung paradigmatischen *Colomba*-Novelle. In dieser gibt es aber auch ironische Akzente (Darstellung des Offiziers Sir Nevil und seiner blasierten Tochter Lydia), genauso wie in der Paris-Novelle *Le Vase étrusque, wo* die untätige junge Pariser Oberschicht bzw. der Dandy-Typus kritisiert wird. Am romantischsten fällt *La Vénus d'Ille* aus – von Mérimée selber als sein bestes Werk eingestuft.

Werke (Auswahl)

- *La Chronique du règne de Charles IX (historischer Roman) 1829*
- *Le Vase étrusque (Novelle) 1830*
- *Mateo Falcone (Novelle) 1834*
- *La Vénus d'Ille (Novelle) 1837*
- *Colomba (Novelle) 1840*
- *Carmen (Novelle) 1845*

Alexandre Dumas fils (1824-1895)

Dumas fils' sicherlich bestes Werk, das Drama *La Dame aux camélias,* erschien zunächst 1848 als *Roman* und wurde erst 1852, nach Überwindung der Zensurbehörden, im Pariser „Théâtre du Vaudeville" uraufgeführt. Das Stück sorgte für Aufregung und besitzt heute das Etikett „erstes realistisches Stück des französischen Theaters". Dumas' Thema war das traurige Schicksal der Prostituierten Marguerite Gautier, die sich und ihr Leben aus wahrer Liebe heraus der heuchlerischen Moral der Oberklasse (die eine „Person" in ihrer Sphäre nicht duldet) zum Opfer bringt. Dumas gestaltete seine Prostituierte nach dem Vorbild der realen Kurtisane Alphonsine Plessis, die sich den eleganter klingenden Namen Marie Duplessis gegeben hatte. Er kannte sie persönlich und beschrieb sie in seiner Vorrede wie folgt:

> *„Als ich sie 1844 zum ersten Mal sah, strahlte sie gerade im vollsten Glanze ihrer Schönheit. Im Jahre 1847 starb sie im Alter von 23 Jahren an einer Brustkrankheit. Sie war eine der letzten und eine der wenigen Kurtisanen mit Herz. Zweifellos aus diesem Grunde mußte sie so jung sterben. Sie war geistvoll und nicht auf ihren Vorteil bedacht. Am Ende starb sie verarmt in den von den Gläubigern gepfändeten prunkvollen Gemächern. Sie besaß den angeborenen Sinn für Distinktion, kleidete sich mit Geschmack, ihr Gang war anmutig, ja vornehm. Mitunter hielt man sie für eine Dame der großen Welt (...) Niemals, auch nicht zu ihren Lebzeiten, hieß sie die „Kameliendame". Dieser Beiname ist reine Erfindung von mir. Aber ein Jahr nach ihrem Tode, als mein Roman erschien, fiel er ihr zu. Wenn man auf dem Friedhof von Montmartre nach dem Grab der Kameliendame fragt, führt einen der Wächter zu einem kleinen viereckigen Denkstein mit den Worten „Alphonsine Plessis" und einer Krone aus weißen Kamelien in Marmor in einem gläsernen Schrein."*

Das Grab der Alphonsine Plessis kann man noch besuchen. Verdi verarbeitete den *„Kameliendamen"*-Stoff in der Oper *La Traviata*; er nannte seine Kurtisane Violetta Valéry. – Dumas fils schrieb viele Theaterstücke, darunter *Le Demi-monde*, *Les Idées de Madame Aubry, Diane de Lys, La Question d'argent, L'Ami des femmes, La Femme de Claude, L'Étrangère*. Aber sie erreichten trotz sorgfältigerer Ausarbeitung nie die Faszination der Schauspiel-Fassung des *„Kameliendamen"*-Romans, obgleich Dumas mit seinen sozialkritisch-melodramatischen Gesellschafts-Dramen der gefragteste französische Boulevard-Autor seines Jahrhunderts wurde. Das lag daran, dass er in ihnen allzu bemerkbare moralisch-kritische Absichten verfolgte. Gegen Ende seiner Karriere gab er resigniert zu: *„Nicht vom Theater wird die Menschheit je die Lösung ihrer großen wesentlichen Probleme zu erwarten haben."*

Eugène Sue (1804-1857)

Der Schiffsarzt Eugène Sue schrieb erst Seefahrerromane. Sein großes Werk aber wurden *Les Mystères de Paris*, die 1842/43 als einer der ersten Feuilletonromane überhaupt, im *Journal des Débats* vorabgedruckt wurden. Ab 1840 hatte diese Veröffentlichungsart, begünstigt vom Aufstieg der Presse, in Frankreich und England

Verbreitung gefunden. Für ein paar Sous kauften jetzt die von „Thriller"-Romanen wie zwangsverpflichteten Leser Tag für Tag eine bestimmte Zeitschrift/Zeitung, um die Romane atemlos zu verfolgen. Sue ließ in seinen danach gestrickten *Mystères* in farbigen Episoden massenhaft viele, allerdings auch plakative und triviale Typen auftreten: das bedauernswerte junge Mädchen Fleur-de-Marie, von ihrer Pflegemutter zur Prostitution gezwungen; den Messerstecher und vormaligen Mörder Chourineur; den fühllosen, geizigen Bourgeois-Finsterling Ferrand; den ehrbaren Arbeiter Morel; den volkstümlichen Pförtner Pipelet usw.. Dabei beschrieb er durchaus realistisch die unterschiedlichsten Milieus und gab auch eine wahre Darstellung der Lebensverhältnisse der *pauvres*. (Sue selbst gehörte zur Klasse der *riches*.) Gerade dieser Aspekt ließ den Roman zu einem Sprachrohr der Nöte dieser Menschen werden, die sich dann in der Revolution von 1848 entluden. In der Beschreibung von Lastern und Verbrechen stand Sue Balzac und Restif de la Bretonne nicht nach, in seiner humanitären Gesinnung folgt er mehr G. Sand. Die für ihn typische Mischung aus Sozialkritik und Abenteuer-Handlung fand sich außer in den *Mystères* ebenfalls in anderen Romanen. Willig bediente er auch die Neugierde seiner provinziellen Leser(innen) nach Pariser Sitten und Saloneinrichtungen; dessen ungeachtet streifte er bei Nacht durch die Gassen der übel beleumdeten Viertel und suchte hier den Stoff für seine z.T. blutigen Revolver-Geschichten. Balzac bezeichnete ihn als „wandernde Zigarre".– „Pariser Sitten" schilderte auch *P. de Kock* (1793-1871), Dramen- und Romanautor, dessen Gesamtwerk bereits 1844/45 56 Bände umfasste. Er allerdings bediente die Begierde des Publikums nach Pikanterien und Lüsternem, wie auch der erwähnte Restif de la Bretonne (ca. 200 Titel).

Honoré de Balzac (1799-1850)

Leben und Werk

Honoré Balzac (so sein Name, den er bald mit einem „de" versah) wurde in Tours geboren, studierte auf Druck der Familie Jura und trat danach in eine Pariser Kanzlei ein, wirkte dort aber so, dass ihn frühmorgens Schreiben wie diese erreichten: *„Monsieur Balzac wird ersucht, heute nicht ins Büro zu kommen, da es viel zu tun gibt."* Er war überzeugt, zum Schriftsteller geboren zu sein. Bevor er es wurde, schlug er sich mit der Fertigung von vielleicht fünfzig Kolportage- und historischen Romanen durch, produziert allein oder mit Co-Autoren und unter Pseudonymen veröffentlicht. Die kargen Einkünfte veranlassten ihn, Geschäftsmann zu werden. Er war Verleger, Druckerei- und Schriftgießereiunternehmer, endete aber in Bankrott und Schulden. Dann erzielte er 1829 mit *Le dernier Chouan ou la Bretagne en 1800* unter seinem richtigen Namen den unvermuteten literarischen Erfolg. Von nun an schrieb er pro Jahr ein bis zwei lange Romane. Dazu kamen kleinere Romane und Erzählungen, auch Theaterstücke, in den 30er Jahren veröffentlichte der Rabelais-Fan überdies die berühmt-berüchtigten *Contes drolatiques*. Als er mit 51 starb, hatte er, subsumiert unter den Dante assoziierenden Ober-Titel *La Comédie humaine*, in 20 Jahren etwa 90 Romane und Erzählungen verfasst; seine Prophezeiung: „*Ich werde eine vollständige Gesellschaft in meinem Kopfe getragen haben*" hatte sich – wenn auch bezahlt mit frühzeitiger Zerstörung – erfüllt.

> „Er ging bald nach dem Nachtessen zu Bett und ließ sich um ein Uhr von seinem Diener wecken. Er stand auf, legte sein makellos weißes Gewand an – er behauptete nämlich, daß man zum Schreiben keine schmutzige Kleidung tragen dürfe; und dann schrieb er bei Kerzenschein mit einer Rabenfeder und stärkte sich mit unzähligen Tassen schwarzen Kaffees. Um sieben Uhr hörte er auf, nahm (in der Regel) ein Bad und ruhte ein wenig. Zwischen acht und neun kam sein Verleger, um Korrekturfahnen zu bringen oder ein neues Kapitel abzuholen; dann arbeitete er wieder bis Mittag; er aß gekochte Eier, trank Wasser und abermals Kaffee; bis sechs arbeitete er wieder, nahm dann eine leichte Abendmahlzeit ein, die er mit einer Glas Vouvray hinunterspülte." (S. Maugham)

Trotz seiner Erfolge war Balzac lebenslang auf der Flucht vor Gläubigern. In seinem Haus in der Pariser Rue Raynouard sind außer Manuskripten auch Dokumente von Gerichtsvollziehern zu besichtigen. Zu den Schulden trat exzessive Verschwendungssucht. Für Verleger war er ein Alptraum. Nicht nur, weil er Manuskripte und Druckfahnen ständig neu bearbeitete, sondern weil er Vorschüsse nicht zurückzahlte, was ihm Schadenersatzforderungen, Prozesse und Gerichtskosten ohne Ende aufbürdete. So zu Berserkerarbeit verdammt, war er, als ihn die von ihm geliebte reiche Polin Eva Hanska heiratete und ein sorgenfreies Leben winkte, schon am Ende und starb ein halbes Jahr später.

La Comédie humaine

Balzacs Lebenswerk *La Comédie humaine* (als Titel seit 1841 von ihm genannt) bestehend aus Romanen, aber auch Novellen, war im Plan auf 137 Titel projeziert. Die Grundidee, die dem Konzeptwerk zugrunde lag (ab 1830 in Balzac herangereift, 1845 endgültig festgelegt), war der Wille, ein Abbild der Gesellschaft aus der Zeit des Ersten Kaiserreichs, der Restauration und des „roi bourgeois" zu schaffen. Schauplatz sollten Paris und die Provinz sein. Balzac erstellte folgende Gliederung:

1) *Études de mœurs*, unterteilt in *a) Scènes de la vie privée, u.a.: Gobseck* (1830/1842); *La Femme de trente ans* (1834/35); *Le Père Goriot* (1834/1835); *b) Scènes de la vie de province, u.a.: Eugénie Grandet* (1834), *Illusions perdues* (1837-1844); *c) Scènes de la vie parisienne, u.a.: Histoire de la grandeur et de la décadence de César Birotteau* (1838), *Splendeurs et Misères des courtisanes* (erschienen in vier Teilen 1838-47), *La Cousine Bette* (1846), *Le Cousin Pons ou les deux musiciens* (1847);
   d) Scènes de la vie politique; e) Scènes de la vie militaire; f) Scènes de la vie de campagne, u.a: Le Médecin de campagne (1833).
2) *Études philosophiques*, u.a.: *La Peau de chagrin* (1831), *Louis Lambert* (1832-33)
3) *Études analytiques*, u.a.: *La Physiologie du mariage* (1829)

Rund 3000 Figuren hat dieses Prosawerk. Balzac wollte *alle* Gesellschaftsbereiche und deren Typen erfassen. Er ließ die Repräsentanten des Adels (die weiblichen Adeligen oft in idealisierter Form) und des Klerus ebenso aufmarschieren wie das Bürgertum: Richter, Notare, Bankiers, Kaufleute, Fabrikanten, Händler, Wucherer, Ärzte; aber auch Künstler, Bohemiens, Kriminelle, Prostituierte, Kleinbürger, Parvenus, Bauern, Arbeiter. So wurde die *Comédie humaine*, wie als Ergänzung Diderots, eine *literarische* Enzyklopädie der Gesellschaft, die deren sämtliche Häuser, Stockwerke, Flure, Zimmer, Dachböden und Keller beschrieb. Immer aufs Neue zeigte Balzac die Rolle des *Geldes* als allmächtiges Leit- wie Leid-motiv der bürgerlichen Gesellschaft. Figuren wie Gobseck oder der alte Grandet sind dafür Exempel, dazu fand das Milieu von Handel und Banken als neue Machtkulisse Eingang ins Romanwerk. Kein Zufall, dass K. Marx, der Mann dieser Epoche, der in seinem *ökonomischen* Lebenswerk das Geld theoretisch untersuchte, *„Balzac, der alle Schattierungen des Geizes so gründlich studiert hatte"*, öfter zitierte, so *La Cousine Bette („in der Cousine Bette stellt Balzac in der Figur des Crevel den verkommenen Pariser Philister dar")* oder die Erzählung vom *‚verkindischten'* Wucherer *Gobseck*. Dem (negativen) bürgerlichen Geld- bzw. Gold-Kultus stellte Balzac nun *positiv* den Kult der *Liebe* gegenüber. Denn nicht nur Wucherer, Geizhälse, Kapitalisten, sondern auch Liebende und Leidenschaften durchziehen die *Comédie hu-*

maine, nach Balzacs Satz: *„Denn die Leidenschaft ist das ganze Menschliche.“* Adorno bemerkte dazu richtig, dass der Balzacsche Roman *„von der Spannung zwischen den Leidenschaften der Menschen und einer Verfassung der Welt, die tendenziell Leidenschaft, als Störung des Betriebs, bereits nicht mehr toleriert“*, determiniert sei. – Symptomatisch für Balzacs Schreiben ist die anspruchsvolle soziologische Akribie, mit der er seine Personen, ihre Physis, ihre Psyche, ihre Charaktere und ihr Umfeld studierte; aber ebenso eine eigentümliche Vermischung von Realismus und Romantik. Seine Personen wirken zugleich lebensnah wie lebensfern. Außerdem zählen zu Balzacs „romantischem Faktor“ unkontrollierte Abschweifungen, unlogische bis irreale Handlungsführungen, Ansprachen an die Leser sowie die zum Teil unwirkliche Behandlung des Faktors Liebe/Leidenschaft.

Leseprobe: *Gobseck*

Ich muß mit einer Persönlichkeit beginnen, die Ihnen nicht bekannt sein kann. Es handelt sich um einen Wucherer. (…) Die Züge seines Gesichtes, kalt wie die Talleyrands, schienen in Bronze gegossen zu sein. Gelb wie die eines Marders, hatten seine kleinen Augen fast keine Wimpern und scheuten das Licht; aber der Schirm einer alten Mütze schützte sie davor. Seine spitze Nase war so von den Blattern zerfurcht, daß Sie sie hätten mit einem Bohrer vergleichen können. Er hatte die schmalen Lippen eines Alchimisten und jener kleinen Greise, die Rembrandt und Metsu gemalt haben. Dieser Mensch sprach leise, in einem sanften Ton und geriet niemals in Aufregung. Sein Alter war ein Rätsel: man konnte nicht wissen, ob er vor der Zeit gealtert oder mit seiner Jugend haushälterisch umgegangen war, um sie für immer zu bewahren. Alles war in seinem Zimmer sauber und gescheuert, von dem grünen Tuch des Schreibtisches bis zur Decke überm Bett (…) Im Winter rauchte der Brand seines Kamines, der stets unter einer Aschendecke vergraben war, aber loderte nicht. Seine Beschäftigungen waren von der Stunde, zu welcher er sich erhob, bis zum abendlichen Hustenanfall der Regelmäßigkeit einer Uhr unterworfen. Er war gewissermaßen ein ‚Automatenmensch‘, den der Schlaf wieder aufzog. Wenn Sie eine Assel, die über ein Papier läuft, berühren, so bleibt sie stehen und stellt sich tot: in gleicher Weise unterbrach

sich dieser Mensch mitten in einem Gespräch und schwieg, wenn die Kutsche vorüberfuhr, um seine Stimme nicht anzustrengen. Wie Fontenelle ging er mit der Lebensregung sparsam um und konzentrierte alle menschlichen Empfindungen auf das Ich. Und so rann sein Leben hin, ohne mehr Geräusch zu machen als der Sand in einer Sanduhr. Zuweilen schrien seine Opfer, erregten sich; dann aber trat ein großes Schweigen ein, wie in einer Küche, wo man einer Ente die Kehle durchschneidet. Gegen Abend verwandelte sich der Wechsler in einen gewöhnlichen Menschen, sein Herz aus Eisen verwandelte sich in ein menschliches. War er mit seinem Tag zufrieden, rieb er die Hände und ließ durch sein faltenrissiges Gesicht einen Hauch von Heiterkeit gehen(...) Auch unter den größten Freudenanwandlungen blieb seine Rede einsilbig, war seine Haltung eine abweisende. So war der Nachbar, den der Zufall mir in dem Hause gegeben hatte, das ich in der Rue des Grès bewohnte (...) Hatte er Verwandte, Freunde? War er reich oder arm? Niemand hätte diese Fragen beantworten können. Nie sah ich Geld bei ihm. Sein Vermögen befand sich ohne Zweifel in den Kellern der Bank von Frankreich. Er nahm das Geld für seine Wechsel selbst entgegen, indem er auf Beinen in Paris umherlief, die so dünn wie die des Hirsches waren.(...)
Eines Abends trat ich bei diesem Manne ein, der das verkörperte Geld geworden war (...) Ich fand ihn in seinem Lehnstuhl, unbeweglich wie eine Statue, die Augen auf den Kaminmantel gerichtet, als ob er dort seine Diskontregister überlesen könnte. Eine blakende Lampe mit ehemals grünem Fuß gab ein Licht, das, anstatt dies Gesicht zu beleben, dessen Fahlheit nur um so deutlicher hervortreten ließ.

Rezeption
Baudelaire nannte Balzac einen *„leidenschaftlichen Seher“*, Marx würdigte den Fast-Begründer des Realismus in diesem Sinn als den *„Schöpfer jener Prototypen, noch im Zustand des Embryo, die in der Folge ihre Entwicklung unter Napoleon III. vollendet haben“*, H. Friedrich bezeichnete ihn als den *„größten Soziologen der Restaurationszeit und der Julimonarchie“* und Flaubert als Mann, *„der seine Zeit kühn begriffen hat“*, obwohl der Balzac-Nachfolger die fließbandmäßige Produktionsweise seines Vorgängers und dessen *„geringe Liebe zur Kunst“* bemängelte.

George Sand (1804-1876)

George Sand (mit Geburtsnamen Amantine-Aurore-Lucile Dupin) publizierte 1831 unter dem Pseudonym „J. Sand“ ihren ersten Roman *Rose et Blanche*, eine mit ihrem damaligen Geliebten Jules Sandeau gestaltete Co-Produktion. Ab da veröffentlichte sie ihre Solo-Werke als „George Sand“, in der Ansicht, nur ein männlicher Pseudonym-Vorname könne ihr im Literaturbetrieb nützen. Bereits ihr zweiter Roman *Indiana* machte sie bekannt. 1833 veröffentlichte sie mit *Lélia* ihren neben *Elle et Lui* bis heute meistgelesenen Titel. Unzählige Romane und Theaterstücke folgten in kurzen Abständen. Ihr politisches Engagement seit etwa 1840, im Verlauf dessen sie auch Arbeiterschriftsteller und sozialistische Theoretiker kennen lernte, fand Niederschlag in sozialkritischen Dorfromanen, wie z.B. *Jeanne*, in denen Menschen aus dem Volk wie Handwerker, Bauern und Arbeiter nicht bloß Staffage, sondern Hauptpersonen waren. Sie wandte sich frühsozialistischen Ideen zu und wurde pazifistische Revolutionärin. 1848 nahm sie an der Februarrevolution teil. Sie glaubte wie Rousseau, dass der Mensch von Natur gut sei, und setzte ihr Vertrauen in die Massen. Völlig desillusioniert zog sie sich dann noch vor dem Staatsstreich auf ihr Landgut Nohant-Vic zurück. Dort schrieb sie weitere Dorfromane, u.a. *La petite Fadette*. Sie unterhielt vor allem ab jetzt enge geistig-menschliche Freundschaften zu Schriftstellern wie Turgenjew und Flaubert – ihr Briefwechsel mit letzterem ist der schönste und intelligenteste der gesamten Literaturgeschichte.

„VIP“-Status erlangte Sand im Ganzen weniger als Autorin als durch Liaisons mit Männern aus Kultur und Politik. Zu ihnen gehörten Liszt, Balzac, Mérimée, Dumas père et fils, Musset, Vigny und andere, abgesehen von ihrer Beziehung zu Chopin, die in ihrem mit ihrem Namen am engsten verbundenen Reisebericht *Un hiver à Majorque* verewigt wurde. Als rauchende Emanzipierte in Männerhosen wurde George Sand auch im Ausland Symbol, während ihre schnell geschriebenen Romane im Laufe der Zeit mehrheitlich auf der Strecke blieben. Wenn auch zu Unrecht als Trivialliteratur abgetan, ist ihre literarische Substanz gering, weil Sand ihr kluges, moralisches Denken (Hugo sagte ihr: „*Eines Tages werde ich zu meinen Kindern sagen, daß Sie im Bereich der Gedanken die größte aller Frauen sind*“) nicht in suggestive Literatur übersetzen konnte. Sie schrieb mit sozialem Gewissen, setzte sich für die Gleichberechtigung ein, wird heute als Erfinderin des Frauenromans tituliert, blieb aber im Schreiben immer subjektiv und oft autobiographisch. Realistische Kulissen und romantische Gutmenschen bilden in ihren Romanen eine Einheit. Dennoch schätzte auch ein Zola einige ihrer Romane sehr. Viele ihrer Bücher werden auch in Deutschland heute noch verlegt – bis hin zu definitiv *nicht* von ihr verfassten wie *„Essen und Trinken mit George Sand auf Mallorca“.*

Werke (Auswahl)

- *Indiana (Roman) 1832*
- *Lélia (Roman) 1833*
- *Consuelo (Roman) 1843*
- *Jeanne (Roman) 1844*
- *La petite Fadette (Roman) 1849*
- *Les Légendes rustiques (Märchen) 1858*
- *Elle et Lui (Roman) 1859*
- *Nanon (Roman) 1872.*
- *Histoire de ma vie (1854-55, erweitert 1876)*

Gustave Flaubert (1821-1880)

Leben und Werk

Flaubert wurde in Rouen als Sohn eines reichen Chirurgen geboren. Ab 1836 schrieb er konsequent Erzählungen, darunter *Passion et Vertu* (1837), eine Urfassung von *Madame Bovary*. Er las romantische Literatur und lehnte die Schule wegen ihrer autoritären Struktur ab. 1839 organisierte er eine Schülerrevolte und musste das Collège verlassen. Nach dem Willen des Vaters nahm er 1841 ein Jurastudium auf, das ihn krank machte. 1843 begann er eine frühe Version seines Romans *L'Éducation sentimentale*, die von der endgültigen vollständig abwich und die er nie veröffentlichte. 1844 erlitt er einen ersten Nervenanfall mit fast tödlichem Ende. Er konnte sich aber nun in das Seine-Landhaus der Familie nach Croisset bei Canteleu, nahe Rouen, zurückziehen. 1848 war er in Paris Zeuge der Februarrevolution, die er, wie auch die Junirevolution, in der zweiten *Éducation sentimentale* in literarischer Form analysierte. Er schrieb die erste von drei Versionen der *Tentation de saint Antoine*. 1851 begann er die Arbeit an *Madame Bovary*, deren vier Fassungen unter Einflussnahme des Rouener Lyrikers und Dramatikers *L. Bouilhet* (1822-69) von einem Gang permanenter Revision zeugen. Die Roman-(Vor-)Veröffentlichung Ende 1856 in der „Revue de Paris“ endete mit einem Gerichtsverfahren *„pour atteinte aux bonnes mœurs et à la religion“*; der

„*Bovary*-Prozess“ macht den freigesprochenen 35-Jährigen und sein Debütwerk über Nacht berühmt. Auch sein zweites Buch *Salammbô,* ein historischer Roman über die karthagische Prinzessin Salammbô und den Aufstand der karthagischen Söldner nach Ende des 1. Punischen Krieges, wurde viel gelesen. Der vermögende Familienhintergrund entband Flaubert vom verhassten Geldberuf und ließ ihn die trotz allem unzureichenden Romaneinkünfte verkraften.

1869 erschien die bis heute ziemlich verkannte zweite *Éducation sentimentale*, ein weit über *Le Rouge et le Noir* stehender Roman um den provinziellen Jurastudenten Frédéric Moreau, der es in Paris weder in der Liebe noch im Beruf zur Verwirklichung seiner schalen Ideale bringt. Dieser Roman gilt als Paradigma des europäischen Desillusionsromans, ist dies aber nur sehr eingeschränkt bzw. im Kern gar nicht. Kein von der Realität wirklich verschiedener Held muss sich hier in die „Prosa der Verhältnisse“ (Hegel) einordnen; die wahren Helden sind das Geld, die Betrügereien und Lügen des modernen bürgerlichen Menschen sowie die fehlenden oder falschen Gefühle fast aller Romanpersonen – mit Ausnahme des wahrer Liebe fähigen Provinzmädchens Louise, die am Schluss mit einem Sänger durchbrennt. Die zweite *Éducation* dokumentierte Flauberts Abscheu vor seiner Zeit am stärksten. Die Kritik verriss den Roman – vielleicht der erste der Weltliteratur, dessen Titel sich auf *den Leser* bzw. die von ihm zu machenden Erkenntnisse und Einsichten bezog -; niemand außer Sand und Zola schien seine Intentionen zu begreifen.

Ab 1872 arbeitete Flaubert an seinem letzten Roman *Bouvard et Pécuchet* über die Freundschaft zweier einsamer Pariser Kopisten, die vermöge einer Erbschaft aus dem bürgerlichen Leben aussteigen können und auf dem Land als skurrile Außenseiter ein kurioses Studium generale betreiben. 1873 bekam Flaubert aufgrund des Bankrotts des Mannes seiner Nichte Probleme, weil er dem Paar sein Vermögen geliehen hatte. Um Geld zu verdienen, schrieb er die *Trois contes*, die ein kleiner Erfolg wurden. Dies galt besonders für *Un cœur simple*, die Geschichte einer Dienstmagd, die in einer herzlosen bürgerlichen Provinzwelt einsam ihre Identität bewahrt. 1880 starb Flaubert im Alter von 58. Er hat von sich gesagt: *„Je suis un des gueulards au désert de la vie“*.

Werke (Auswahl)

- *Madame Bovary. Mœurs de province. (Roman) 1856/57*
- *Salammbô (historischer Roman) 1862*

- *L'Éducation sentimentale. Histoire d'un jeune homme. (Roman) 1869*
- *Un cœur simple (Erzählung) 1877*
- *Bouvard et Pécuchet (Roman) posthum 1881*

Madame Bovary. Mœurs de province.
Flauberts erster veröffentlichter Roman basierte auf der realen „Zeitungs"-Ehetragödie von Eugène und Delphine Delamare aus dem normannischen Dorf Ry. *Madame Bovary* fungiert meistens trotz Flauberts gleichrangigen anderen „realistischen" Romanen als sein einziges Werk und ist mehr denn je „Flaubert" geblieben. (*„Madame Bovary – c'est moi"* meinte er wohl auch hierauf bezogen.) Der Roman ist dabei in seinem Gehalt durch seine Rezeptionsgeschichte verstellt, ja auf den Kopf gestellt worden. Gelesen wird er bevorzugt, aber falsch als Frauenroman und Emanzipationsdrama, das einer nach Freiheit verlangenden romantischen Frau in einengender Ehe mit ihrem dürftigen Versorger nur den Selbstmord lässt. In Wahrheit schildert *Madame Bovary* die traurigen Szenen einer fatalen Ehe und zwei Lebenskatastrophen, in deren Verlauf beide Beteiligten, also auch Emma Bovarys wirklicher Liebe fähiger Ehemann Charles, aufgrund der, wie Flaubert sagte, *„falschen Poesie"* und *„falschen Gefühle"* der Titelheldin sterben – der Arzt Bovary geht nach dem Tod seiner Frau ebenfalls zugrunde, und zwar aus Kummer über seinen zerstörten Traum von Liebe. Die verwaiste kleine Tochter des toten Paares kommt als Arbeiterin in eine Baumwollspinnerei.

Leseprobe*: Madame Bovary*

Als Charles eintrat, weckte er sie nicht. Es war das letzte Mal. Er kam, um Abschied von ihr zu nehmen.
Die aromatischen Kräuter brannten noch, und bläuliche Rauchwirbel vermischten sich am Fensterkreuz mit dem eindringenden Nebel. Einige Sterne waren zu sehen, und die Nacht war mild.
Das Wachs der Kerzen fiel in großen Tropfen auf die Bettlaken. Charles sah zu, wie sie brannten und ermüdete seine Augen am Schein ihrer gelben Flammen.
Reflexe zitterten auf dem Seidenkleid, das so weiß war wie Mondschein. Emma verschwand darunter, und es schien ihm, als trete sie aus sich heraus und verflüchtige sich in den Dingen ringsumher,

in der Stille, in der Nacht, im vorüberstreichenden Wind, in den feuchten Gerüchen, die draußen aufstiegen.
Dann, plötzlich, sah er sie im Garten von Tostes, auf der Bank, vor der Dornenhecke oder in Rouen, in den Straßen, auf der Schwelle ihres Hauses, im Hof von Les Bertaux.(...)
Lange rief er sich all sein entschwundenes Glück in Erinnerung, ihre Haltung, ihre Bewegungen, den Klang ihrer Stimme. Auf eine Verzweiflung folgte die nächste, unaufhörlich, unversiegbar wie die Wasser einer Überschwemmung. (...)

Man stand an den Fenstern, um den Trauerzug vorbeikommen zu sehen.(...) Die sechs Träger, drei auf jeder Seite, machten kurze Schritte und keuchten ein wenig. Die Priester, die Vorsänger und die beiden Meßdiener beteten das *De Profundis*, und ihre Stimmen hallten bald lauter, bald leiser über die Felder. Manchmal verschwanden sie hinter einer Wegbiegung, aber das große silberne Kreuz ragte immer zwischen den Bäumen auf.
Die Frauen folgten in schwarzen Umhängen mit herabgezogenen Kapuzen; sie trugen dicke brennende Kerzen in den Händen, und Charles fühlte, wie ihn bei dieser ununterbrochenen Wiederholung von Gebeten und brennenden Lichtern, inmitten der faden Gerüche des Wachses und der Soutanen, seine Kräfte verließen. Ein kühler Wind wehte, Roggen und Raps grünten, auf den Dornenhecken am Wegrand zitterten Tautropfen. Allerlei fröhliche Laute erfüllten das Land: das Klappern eines Karrens, der in der Ferne in den Radspuren rollte; ein Hahnenschrei, der sich wiederholte, oder der Galopp eines Füllens, das man unter den Apfelbäumen davonstieben sah. Der klare Himmel war mit rosa Wolken geflockt; bläuliche Lichter breiteten sich über den mit Schwertlilien überwachsenen Hütten aus; im Vorübergehen erkannte Charles die Höfe wieder. Er erinnerte sich an Morgende wie diesen, an denen er von einem Krankenbesuch hier zu ihr zurückgekehrt war. Das schwarze, mit weißen Tränen bestickte Sargtuch hob sich bisweilen und ließ den Sarg sehen. Die erschöpften Träger wurden langsamer, und der Sarg bewegte sich nur noch ruckweise vorwärts, wie eine Schaluppe, die bei jeder Welle stampft.
Man war angekommen.
Die Träger gingen weiter bis zu einer Stelle hinten im Rasen, wo das Grab ausgehoben war.

Man stellte sich im Kreis darum auf, und während der Priester sprach, rieselte die an den Seiten aufgeschüttete rote Erde über die Ränder lautlos, ununterbrochen wieder hinab.
Dann wurden die vier Seile zurechtgelegt und der Sarg daraufgeschoben. Charles sah, wie er hinabsank. Er sank tiefer und tiefer. Beinahe hörte man einen Aufprall; die Seile kamen knirschend wieder nach oben. Sodann griff Bournisien zum Grabscheit, das Lestiboudois ihm reichte; während er mit der Rechten Weihwasser sprengte, stieß er mit der Linken wuchtig eine volle Schaufel Erde hinab, und der Schotter traf auf den Sargdeckel mit jenem fürchterlichen Geräusch auf, das uns wie der Widerhall der Ewigkeit erscheint.
Der Geistliche gab den Weihwasserwedel an den ihm zunächst Stehenden weiter. Es war Monsieur Homais. Er schwang ihn gemessen und reichte ihn sodann Charles, der sich bis zu den Knien in die Erde bückte, sie mit beiden Händen hinabwarf und „Leb wohl!" rief. Er sandte ihr Küsse nach; er kroch zur Grube hin, um sich zu ihr hineinzulegen.
Man führte ihn weg (...)

Rezeption

Flaubert, wiewohl, wenn überhaupt, nur zum Teil verstanden und lange missverstanden als ‚Anführer der realistischen Schule' (*„Aber beachten Sie, dass ich den Realismus verabscheue, obwohl man mich zu einem seiner Päpste macht!"*), war nach Maupassant ein Revolutionär in der Geschichte des Romans. Seine Rezeption vollzieht sich in Deutschland dennoch in engstem Rahmen und kaum jenseits von *Madame Bovary*. Allgemein haben nur Schriftstellerkollegen wie Baudelaire, Sand, Maupassant, Zola, Proust, H. Mann, Maugham, Conrad, Gorki, Graf, Chandler oder Kafka Flauberts Gesamtwerk, seinen *poetischen* Realismus und seine Position des tatsächlichen Olympiers der französischen Literatur richtig einzuschätzen vermocht.

Charles Baudelaire (1821-1867)

Baudelaire, nach Besuch des erzkonservativen „Louis-le-Grand"-Gymnasiums unabhängiger exzentrischer Aristokrat, Literat, Dandy, tat sich zunächst mit Ausstellungsberichten (*Salon de 1845*, *Salon de 1846*) als Kunstkritiker hervor. Von 1847 an übersetzte er die Werke des von ihm bewunderten E.A. Poe. Sein eigenes zentrales Buch, an dem er bis zu seinem frühen Tod 1867 arbeitete und das er nicht mit einer *Édition définitive* abschließen konnte, waren *Les Fleurs du mal*, ein Gedichtzyklus in gereimten Alexandrinern. Das Erscheinen dieser hundert Gedichte führte 1857 vor derselben Strafkammer, die Flaubert angeklagt hatte, zu einem Prozess und endete mit einer Geldstrafe und dem Verbot von sechs Gedichten. Die Urteilsbegründung sprach von der *„verderblichen"* Wirkung der Bilder, die Baudelaire den Leser sehen lasse, darüber hinaus wurde ihm wie Flaubert die *„Verhöhnung der öffentlichen Moral und der guten Sitten"* angelastet. Zu der Zeit war der Autor kaum im Gespräch, niemand ahnte, dass sein dünner Gedichtband ein Ereignis in der Geschichte der europäischen Lyrik sein würde. Hugo schrieb ihm jedoch sogleich, wenn auch vage: *„Ihre „Fleurs du Mal" strahlen und glänzen wie Sterne*". *Les Fleurs du mal* wurden als Reaktion auf die Baudelaire angeblich verhasste kapitalistische Warenwelt und als Verurteilung der Fortschrittsideologie des 19. Jahrhunderts gelesen. Er glaubte anders als Rousseau und Sand nicht an den guten Menschen, sondern sah ihn als *„vollkommenes Raubtier*". Die 1861 erschienene zweite Auflage der *Fleurs du mal* ordnete die vergrößerte Sammlung in unterschiedlich große Gruppen: *Spleen et Idéal*, *Tableaux parisiens*, *Le Vin*, *Les Fleurs du mal*, *Révolte*, *La Mort*. Das Gedicht *Spleen* aus der ersten Gruppe verdeutlichte die (romantischen) Grundtöne, die Baudelaire in seiner Lyrik generell anschlug: Schwermut, Melancholie, Langeweile, Depression, Passivität, Einsamkeit. W. Benjamin schrieb: *„Der Spleen ist das Gefühl, das der Katastrophe in Permanenz entspricht."*

Leseprobe: *Les Fleurs du mal, Spleen*

Wenn der tiefe Himmel wie ein Deckel lastet
Auf dem Geist, den stöhnend Überdruß bezwingt,
Und vom Horizont, der rings an Grenzen tastet,
Trauriger als Nacht ein Tag niedersinkt;

Wenn die Erde uns ein feuchter Kerker deucht,
Wo die Hoffnung, wie die Fledermaus, erschreckt
Flatternd an den Mauern hinstreicht und verscheucht
Mit dem Kopf an morsche Deckenbalken schlägt;

Wenn der Regen in endlosen Streifen fällt,
Die wie Gitterstäbe im Gefängnis sind,
Und ein stummer Haufen Spinnen in der Welt
Unsres Hirns erscheint und seine Netze spinnt,

Schwingen plötzlich Glocken sich empor und tosen,
Daß sie greulich heulend bis zum Himmel dringen,
Eigensinnig wimmernd, wie von heimatlosen,
Schweifenden Gespenstern Klagelaute klingen.

– Ein Leichenzug , nicht Trommel noch Musik erschallt,
Bewegt sich langsam durch die Seele; Hoffnung flieht
Und weint; auf tief gesenktem Schädel mit Gewalt
Grausame Angst ihr Banner schwarz aufzieht.

Aber vornehmlich die Gedichte der zweiten *Fleurs du mal*-Gruppe, die *Tableaux parisiens*, haben Baudelaires Ansehen begründet, weil er in ihnen als erster die düsteren Reize der modernen Großstadt zum Gegenstand der Poesie machte. Deren Bilder sind voller grausamer Eindrücke *(„armselige Krüppel und Missgestalten"*), aber Baudelaires Flaneur, müßiger Liebhaber der Ästhetik des Hässlichen, beschwört geradezu die Faszination des Abstoßenden, gleichzeitig nannte der Autor als Kunstziel die subjektive Bewältigung schlimmer Realität. Drei Jahre nach Erstpublikation der *Fleurs du mal* veröffentlichte Baudelaire *Les Paradis artificiels – Opium et Haschisch.* Diese Publikation beschrieb als erweiterte selbständige Fassung des ersten Teils von 1851 (*„Du vin et du hachish")* dokumentarisch die physiologischen und psychischen Wirkungen von Haschisch in ihren Einzelstadien (*„Le Poème du haschisch"*, *„Un mangeur d'opium"*) – studiert wohl nicht zuletzt im Pariser „Club der Haschischraucher".

Info

Der Club der Haschisch-Raucher. *1841 hatte der Arzt J.J. Moreau das Hasch-Konfekt „Dawamesk" aus Algerien mitgebracht. In Paris wandten sich die Bohemiens daraufhin der Haschisch-Mode zu. Am Quai d'Anjou gab es einen „Club des Haschischins", mit Mitgliedern wie Th. Gautier und A. Dumas. Baudelaire, zu dessen Markenzeichen der Rauschgiftkonsum gehörte, verkehrte hier, obgleich nicht Mitglied, mit Sicherheit.*

1869 erschien posthum Baudelaires letztes Werk: *Le Spleen de Paris (Petits poèmes en prose)* mit *Fleurs du mal*-Thematik. Baudelaire suchte für die Erfassung des modernen prosaischen Paris eine innovative Poesie-Prosa, in der er durch neuartige Bilder und musikalische Strukturen eine poetisierende Parallelwelt anstrebte. Am Ende mit Geldsorgen belastet, starb der von Lähmungen Befallene schon mit 46 Jahren.

Edmond (1822-96) et Jules Huot (1830-70) de Goncourt

Die von ihren Renten lebenden außergewöhnlich gebildeten Brüder, illustre Dandy-Existenzen im Pariser Leben des 19. Jahrhunderts, verkehrten in der ‚großen' ebenso wie in der Halbwelt und widmeten sich außer dem Schreiben der Kunst, aktiv speziell der Aquarellmalerei. Literaturgeschichte schrieben sie (abgesehen vom „Prix Goncourt") durch ihr gemeinsam verfasstes *Journal des Goncourt. Mémoires de la vie littéraire*, in dem sie literarische Bilder des kulturellen und geistigen Lebens ihrer Zeit versammelten. Diese Aufzeichnungen beginnen am 2.12.1851 mit dem Staatsstreich. Nach dem Tod Jules' setzte sein älterer Bruder das Tagebuch fort. Interessant ist das Goncourt-*Journal* auch deshalb, weil die den aristokratischen Idealen und Lebensformen des 18. Jahrhunderts anhängenden Brüder mit vielen Literaten bekannt oder befreundet waren und von ihnen treffende, zuweilen auch gehässige Porträts erstellten. (So schilderten sie den Salon der Prinzessin Mathilde, einer Cousine Napoléons III., oder die „dîners Magny", zu denen sich Flaubert, Gautier, Sainte-Beuve, Sand und Turgenjew regelmäßig zum Diskutieren einfanden.) Ihre Romane stehen heutzutage im Bekanntheitsgrad hinter dem *Journal* zurück, was nicht an ihrer Qualität, sondern an dem jenem anhaftenden Prominenten-Geruch liegt. Die Goncourts setzten in ihnen die im *Journal* angelegten Schilderungen authentischer Ereignisse, ausgewählter lebender Personen und verschiedener Milieus fort, wobei ihre Romane auch etwa im Arbeiterleben (*Germinie Lacerteux*) spielen. Darüber hinaus zeigten sie Interesse an pathologischen medizinischen Erscheinungsbildern. Körperliche und seelische Anomalien erregten ihre Aufmerksamkeit, und sie durchleuchteten sie mit wissenschaftlichem Blick. Sie gelten trotzdem zu Unrecht als Naturalisten, denn ihren Romanen fehlte das naturalistische Programm, und sie wiesen mehr einen künstlerischen als naturalistischen Stil auf – weshalb E. Auerbach sie richtiger als „*ästhetische Realisten*" bezeichnet hat.

Werke (Auswahl)

- *Journal des Goncourt. Mémoires de la vie littéraire. (Tagebücher, 9 Bde. 1887-96, unvollständig); 13 weitere Bde. 1956-1958*
- *L'Art du XVIIIe siècle (Studien) 1859-1876*
- *Madame du Barry (Biographie) 1860*
- *Madame Pompadour (Biographie) 1860*
- *Renée Mauperin (Roman) 1864*
- *Germinie Lacerteux (Roman) 1865*
- *Madame Gervaisais (Roman) 1869*
- *La Fille Élisa (Roman, Edmond de G.) 1877*

Alphonse Daudet (1840-1897)

Daudet fand zuerst mit dem Lyrikband *Les Amoureuses* Beachtung. Literarische Größe wurde er elf Jahre später mit den *Lettres de mon moulin* (1869), deren fiktiver Entstehungsort eine Windmühle in der Provence war.

„Von hier aus schreibe ich Ihnen, meine Tür weit dem Sonnenlicht geöffnet … Kein Geräusch, kein Lufthauch im Lavendel, kaum von Zeit zu Zeit der Ton einer Pfeife, ein Schellenklingeln der Esel auf der Landstraße."

In individuellen kleinen Erzählungen beschrieb Daudet die liebenswürdigen, schlauen, dickköpfigen Provenzalen, die Tiere und die Natur der Provence. (*Le Chèvre de monsieur Seguin, Le Curé de Cucugnan, Le Secret de maître Cornille, La Mule du pape, L'Élixier du R.P. Gaucher.)* Seine Kunst bestand im intensiven szenischen Malen und dem sensiblen Erfassen von Empfindungen und psychologischen Vorgängen. Liebe für die Provence und die Provenzalen waren auch Gegenstand des Nachfolge-Werks der *Lettres: Les Aventures prodigieuses de Tartarin de Tarascon* (1872). Dieser Roman, eine heitere Parodie auf den provenzalischen Menschentypus, zeigte Daudet als Humoristen, der noch zwei *Tartarin*-Fortsetzungen schrieb: *Tartarin sur les Alpes* (1885) und *Port-Tarascon* (1890), die aber unter dem Niveau der *Aventures* blieben. In der französischen Literaturgeschichte mal als Realist, mal als Naturalist geführt, ist er eigentlich impressionistisch-romantischer Realist. Ein Reißer des Bohemiens und Erotomanen war der Grisetten-Roman *Sapho. Mœurs parisiennes* (1884), nach dem Urteil des sparsam lobenden Zola ein echtes Meisterwerk. Doch trotz seiner angenommenen Methodik des dokumentarischen Literaten, der wie Zola und andere Autoren des 19. Jahrhunderts mit Notizbuch und Stift durch Paris wanderte, erreichte er nie die Schärfe, Härte, Exaktheit und Strenge der Beobachtung seiner Freunde Zola und Flaubert.

Émile Zola (1840-1902)

Leben und Werk

Zola wurde in Paris als Sohn eines italienischen Ingenieurs geboren. Er wuchs in Aix-en-Provence auf und schloss hier Freundschaft mit Cézanne, den er 1886 in dem Künstler-Roman der *Rougon-Macquart*-Serie, *L'Œuvre,* teilweise porträtierte. Er vollendete seine Schulzeit in Paris, fiel 1859 durchs Baccalauréat und führte zwei Jahre lang ein arbeitsloses Leben in Armut. Es folgten Beschäftigungen in der Buchhaltung der Hafenzollbehörde und im Vertrieb der Verlagsbuchhandlung Hachette. Er verfasste erste journalistische Arbeiten, rezipierte Stendhal und Flaubert und begeisterte sich für den Realismus. Er veröffentlichte sein frühestes literarisches Werk *Les Contes à Ninon* und schrieb einen ersten Roman: *La Confession de Claude*. Zola arbeitete für Tageszeitungen, verließ 1866 Hachette und schlug sich notreich durch sein beginnendes Schriftstellerleben. Er schrieb Kunstkritiken und engagierte sich für die noch verschmähten Impressionisten. Der „Figaro" druckte seine Novelle *Un mariage d'amour*, aus der *Thérèse Raquin* entstand. 1867 erschien dieser „Skandal-Roman" unter dem Titel *Un mariage d'amour* in Fortsetzungen in der Zeitschrift „L'Artiste" – ein literarisches Ereignis, das rüde öffentliche Attacken provozierte. Doch Zola ging unbeirrbar seinen Weg. Er konzipierte die Romanserie *Les Rougon-Macquart. Histoire naturelle et sociale d'une famille sous le Second Empire,* in der der kommende Anführer der gesamteuropäischen Strömung ‚Naturalismus' diesen zum ersten Mal gleichsam komplett realisierte. (Platz in der Serie fand jedoch auch, was oft übersehen wird, mit Band 5, *La Faute de l'abbé Mouret* (1875), ein literarisches Dokument der *Neuromantik.*) Während des Deutsch-Französischen Krieges und der Commune lebte Zola in Marseille und Bordeaux.

1871 erfolgte die Buchpublikation des Eröffnungsbandes der *Rougon-Macquart*, *La Fortune des Rougon*, der als eine Art historischer Roman Bonapartes Machtübernahme, die Installierung des Zweiten Kaiserreiches, zum Hintergrund hat. In Folge erschien bis 1893 beinahe jährlich, stets zunächst im Feuilleton, ein weiterer Roman des 20-bändigen Zyklus, aber erst der siebte, *L'Assommoir,* brachte Zola 1877 den entscheidenden monetären Reichtum. Er war nun unabhängig und zog sich in sein neues Haus nach Médan bei Paris zurück, wo er unter seinem Motto *„nulla dies sine linea"* sein Werk vorantrieb. Nach Abschluss der *Rougon-Macquart*, deren Handlungen zwar in den 50er und 60er Jahren, deren Verhältnisse aber mehr in ihrer Schreibzeit, den 70er und 80er Jahren, spielten, folgten noch weitere, nun allerdings blutleere religiös-sozialreformerische Romanzyklen: *Les trois villes* (1894-1898) und *Les quatre évangiles* (unvollendet, 1899-1903). 1898 griff Zola mit seiner Streitschrift *„J'accuse…! Lettre ouverte au Président de la République"* in die Affäre Dreyfus ein. Einer Gefängnisstrafe entging er durch Flucht nach England. 1902 starb Zola in seinem Pariser Stadthaus durch Vergiftung. Viel sprach gegen einen Unfall. Ein Schornsteinfeger soll später einen Auftragsmord per Kaminabzugsmanipulation gestanden haben.

Werke (Auswahl)

- *Thérèse Raquin (Roman) 1867*
- *Les Rougon-Macquart (Romanreihe, 20 Bde.) 1871-1893*
- *Les Soirées de Médan (Hg.) (Erzählungen von Zola, Maupassant, Huysmans, Céard, Hennique, Alexis) 1880*
- *Le Capitaine Burle (Novellen) 1882*

Thérèse Raquin

Mit diesem packenden, literarisch ungewöhnlich intensiven Mord-, Beziehungs- und Familiendrama gelang Zola, ohne es *hierauf* angelegt zu haben, ein lauter Debüt-Werbecoup, der den Vorteil hatte, ihm seine Bahn zu ebnen. Sein Erstling erlebte schon 1868 die 2. Auflage, der der Autor ein ehrliches Vorwort voranstellte, in dem er die bürgerlichen Angriffe gegen ihn und seinen „schmutzig-unflätigen" Roman abwehrte und zugleich seine Literaturtheorie darlegte – ein literarisches Glaubensbekenntnis der sich bildenden jungen naturalistischen Schule. (1880 formulierte Zola sein Konzept umfassender in *Le Roman expérimental.*)

Leseprobe: *Thérèse Raquin*

Am Ende der Rue Guénégaud stößt man von den Quais kommend auf die Passage des Pont-Neuf, eine Art engen und finsteren Gang, der von der Rue Mazarine zur Rue de la Seine führt. Dieser Durchgang ist dreißig Fuß lang und höchstens zwei Fuß breit; er ist gepflastert mit gelblichen, abgetretenen, gelockerten Steinplatten,

die immerfort eine strengriechende Feuchtigkeit ausschwitzen; seine rechtwinklig geschnittene Glasüberdachung ist schwarz von Dreck.
Wenn an schönen Sommertagen die Sonne drückendheiß auf die Straßen niederbrennt, fällt eine bläßliche Helligkeit durch die schmutzigen Scheiben und kriecht kläglich die Passage entlang. An häßlichen Wintertagen, an nebligen Vormittagen werfen die Scheiben nur Dunkelheit auf die schmierigen Steinplatten, schmutzige, scheußliche Dunkelheit.
Zur Linken entweicht höhlenartigen Läden, dunkel, niedrig, gedrängt, ein kalter Hauch von Kellergruft. Es finden sich Büchertrödler dort, Spielzeughändler und Kartonmacher, deren Auslagen grau vor Staub im Dunkel verschwommen dahindämmern. Die Schaufenster, die aus kleinen Scheiben zusammengesetzt sind, sprenkeln die Waren sonderbar mit grünen Reflexen; jenseits hinter den Auslagen, die Läden voller Finsternis, sind ebenso grausige Löcher, in denen seltsame Umrisse sich hin und her bewegen.
Zur Rechten erstreckt sich in ganzer Länge der Passage eine Mauer, gegen die die Krämer von gegenüber schmale Schränke gepackt haben; namenlose Gegenstände, seit zwanzig Jahren dort in Vergessenheit geratene Waren, liegen auf dünnen Brettchen aus, die gestrichen sind in einer schrecklichen braunen Farbe. Eine Händlerin mit unechtem Schmuck hat sich in einem der Verschläge niedergelassen; sie verkauft hier Ringe zu fünfzehn Sous, die sorgfältig auf einem blauen Samtbett ausgebreitet in einem Mahagonikästchen ruhen.
Über dem Fensterwerk steigt die Mauer auf, schwarz, grob verputzt, wie mit Aussatz überzogen und pockig vernarbt.
Die Passage des Pont-Neuf ist kein Ort zum Schlendern. Man nutzt sie, um einen Umweg zu vermeiden, um ein paar Minuten zu gewinnen. Sie wird durchquert von geschäftigen Leuten, deren einzige Sorge es ist, schnell und geradeaus zu gehen. Man sieht dort Lehrlinge in Handwerkerschürzen, Arbeiterinnen, die ihre Näharbeit austragen, Männer und Frauen mit Paketen unter dem Arm, alte Männer sieht man, die sich durch das trübe Dämmerlicht schleppen, das durch die Scheiben fällt, und Scharen kleiner Kinder, die hier nach der Schule herkommen, um im Rennen mit ihren klappernden Holzschuhen auf den Steinplatten Lärm zu machen. Den ganzen Tag hindurch hört man mit aufreizender Unregelmä-

ßigkeit das harte, kurze Geräusch hallender Schritte auf den Steinen; niemand redet, niemand bleibt stehen; jeder eilt seinen Geschäften nach, den Kopf gesenkt, schnellen Schritts, ohne auch nur einen Blick auf die Läden zu werfen(...)
Abends erleuchten drei Gasbrenner in schweren viereckigen Laternen die Passage. Diese Gasbrenner hängen am Glasdach, auf das sie rötlichgelbe Lichtflecke zurückwerfen, und lassen um sich herum blasse, schwankende Lichtkreise fallen, die für Augenblicke zu verschwinden scheinen. Die Passage bekommt dann den Anblick einer wirklichen Mördergrube; lange Schatten legen sich über die Steinplatten, von der Straße dringen feuchte Dünste herein; man könnte meinen, sie sei ein unterirdischer Korridor, erhellt von drei Grablampen. Die Händler begnügen sich mit den dürftigen Strahlen der Gasbrenner, die auf ihre Schaufenster fallen, als einziger Beleuchtung. Sie zünden in ihrem Laden nur eine Schirmlampe an, die sie auf eine Ecke des Ladentisches stellen, und die Passanten können dann unterscheiden, was im Hintergrund dieser Löcher vorgeht, in denen tagsüber die Nacht wohnt. In der schwärzlichen Flucht der Schaufenster leuchten die Scheiben eines Kartonmachers auf: Zwei Lampen mit Schieferöl dringen mit zwei gelben Flammen durch das Dunkel. Und auf der anderen Seite wirft eine Kerze in einem Windglas kleine Lichtsterne in das Kistchen mit dem unechten Schmuck. Die Händlerin döst in ihrem Verschlag(...)
Vor einigen Jahren befand sich dieser Händlerin gegenüber ein Laden, dessen flaschengrüne Holzverkleidung aus allen Fugen Feuchtigkeit ausschwitzte. Das Ladenschild, ein langes, schmales Brett, trug in schwarzen Lettern die Aufschrift: „Kurzwaren", und auf einer der Scheiben in der Tür stand in roten Buchstaben der Name einer Frau geschrieben: „Thérèse Raquin". Links und rechts ragten tiefe, mit blauem Papier ausgeschlagene Schaufenster zurück.

Rezeption

Zola machte sich mit *Thérèse Raquin* sowie den meisten Romanen der *Rougon-Macquart* (in denen er quasi ein Vorhaben Flauberts realisierte, in dessen Nachlass sich ein Romanprojekt mit dem Titel *Sous Napoléon III* fand) zu einem der größten Erzähler der Literatur. Sein Gesellschaftszyklus, dramatischer, kunstvoller als die *Comédie hu-*

maine, bot eine hermetische Anzahl von Romanen, die zwar von den Naturalismus-Dogmen „Vererbung" und „Milieu" theoretisch geleitet waren, praktisch jedoch vor allem fesselnde Unterhaltung auf höchstem literarischem Level lieferten. Zolas Ruhm blieb in Frankreich von Dauer; in Deutschland kennt man ihn nur noch als Autor der *Thérèse Raquin* und weniger *Rougon-Macquart*-Bände wie *L'Assommoir, Germinal, Nana, Au bonheur des dames, Le Ventre de Paris, L'Argent.*

Guy de Maupassant (1850-1893)

Leben und Werk

Maupassant wurde auf Schloss Miromesnil bei Dieppe geboren. Er besuchte die Gymnasien in Paris, ab 1863 in Yvetot (wo er von der Schule flog) und ab 1868 in Rouen. 1869 begann er ein Jurastudium in Paris, musste aber bei Kriegsausbruch zum Militär. Sein Vater erwirkte ihm die Befreiung vom Dienst und verschaffte ihm 1872 die Stelle eines Beamten im Marineministerium an der Place de la Concorde, 1878 erfolgte eine Versetzung ans Kultusministerium. Maupassant suchte Entlastung von der eintönigen Arbeit und bereitete sich systematisch auf eine Schriftstellerlaufbahn vor. In dieser Zeit wurde der Mann, der der französische Novellist schlechthin wurde, von seinem Onkel Flaubert entdeckt. Der spornte den Autor an und übte Kritik. (*„Was man auch sagen will, es gibt nur ein Wort, es auszudrücken, nur ein Verb, es zu beseelen und nur ein Adjektiv, es zu qualifizieren.")* In Briefen und Gesprächen wurden alle Aspekte des Schreibens diskutiert: Satzbau, Komposition, Aufbau, Beschreibungstechniken – sowie die Arbeitsmoral des Schriftstellers. *„Man muß, hören Sie, junger Mann, man muß mehr arbeiten. Ich habe inzwischen den Verdacht, daß Sie etwas faul sind. Zu viele Nutten! zu viel Rudern!"* Flaubert brachte seinem Schüler bei, die Dinge *„lange genug und mit genügender Aufmerksamkeit zu betrachten, um an ihnen einen Aspekt zu entdecken, den noch niemand gesehen und gesagt hat"*, und Maupassant befolgte die Ratschläge und kam 1880 mit der Erstlings-Novelle *Boule de suif* groß heraus. Die Zeitungsverleger rissen dem neuen Literatur-Meteor nun die Folge-Novellen, die ihnen Riesenauflagen bescherten, vom Schreibtisch.

Maupassant wurde wohlhabend und gab seine bürgerliche Arbeit auf. Er leistete sich ein Anwesen in der Normandie, eine luxuriöse Pariser Wohnung, eine Jacht. Aber eine Syphilis-Erkrankung schritt fort; gegen die Schmerzen nahm er Rauschgift. Dennoch arbeitete er jetzt unaufhörlich und brachte in zehn Jahren ein grandioses Lebenswerk zustande: rund 300 Novellen und sechs erstrangige, vernachlässigte Romane. Bekannt wurde nur *Bel Ami*, der den Aufstieg des George Duroy erzählt, der sich im Pressewesen ohne Skrupel nach oben boxt. Maupassant ging es in diesem Roman *nicht* um „Amouren“ (die ihn in Folge unrichtig katalogisierten), sondern um die Zeichnung eines jener zeitlosen bürgerlichen Abenteurer, die nach Macht und Geld gieren, *„die wir täglich in Paris treffen und denen man in allen Berufen begegnet“*. – Maupassant, der auch (häufig erotische) Lyrik, Reisebücher und Zeitungsartikel über Leben und Kunst schrieb, stürzte ab. Seine letzten Lebensjahre waren von Krankheit und Verfall bestimmt. 1891 fiel er in geistige Umnachtung, 1892 versuchte er einen Selbstmord. Er kam in eine private psychiatrische Klinik im damaligen Pariser Vorort Passy und starb dort 1893 neben dem Haus, in dem sich Balzac auf der Flucht vor Gläubigern versteckt hatte. Er wurde auf eigenen Wunsch ohne Sarg begraben. Die Grabrede hielt sein Freund und Förderer Émile Zola.

Werke (Auswahl)

- *Novellen 1880ff.*
- *Une vie (Roman) 1883*
- *Bel Ami (Roman) 1885*
- *Mont Oriol (Roman) 1887*
- *Pierre et Jean (Roman) 1888*
- *Fort comme la Mort (Roman) 1889*
- *Notre cœur (Roman) 1890*

Une aventure parisienne

In all seinen Novellen und Romanen zeigte sich Maupassant als unnachsichtiger Kritiker des bürgerlichen Charakters – in seiner Mittelmäßigkeit und Dummheit, seiner Habsucht und Grausamkeit, seiner Lieblosigkeit, seinen falschen Gefühlen und seinen banalen Idealen. Er ließ Bauern und Fischer auftreten, Huren, Damen der Halbwelt, Provinzbürger, Arbeiter, Pariser Bürokraten, die ganze Gesellschaft der Dritten Republik. In dem Essay *Der Roman* erklärte er, sein Ideal sei der *„objektive Roman“*, bei dem nicht mehr wie bei Balzac ein subjektiver Erzähler alle Vorgänge kommentiere. Er vermied eine moralisierende und psychologisierende Darstellung und stellte lediglich dar. Verkehrt ist seine Zuordnung zum Naturalismus. Maupassant ging es nie wie Zola um die wissenschaftliche Fundierung oder Programmierung der Literatur, sondern um die poetisch eindringliche

Wahrheit äußerer Realität und die Psyche des bürgerlichen Individuums in seinen vorfindbaren soziologischen Existenzen. – Von der Trostlosigkeit der bürgerlichen Illusionen handelte seine repräsentave Novelle *Une aventure parisienne* (1881).

Leseprobe: *Une aventure parisienne*

Die Frau, deren Abenteuer ich erzählen will, war bis dahin eine schlechthin ehrbare kleine Provinzlerin. Ihr anscheinend ruhiges Leben verlief in ihrem Haushalt, zwischen einem sehr beschäftigten Ehemann und zwei Kindern ... Aber in ihrem Herzen bebte eine ungestillte Neugier, ein Lüstern nach dem Unbekannten. Ohne Unterlaß dachte sie an Paris und verschlang die weltstädtischen Zeitungen. Bei den Berichten über Feste, Toiletten, Lustbarkeiten gerieten ihre Begierden ins Sieden; vor allem aber die Gesellschaftsnachrichten voller Untertöne, die in gewandten Sätzen halb gelüfteten Schleier, durch die sich Fernen voll verbotener, verzehrender Genüsse ahnen ließen, regten sie geheimnisvoll auf.
Aus ihrer Enge erschien ihr Paris ein einer Aura maßlosen, sündigen Glanzes.
Und in den langen Nächten, vom regelmäßigen Schnarchen ihres Ehemannes eingewiegt, der ihr zu Seite, ein Tuch um den Schädel, auf dem Rücken schlief, träumte sie von den berühmten Männern, deren Namen auf den Titelseiten der Zeitungen wie große Sterne am dunklen Himmel stehen; und sie malte sich ein betörendes Leben aus, mit andauernden Ausschweifungen ... Sie fragte sich, ob sie sterben sollte, ohne all die verdammenswerten Wonnen kennengelernt, ohne einmal, ein einziges Mal, sich mit Leib und Seele in den Strudel der Pariser Lüste gestürzt zu haben. Mit langer Ausdauer bereitete sie eine Reise nach Paris vor ...

Am Ort ihrer Träume angelangt, sucht Maupassants Provinzlerin vergebens nach „Ausschweifungen„ und „Wonnen", ehe sie in einem Antiquitätenladen auf einen prominenten Schriftsteller trifft. Sie verbringt den Tag mit ihm, dann die Nacht. Diese verläuft trist. Der Prominente erweist sich als ordinär schnarchender Mann, dem beim Schlafen der Speichel aus den Mundwinkeln rinnt. Angeekelt, maßlos enttäuscht, verlässt die Heldin am frühen Morgen das Haus und hastet hinaus auf die Straße.

Das Heer der Straßenkehrer kehrte. Sie kehrten die Bürgersteige, die Fahrbahnen, schoben allen Kehricht in den Rinnstein. Mit gleicher, gleichmäßiger Bewegung, der Bewegung von Schnittern in den Ebenen, schoben sie den Schmutz im Halbkreis vor sich her; und sie sah sie Straße für Straße wie aufgezogene Puppen, wie Automaten schreiten.
Und ihr war, als hätte man auch in ihr etwas ausgekehrt, ihre übersteigerten Träume in den Rinnstein, in die Gosse gestoßen.
Mit Mühe atmend, vereist fuhr sie zurück, nichts weiter mehr im Kopf als dieses Schwingen der Besen, die Paris des Morgens säuberten.
Und kaum in ihrem Zimmer, fing sie zu schluchzen an.

Rezeption
Maupassant war schon zu Lebzeiten Weltautor. Zehn Jahre nach Erscheinen von *Boule de suif* in Zolas gegen den Krieg gerichteten Novellensammelband *Les Soirées de Médan* las man ihn praktisch überall. Seine zahlenmäßig größte zeitgenössische Leserschaft hatte er in Russland und Amerika. Tolstoi, Turgenjew waren von ihm begeistert. „*Es hat wohl kaum einen anderen Schriftsteller gegeben*", sagte Tolstoi, „*der so ehrlich geglaubt hat, alles Glück, der ganze Sinn des Lebens sei (...) in der Liebe begründet*". Er gehört zu den gelesensten Autoren der französischen Literatur – obwohl (oder weil) – seine Sicht der Dinge ehrlich und pessimistisch war.

Jules Verne (1828-1905)

Verne schrieb ab 1851 Reiseerzählungen und kleine Artikel für die Familienzeitschrift „Musée des Familles". Seine Vorliebe galt Abenteuergeschichten mit Exotik-Hintergrund, daneben begeisterte er sich für wissenschaftliche Neuerungen. So wurde er Experte für Abenteuer- und Entdeckerromane. Ein bahnbrechender Bucherfolg gelang ihm erst 1863 mit *Cinq semaines en ballon*. Beteiligt an der Roman-Idee war *der* Photograph des Jahrhunderts, Nadar, der 1863 einen riesigen Ballon bauen und in Paris steigen ließ. Für Verne-Verleger Hetzel hatte sein Autor genau die Mixtur aus Literatur und Wissenschaft fabriziert, die er profitabel fand. Verne seinerseits profitierte von der stark zunehmenden Neugierde des Publikums auf fremde Länder. Der Kniff in seinen Romanen bestand in der Ununterscheidbarkeit von Fiktion und realistischen/wissenschaftlichen Fakten. Wie Baudelaire schätzte Verne E.A. Poe, und dessen Fähigkeit, phantastisch Scheinendes real wirken zu lassen, übernahm er gekonnt. 1864 folgte als nächster Hit *Voyage au centre de la terre*. Hetzel, in dessen „Magasin d'Éducation et de Récréation" ab März 1864 Vernes Romane schon im Vorabdruck Geld einspielten, machte sein Zugpferd zum exklusiven Hausautor und garantierte ihm ein Monatsfixum von 750 Francs. Gegenleistung: drei Romane pro Jahr, bei Einflussnahme des Verlegers nach Profitinteressen. 1869/70 erschien *Vingt mille lieues sous les mers*, eine Sensation wurde *Le Tour du monde en quatre-vingts jours*, 1874 sogar mit Riesenaufwand auf die Bühne gebracht (415 Aufführungen hintereinander). *Michel Strogoff* war ein weiterer Verne-Renner. 1897 erschien, nach ca. 30 folgenden Erzählwerken, *Le Sphinx des glaces*. Verne, Produzent von unzähligen Romanen, Erzählungen und auch geographischen Werken und Science-Fiction-Literatur-Pionier, oft gekürzt und als Kinderbuchautor abgetan, wurde der mit Simenon meistübersetzte Schriftsteller Frankreichs. Doch sein Fazit lautete: „*Das größte Bedauern meines Lebens liegt darin, daß ich keinen Platz in der französischen Literatur bekommen habe.*"

Werke (Auswahl)

- *Cinq semaines en ballon (Roman) 1863*
- *Voyage au centre de la terre (Roman) 1864*
- *De la terre à la lune (Roman) 1865*
- *Vingt mille lieues sous les mers (Roman) 1869/70*
- *Le Tour du monde en quatre-vingts jours (Roman) 1872*
- *Michel Strogoff (Roman) 1876*
- *Deux ans de vacances (Roman) 1888*
- *Le Château des Carpathes (Roman) 1892*
- *Le Sphinx des glaces (Roman) 1897*

Stéphane Mallarmé (1842-1898)
Paul Verlaine (1844-1896)
Arthur Rimbaud (1854-1891)

Mallarmé, Verlaine, Rimbaud waren die klassischen lyrischen Dichter des *Symbolismus*.

Info

Le symbolisme. *Eine im letzten Drittel des 19. Jh.'s in Frankreich geborene Literaturströmung, die sich zunächst unter Lyrikern ausbreitete und als Anti-Bewegung zum Realismus/Naturalismus formierte. Eigentlich von Baudelaire „gegründet", aber erst 1886 als Begriff präsent, vermischte diese Gruppierung „Décadence"-Kult mit z.T. elitärer Gesellschaftskritik. Statt Wirklichkeit und Erscheinungen abzubilden, war ihr Ziel, in der Poesie verdunkelte Bewusstseinsschichten zu wecken und irrationale traumhafte Erlebnisse zu evozieren; ausgeprägtes Décadence-Faible, Exotik und das Phantastische vermengten sich. Sie suchte nach assoziativreichen Wörtern und Wortklängen, bevorzugte freie Rhythmik, unübersichtliche Metaphern und Symbole, synästhetische Effekte; Hauptanliegen war die Produktion hypnotischer Sprachmusikalität. Symbolistischer Mit-Repräsentant war in Frankreich auch Huysmans.*

Mallarmé war Schlüsselfigur der Bewegung. Er war es auch, der seit 1880 in der Pariser Rue de Rome die „Mardis" abhielt, Treffen eines von ihm, Verlaine, Valéry und Gide begründeten elitären Literatur-Clubs. Das lyrische Werk Mallarmés (auch Poe-Übersetzer – *Les Poèmes d'Edgar Poe,* 1888) war sehr von Baudelaire bestimmt. Für ihn war die Poesie autonome, realitätsfreie Enklave, ihr Thema sollte sie selbst sein. Sein Hauptwerk *L'Après-midi d'un faune* (1876) beschwor das Dichten als Existenzform jenseits aller von „Chaos" gelenkten Wirklichkeit. In der Poesie dreht sich nach seiner Theorie alles um die Suche nach dem nur als Ideal anwesenden „Absoluten" (Thema in *Un coup de dés jamais n'abolira le hasard,* 1897), das am Ende eins ist mit Leere, Nichts, Untergang, Tod. Die bestenfalls erreichbare *Nähe* zum „Absoluten" kann nur des Dichters Sprache schaffen – die „absolute Poesie" (*Variations sur un sujet,* 1895/96). In ihr sollen Wörter nicht mehr abbilden, benennen, sondern überladene Bilder mit rätselhafter Symbolik/ Metaphorik bauen, die Untergrund-Gefühle, Seele, Geist, Phantasie „anturnen". Auflösung jeder Text-Linearität und Logik, sprachliche Verfremdung, Interpunktions-Wegfall, freie Verteilung der Wörter über die Druckseite(n), Aufhebung von Zeilen, freie Syntax, Beseitigung inhaltlicher Schwerpunkte, Höchstmaß an Vieldeutigkeit, willkürliche Leserrezeption: dies waren in etwa die Eckdaten einer Poetik, die Mallarmé auch in dem Romanfragment *Igitur ou la Folie d'Elbehnon* (1869/70 verfasst) verfolgt, wo es ebenfalls um die vergebliche Sehnsucht nach dem „Absoluten“ ging, wie auch offensichtlich in dem hinterlassenen dramatischen Versfragment *Hérodiade*, an dem der Autor dreißig Jahre probierte. Mit seiner Poesieauffassung übte er großen Einfluss auf die Lyrik (Valéry, Apollinaire) des 20. Jahrhunderts aus.

Info

Décadence. *In der frz. Lit. Geschichte von Boileau-Despréaux in Umlauf gebrachter, im 19. Jh. inhaltlich variierter, von Baudelaire und Verlaine umgeprägter Begriff für nicht nur frz. Literaturströmungen um 1900, die die antinaturalistische Tendenz einte. Frz. „Décadence"-Dichter waren u.a. Laforgue, Corbière, Huysmans, Barrès.*

Info

Die Parnassiens. *Im Namen abgeleitet vom Parnass, dem „Berg der Musen", der im antiken Griechenland dem Apoll geweiht und der geheiligte Ort der Dichter war. Diese frz. Dichtersektion aus der 2. Hälfte des 19.Jh.'s schwor auf das Prinzip „l'art pour l'art". Verlaine zählte sich in seinem Essay, „Les Poètes maudits", ungeachtet seiner Abkehr von ihrem Ideal einer unpersönlichen Beschreibungslyrik, auch dazu. Der Dichterzirkel der Parnassiens, die von der Dichtungstheorie Gautiers beeinflusst war, gruppierte sich um Ch. Leconte de Lisle, Hauptvertreter waren außer diesem Mallarmé und Verlaine, dazu gehörte auch Bourget. Parnassiens-Nachfolger waren dann die Symbolisten.*

Verlaine, Nummer zwei der Symbolisten, auch Verfechter der „Décadence“ als Literatur- und Lebensform *(„Je suis l'empire à la fin de la décadence“*) suchte in seinen frühen Werken (so schon in den *Poèmes saturniens* (1866)) einen eigenen, von der Lyrik der *Parnassiens* teilweise (er übernahm deren mythologische „Moleküle“) abweichenden Stil und Ton, wobei klar war, dass er die formalen Muster traditioneller Lyrik erst einmal sprengte.

Gebündelt kam Verlaines lyrisches Streben in der Gedichtsammlung *Romances sans paroles* (1874) zum Ausdruck. Sie entstand, nachdem er, nach Verlassen seiner Frau, mit seinem Freund Rimbaud durch mehrere Länder gezogen war und dann auf ihn geschossen hatte, als dieser die „Ehe“ aufkündigen wollte. Für den Mordversuch saß er zwei Jahre in Haft. Die *Romances sans paroles* mit ihrem inflationär vorkommenden Verb *pleurer* waren von Melancholie und Narzissmus getränkt. Die Seelenlandschaften des lyrischen Ichs, das sich in subjektiven, reflexionsfernen Stimmungen erging, wurden (wie schon in den Gedichten der „*Fêtes galantes*“ in *La Gazette rimée* (1867)) ebenso elegisch wie monoton artikuliert. Symbolistische Anti-Konventions-Techniken (sein formalpoetisches Programm postulierte Verlaine in *Jadis et Naguère* (1885)) sollten diesen Eindruck verwischen. Innerhalb der *Romances sans paroles* stachen die *Paysages belges* heraus, die nach Vorbild der impressionistischen Malerei Landschaften aus Farbtupfern bauten und dabei auf logische Verknüpfungen verzichteten, zugunsten musikalischer Klangwirkung als erstem Stilprinzip. (Nicht von ungefähr vertonten impressionistische Komponisten, darunter Ravel und Debussy, Verlaine-Lyrik.) – Nach der Haft kehrte Verlaine zum katholischen Glauben zurück und scheiterte im bürgerlichen Leben. Anzuführen aus seinem Œuvre wären noch die Lyrikbände *Sagesse* (1881), *Amour* (1888), *Parallèlement* (1889), *Bonheur* (1891). Gaëtan Picon urteilte: „*Religiöser, moralischer und staatsbürgerlicher Konformismus, Dichtung des vernünftig gewordenen Kindes (...) oder Lüsternheit des Greises: all das bildet das traurigste Geschwätz*“.

Rimbaud, Paris-Bohemien, Baudelaire-Anhänger, Vagabund wie Verlaine und Mystiker, nannte seine Beziehung zu dem älteren Verlaine in seiner letzten Prosadichtung *Une saison en enfer* (1873/1901) befremdlich eine „*drôle de ménage*“ zwischen der „*törichten Jungfrau*“ und ihrem „*höllischen Gemahl*“. Seine Poetenkarriere war kurz – als Zwanzigjähriger brach sie schon wieder ab, danach war er u.a. als Söldner, Waffenschmuggler und Steinbruchaufseher tätig. Ein extremes Leben gebar eine extreme lyrische Produktion. Diese stand erst noch im Zeichen der Romantik und der Parnassiens. *Les Lettres du voyant* (zwei Briefe von 1871, erschienen 1912 und 1926) enthielten dann Rimbauds poetisches Bekenntnis: Poesie als Ausdruck krass gegenbürgerlicher Gesinnung mit Revolte-Gestus. Nach Platon hielt er sich als Dichter für einen göttlich begnadeten „*Seher*“. An die Stelle von erhellenden Worten traten bei ihm jedoch das „*Verwirren aller Sinne*“, das Kappen aller Rationalität – Zerstörungsakte des Vertrauten, um ungeahnte Vorstellungen hinter der Realität zu öffnen. Der Poet war nach Rimbaud „*der große Kranke, der große Verbrecher, der große Verfemte*“.

Sein eigenes Schaffen vollzog sich so: *„Während der Arbeitsstunden hörte man durch die Decke hindurch immer wieder das Schluchzen, unterbrochen von Seufzern, Stöhnen, Kichern, Zornesschreien und Verwünschungen."* So zustande gekommene (Haupt-)Werke waren *Le Bateau ivre* (entstanden 1871, erschienen 1883), *Les Illuminations* (1871/1886), *Une saison en enfer.* In ihnen realisierte Rimbaud bereits surrealistische Maximen. In *Le Bateau ivre („Das trunkene Schiff"),* einem 25-strophigen, nur scheinbar korrekten Alexandriner-Gedicht, beherrschten Visionen bzw. Halluzinationen von Grenzenlosigkeit, Rausch, Vernichtung, Horror, Angst, Verzauberung, Grauen, Chaos. Die Prosagedichte *Les Illuminations,* 1886 zum Großteil publiziert im Symbolisten-Organ, „La Vogue", waren für die Lyriker des 20. Jahrhunderts Richtschnur. Auch hier brach Rimbaud in toto mit lyrischen Regeln und schaffte statt Sinn, Zusammenhang, Verstehbarkeit irreale, vom Abstrusen gerittene Bilder und Welten: *„Wenn an irgend einem Abend sich der unbefangene Reisende, entflohen unseren wirtschaftlichen Schrecken, irgendwo befinden mag, läßt die Hand eines Meisters das Klavier der Wiesen erklingen; man spielt Karten auf dem Grund des Teiches."* Rimbauds bewusst konfus-unverständlich gehaltene antisubjektive, antiobjektive, antirealistische, bizarre, über-verfremdete Lyrik wurde zur Maßstab-Poesie des Surrealismus und Expressionismus und hatte im nachfolgenden Jahrhundert viel Resonanz. Noch die „Beat-Generation" der 50er/60er Jahre feierte ihn als kreativen Anarchisten. Er selbst verabschiedete sich von seiner Laufbahn mit den Worten aus *Une saison en enfer*: *„Ich! Ich, der ich mich Magier oder Engel genannt habe, frei von jeder Moral, ich bin der Erde wiedergegeben. Ich muß mir eine Pflicht suchen und die runzlige Wirklichkeit umarmen! Bauer!"*

Joris-Karl Huysmans (1848-1907)

Huysmans, durch seine *„Pariser Skizzen"* einem breiteren Publikum vertraut geworden, hatte sich zwar 1876 den Naturalisten angeschlossen, war aber unter dem Strich bekennender Ästhetizist. Seine zwei im Gedächtnis gebliebenen Romane *Là-bas* und *À rebours* hatten nichts mit der naturalistischen Literatur zu tun, nachdem er in anderen Romanwerken, so auch seinem ersten, *Marthe,* jedoch noch einen Zola im Punkt „Drastik" zu übertrumpfen versuchte. In *À rebours*, dessen pathologischer Held der letzte Abkömmling einer Adelsfamilie war, dessen Flucht in den Ästhetizismus in Mystizismus & Wahn endet, gelang dem Symbolisten und *Décadence*-Autor ein Bild der Stimmung vor allem unter den Literaten des *Fin de Siècle*. Mit der „Dekadenz-Bibel" und der Haltung eines ästhetisierenden Katholizismus war Huysmans ein Wegbereiter des *renouveau catholique*, zu dessen Autoren auch *P. Claudel* zählte. Der Roman *Là-bas* zeigte hinsichtlich der Konnexion von „Bösem" und der Schönheit einige Affinität zu Baudelaire. (Einer der Protagonisten landet hier in Welten satanischer Wüstheiten und schwarzer Messen.) Valéry äußerte sich dahingehend, dass Huysmans *„erpicht war auf ausgefallene Begebenheiten und Geschichten, wie man sie an den Toren der Hölle erzählen könnte, der mit Wonne seine (…) wohlgefällige Kenntnis des sichtbaren Unrats und der greifbaren Zoten mit einer (…) unruhigen Wißbegier nach überirdischem Unrat und übersinnlichem Kehricht verband."*

Werke (Auswahl)

- *Marthe. Histoire d'une fille (Roman) 1876*
- *Croquis parisiens (Skizzen) 1880*
- *À rebours (Roman) 1884*
- *Là-bas (Roman) 1891*
- *La Cathédrale (Roman) 1898*

Anatole France (1844-1924)

France war als Erzähler, Essayist und Literaturkritiker ein Mann der Aufklärung. In dieser Tradition stand auch sein humoristischer Roman *La Rôtisserie de la reine Pédauque* (1893), in dem ein Abbé Coignard auftrat, ein *„Doktor der Theologie*" und *„Lizentiat der Künste"*, der *„aus zu großer Liebe zu Wein und Weib die Ehre eingebüßt [hat], in langer Robe und viereckiger Mütze auf die Lehrkanzel eines Kollegs zu steigen"* und nun seinem Schüler Jacques Menetrier, genannt Tournebroche, seine Weisheiten mit ironischer Distanz vermittelte. France ließ in diesem Roman das 18. Jahrhundert aufleben, besonders Geistesströmungen wie das Treiben der Rosenkreuzer, der Illuminaten, der Geheimbünde, des Okkultismus, womit er die mystischen Spleens vieler Zeitgenossen und das elitebewusste Gebaren der Lyriker kritisieren wollte. In späteren Werken trat die Zeitkritik des Anti-Symbolisten (der als Lyriker begann) noch deutlicher auf, etwa in *Crainquebille, suivi de Putois, Riquet et plusieurs autres récits profitables* (1903). *Crainquebille*, kritischste aller diesen Band füllenden Erzählungen, wurde zu einer Komödie umgearbeitet, außerdem waren die Erzählungen *Les Juges intègres, Monsieur Thomas, Vol domestique* beachtenswert. Aus France'

Gesamtwerk ragen außerdem noch zwei Romane heraus: *L'Île des pingouins* (1908), eine witzige Satire, die die Geschichte Frankreichs, eigentlich der Menschheit, als eine Kette von kriminellen Handlungen und Täuschungen dekuvriert, und *Le Lys rouge* (1894). France, ursprünglich konservativ, wandte sich kommunistischen Ideen zu und begrüßte die Oktoberrevolution. 1921 erhielt er trotzdem den Literaturnobelpreis, aber der Vatikan setzte sein Werk auf den Index. France leitete in Frankreich eine Rückwendung zum Realismus ein.

Testfragen

1. *Welche Hauptautoren repräsentieren die literarische Romantik im Frankreich des 19. Jh.'s?*
2. *Welche Autoren des französischen 19. Jh.'s stehen für den Übergang Romantik-Realismus? Welche Autoren in Deutschland, England und Russland wären ihnen zur Seite zu stellen?*
3. *Inwiefern differiert der Realismus Balzacs vom Realismus Flauberts und Maupassants? Welche Realisten der deutschen Literatur orientierten sich an französischen Vorbildern? Worin unterschied sich der französische Realismus vom englischen Realismus eines Charles Dickens?*
4. *Welche Hauptmerkmale kennzeichnen Balzacs Romane – und welche Hauptmerkmale kennzeichnen die Romane Zolas? Wer war der bekannteste deutsche Naturalist, und wie verhielt sich sein Naturalismus zu demjenigen Zolas?*

Lektüretipps

Berger, G.: *Alexandre Dumas. München 2002.*

Dethloff, U.: *Französischer Realismus. Stuttgart 1997.*

Jacobs, A.: *Gustave Flaubert – George Sand. Eine Freundschaft in Briefen. Aus dem Frz. von Annette Lallemand, Helmut Scheffel und Tobias Scheffel. München 1992.*

Korn, Karl: *Zola in seiner Zeit. Frankfurt a.M. u.a. 1964.*

Lottmann, H.: *Flaubert. Eine Biographie. Frankfurt 1992.*

Nabokov, V.: *Flaubert. Madame Bovary. In: Die Kunst des Lesens. Frankfurt a.M. 1992.*

Sander, E.: *Maupassant. Biographie. Mannheim 1951.*

Zweig, St.: *Balzac. Eine Biographie. Frankfurt a.M. 1994.*

6. Kapitel
20.-21. JAHRHUNDERT

Historischer Kontext

Seit den letzten Jahrzehnten des 19. Jahrhunderts setzte ein von politischen und wirtschaftlichen Interessen geleitetes Streben der europäischen Staaten, der USA und Japans nach Ausdehnung ihres eigenen Machtbereichs ein (Imperialismus). Ein Wettlauf um die noch nicht verteilten Regionen der Erde begann. Aus ihm resultierten Spannungen und Konflikte der Staaten untereinander.

Frankreich eroberte vor allem in Nordafrika und Indochina umfangreiche Kolonialgebiete und geriet in offenen Gegensatz zu den imperialistischen Bestrebungen Englands. Der Konflikt konnte aber in der „Entente cordiale" (1904) beigelegt werden, in der die Interessengebiete zwischen beiden Ländern in den Kolonien abgesteckt wurden. Dieses Zusammengehen bewährte sich auch bei den beiden Marokkokrisen 1905/06 und 1911 gegen deutsche Interessen an Marokko.

Schon 1892 hatte sich Frankreich durch eine Militärkonvention mit Russland aus der vertraglichen Isolierung befreien können und eine Bündnis- und Rüstungspolitik, die gegen das Deutsche Reich gerichtet war, betrieben. Die Außenpolitik des Deutschen Reiches unter Wilhelm II. wurde in Europa als Bedrohung empfunden. Bald besaß das zunehmend isolierte Deutschland nur noch Österreich-Ungarn und Italien als Bündnispartner.

Die Ermordung des österreichischen Thronfolgers durch einen serbischen Nationalisten am 28.6.1914 löste den 1. Weltkrieg aus. Deutsche Truppen griffen zuerst im Westen an, blieben aber trotz der Anfangserfolge schon ab 1914 in einen jahrelangen Stellungskrieg mit blutigen Schlachten verwickelt. Besonders grausam waren 1916 die Schlacht um die Festung Verdun und die Offensive an der Somme.

Der Ausbruch der Revolution in Russland 1917 und der Friedensabschluss von Brest-Litowsk 1918 setzten deutsche Truppen für den Westen frei. Nun war der Eintritt der USA in den Krieg notwendig geworden, weil die USA der wichtigste Waffen- und Rohstofflieferant der Alliierten waren und diese, insbesondere auch Frankreich, zu deren Bezahlung Anleihen in den USA aufgenommen hatten. Ab dem Frühjahr 1917 schickten die USA Truppen im großen Stil nach Frankreich, denen die deutschen Soldaten nicht gewachsen waren. Die

Alliierten beherrschten den Luftraum über der Front, den Panzerverbänden hatten die deutschen Truppen nichts entgegen zu setzen. Am 8. August 1918 durchbrachen englische „Tanks" die deutsche Front, am 11.11.1918 musste Deutschland die Waffenstillstandsbedingungen in Compiègne unterzeichnen. Nordostfrankreich war infolge des Krieges verwüstet. Weit über eine Million Franzosen waren im Weltkrieg gefallen.

Bei den Friedensverhandlungen in Paris forderte Ministerpräsident Clemenceau Sicherheit vor zukünftigen deutschen Angriffen. Frankreich erhielt Elsass-Lothringen zurück und konnte das Saargebiet mit seinen Kohlengruben (das aber dem Völkerbund unterstellt wurde) wirtschaftlich nutzen. Das Gebiet links des Rheins sollte 15 Jahre lang von den Siegermächten besetzt bleiben und ein Streifen östlich des Rheins entmilitarisiert werden. Deutschland wurden Reparationen in zunächst nicht festgelegter Gesamthöhe auferlegt. Am 28.6.1919 wurde der *Friedensvertrag in Versailles* unterzeichnet. Frankreich erhielt eine führende Stellung im Völkerbund und wurde wieder zur stärksten Festlandsmacht. Deutschland musste im Zuge der Reparationsleistungen auch Waren liefern. Als es dabei zu einer Verzögerung kam, besetzten französische und belgische Truppen im Januar 1923 das Ruhrgebiet.

Seit 1924 begann in Frankreich nach der Wahl von Linksregierungen mit Außenminister Briand eine Politik der Verständigung mit den Deutschen, die vom deutschen Außenminister Stresemann erwidert wurde und sich im Locarno-Vertrag 1925 niederschlug. Beide Politiker hatten aber mit radikalen Gegnern dieser Politik im eigenen Land zu kämpfen.

Trotz der dem Deutschen Reich auferlegten gewaltigen Reparationszahlungen, trotz des deutschen Verlusts wirtschaftlich bedeutender Regionen erholte sich die deutsche Wirtschaft deutlich besser als die französische. Die Wirtschaftskrise in den USA 1929 entwickelte sich zur Weltwirtschaftskrise, und die USA forderten von den europäischen Ländern die Rückzahlung der Kredite. Durch die Weltwirtschaftskrise, durch Regierungskrisen und innere Unruhen geschwächt und friedenswillig, setzten die Westmächte, insbesondere auch Frankreich, Hitler zunächst keinen Widerstand entgegen, als dieser 1935 entgegen den Bestimmungen des Versailler Vertrages die allgemeine Wehrpflicht verkündete und 1936 deutsche Truppen ins Rheinland einmarschieren ließ. Sie duldeten auch den Einmarsch Hitlers in Österreich 1938 und die Einverleibung des Sudetenlandes im Münchner Abkommen (29.9.1938).

Großbritannien und Frankreich strebten ein Bündnis mit Stalin gegen die expansive deutsche Außenpolitik an. Der aber verhandelte zeitgleich mit Hitler und schloss 23.8.1939 den deutsch-sowjetischen Nichtangriffs-Pakt ab. Nach dem deutschen Angriff auf Polen am 1.9.1939 erklärten Frankreich und Großbritannien entsprechend der Garantieerklärung für Polen dem Deutschen Reich den Krieg. Deutsche Truppen griffen nach ihrem siegreichen Blitzkrieg gegen Polen am 10.5.1940 im Westen an und drangen von Norden in nur sechs Wochen bis Paris vor. Nach seiner Flucht nach London rief Charles de Gaulle am 18.6.1940 über BBC zum Widerstand auf. Marschall Pétain unterschrieb am 22.6.1940 den Waffenstillstand, der Norden und Westen Frankreichs inkl. Paris wurde von der Wehrmacht besetzt, Elsass-Lothringen dem Deutschen Reich einverleibt. Zwei Millionen französische Kriegsgefangene wurden zum Arbeitseinsatz nach Deutschland geschickt. Mit dem Rücktritt des Kabinetts Reynaud endete in Frankreich die *Dritte Republik* (1870-1940).

Marschall Pétain regierte als Staatschef mit Pierre Laval als leitendem Minister im unbesetzten Teil Frankreichs den „État français" (1940-1944), seit 1.7.1940 mit Sitz in Vichy, und versuchte teilweise, mit Hitler zusammenzuarbeiten. Nachdem deutsche Truppen 1942 in die unbesetzte Südzone vorgerückt waren, gründete Jean Moulin 1943 den *Conseil national de la Résistance* (CNR), der zum Sammelbecken für die Widerstandsbewegung gegen die deutschen Besatzer wurde. Zeitgleich bildete de Gaulle in Algier den „Comité français de Libération nationale" (CFLN), der sich als „Provisorische Regierung der französischen Republik" durchsetzte.

Die erfolgreiche Invasion der Briten und Amerikaner in der Normandie 1944 und an der Mittelmeerküste führte zur Befreiung Frankreichs (7.5.1945 Unterzeichnung der bedingungslosen Kapitulation der Wehrmacht). Am 25.8.1944 wurde de Gaulle Chef der provisorischen Regierung im befreiten Paris.

Von 1945-1958 währte die *Vierte Republik.* In den alliierten Kriegskonferenzen bekam Frankreich Besatzungszonen in Deutschland und Österreich zugesprochen.

Europa hatte nach dem 2. Weltkrieg seine weltbeherrschende Stellung verloren. Die Völker Asiens und Afrikas erhoben sich gegen ihre ehemaligen Kolonialherren. Frankreich wollte nicht freiwillig auf seine Oberherrschaft verzichten und setzte zuerst in Indochina 1945-1954 und dann in Afrika Truppen ein. Vor allem in Algerien bekämpfte die französische Armee die Aufständischen (1954-1962).

Der Krieg endete mit der Unabhängigkeit des Landes und der Auswanderung des größten Teils der französischen Siedler.

Mit dem Deutschen Reich bahnte sich nach der Wiedergewinnung der deutschen Souveränität überraschend schnell eine Verständigung an. Außenminister Schuman und seine Nachfolger setzten sich für eine Stärkung der Sicherheit Westeuropas und für europäische Zusammenarbeit ein, was sich u.a. 1952 in dem Vertrag über eine „Europäische Gemeinschaft für Kohle und Stahl (EGKS, Montan-Union) niederschlug. 1958 traten die Verträge über eine Europäische Wirtschaftsgemeinschaft (EWG) und eine Europäische Atom-Gemeinschaft (EURATOM) in Kraft.

In der Nachkriegszeit war die innenpolitische Situation in Frankreich durch dauernde Krisen gefährdet, in dreizehn Jahren bis 1958 gab es 26 Regierungen. Die Spaltung der Siegermächte in ein westliches und östliches Lager zog heftige Diskussionen im Innern Frankreichs nach sich. Schließlich wurde de Gaulle am 1.6.1958 Ministerpräsident. Auf der Basis einer neuen Verfassung, die die Exekutivgewalt des Präsidenten erheblich stärkte, wurde de Gaulle am 21.12.1958 zum Staatspräsidenten der *V. Republik* vom Volk direkt gewählt und regierte bis 1969.

In außenpolitischer Hinsicht strebte er die Vormachtstellung Frankreich in Europa an. Er drängte den amerikanischen Einfluss in Europa zurück, löste Frankreich aus der NATO-Integration, baute eine eigene Atomstreitmacht auf und arbeitete eng mit Adenauer zusammen (1963 Deutsch-Französisches Abkommen). Die französische Industrieproduktion wuchs seit 1958 enorm. Trotzdem blieben soziale Spannungen, die 1968 zum Generalstreik und zu auch durch den Vietnam-Krieg veranlassten, auf Europa übergreifenden studentischen Unruhen („Pariser Mai“) führten. 1969 trat de Gaulle zurück, Seine Nachfolger wurden Georges Pompidou (1969-74), Valéry Giscard d’Estaing (1974-81), François Mitterrand (1981-95). Ab 1995 herrschte Jacques Chirac, derzeit (2010) ist Nicolas Sarkozy an der Macht.

Epoche(n) & Strömungen

Die französische Literatur des 20. Jahrhunderts – ein Jahrhundert sehr vieler, sich verwischender, am Ende auflösender Richtungen und Programme – bezog sich erst einmal direkt oder variierend auf Strömungen des ausgehenden Vorjahrhunderts (Naturalismus, Symbolismus, Impressionismus, Neuromantik). *Der* Name der Epoche auf dem Roman-Serien-Sektor war natürlich neben *Rolland, Romains* oder auch Martin du Gard *Proust*, dessen von Ästhetizismus, Subjektivismus und Impressionismus getragener Romanzyklus *À la recherche du temps perdu* (1913-27) aber hinter Zolas lebensvollen *Rougon-Macquart* exklusiv-blass blieb. Dem Symbolismus folgte in der Lyrik Valéry, der sich wieder einmal dem Idealen und dem absoluten Geist zu nähern suchte, ehe (ebenso vom 1. Weltkrieg beeinflusst wie die naturalistischen, antimilitaristischen, teils kommunistischen Romanciers Barbusse und Rolland) der von Jarry und Apollinaire initiierte Surrealismus der 20er Jahre (Breton, Aragon, Éluard, Soupault, Vitrac) sämtliche Sinngewähr kompromisslos ablehnte. Diesem Programm folgte auf Basis des Existenzialismus in der Dramatik-Hochphase der 50er Jahre das Theater des Absurden um Ionesco, Genet, Sartre. Sartre (*Résistance*-Autor wie u.a. Éluard, Aragon, Malraux, Camus) forderte essayistisch die „sozial engagierte Literatur". *Camus*, Frankreichs Weltliteratur-Romancier der 40er/50er Jahre, suchte in seiner aufgeklärten stringenten Prosa Realismus, Humanismus und Existenzialismus zu vereinen, wohingegen der *nouveau roman* um Robbe-Grillet (die epische Parallelvariante des *théâtre de l'absurde*) keinen Wert auf Inhalt, Logik, Handlungen, Zusammenhänge, Personen legte. Diesbezüglich noch exzessiver verfuhren der *nouveau nouveau roman* und die 1969 gegründete, nicht rein-französische Avantgarde-Gruppe „*OULIPO*" um Queneau und Perec. Dem gegenüber etablierte sich *Simenon* als traditioneller, kritischer, realistisch-impressionistischer Romancier der modernen bürgerlichen Welt und meistgelesener französischer Autor des 20. Jahrhunderts.-

Eine Haupttendenz aktueller französischer Literatur geht in Richtung pornographisch gefärbten Semi-Realismus (Djian (*Zone érogène*), Houellebecq *(Plateforme)*), pornographischen Subkultur-Realismus (Despentes, *Baise-moi*) oder pure Pornographie (Breillat; C.Millet, *La Vie sexuelle de Catherine* M.).

Gattungen/Vorherrschende Gattungen

Lyrik; Drama; Roman; Essay

Autoren & Werke

Paul Valéry (1871-1945)

Valéry, zunächst Jurastudent, ging 1894 nach Paris und freundete sich mit A. Gide und seinem Idol Mallarmé an. Er arbeitete u.a. als Redakteur im Kriegsministerium und als Sekretär bei einem Wirtschaftsmagnaten. Danach lebte er als unabhängiger Schriftsteller, d.h. als „Dichterkönig", und war um 1920 wichtigster französischer Lyriker. Valéry war aber nicht zuletzt *philosophischer* Autor. Die Forschung stützt sich hier vor allem auf die posthum publizierten *Cahiers*, die insgesamt als Faksimiledruck 29 Bände (28000 Seiten) umfassten, in denen Valéry ab 1892 seine Gedanken und Einfälle unsystematisch notierte. Einer seiner Aphorismen lautete: *"Politik ist die Kunst, die Leute daran zu hindern, sich um das zu kümmern, was sie angeht."* Teilweise wurden die *Cahiers* als Aphorismenbände unter den Titeln *Tel quel I* (1941) und *Tel quel II* (1943) noch zu Lebzeiten veröffentlicht. Wie sie war auch Valérys Romanfragment *La Soirée avec Monsieur Teste*, erschienen in der Zeitschrift „Le Centaure", von dem Antrieb geprägt, den Intellekt zu ergründen – Valéry machte diesen erstmals zum Gegenstand eines Romans. Das Fragment wurde mehrfach durch weitere „Testiana" ergänzt. Inneres Motto sämtlicher Teile war der bezeichnende Satz: *„Ich bekenne, aus meinem Geist ein Idol gemacht zu haben"*. – Als *Lyriker* verschrieb sich Valéry nach einer symbolistischen Phase der *poésie pure*, in seinem Fall einem „Mix" aus Selbstbezüglichkeit, gedanklicher Schärfe und formaler Perfektion. Sein Gedicht *Narcisse parle* beeindruckte die europäischen Intellektuellen ähnlich stark wie sein 1917 veröffentlichtes lyrisches erstes Hauptwerk *La jeune parque*. Während die Fachwelt sich tief schürfende Gedanken über dessen Gehalt machte, sagte Valéry: *„Meine Verse haben den Sinn, den man ihnen gibt"*. Sein zweites lyrisches Hauptwerk wurde die Sammlung *Charmes*, mit dem bekannt gewordenen Endlosgedicht *Le Cimetière marin*, in dem Valéry den Friedhof seiner Geburtsstadt Sète schilderte, wo man ihn auch begrub. Zuvor kam er aber noch 1925 in die *Académie* und erhielt den hoch dotierten Posten als Poetik-Professor am „Collège de France". Nach Valéry sank die Sparte Lyrik in Frankreich in eine eher marginale Position herab.

Werke (Auswahl)

- *La Soirée avec Monsieur Teste (Romanfragment) 1896 (zahlreiche erweiterte Ausgaben)*
- *La jeune parque (Gedicht) 1917*
- *Charmes (Gedichtsammlung) 1922*
- *Cahiers (aphoristische Prosa) 1941 und 1943 (posthum erschienene erweiterte Ausgaben)*

André Gide (1869-1951)

Gide kam aus einer reichen Hugenottenfamilie, bewohnte ausschließlich noble Pariser Viertel wie das 6. und 7. Arrondissement auf dem linken Seineufer, versah seine magere Gestalt gerne mit Cape und Hut, wirkte schüchtern und war dennoch für mehrere französische Autoren-Generationen bereits in frühen Jahren ein Mann zum Fürchten. Denn als Mitbegründer der elitären „Nouvelle Revue Française" (1909), die dann auch Gaston Gallimard, der berühmteste Verlegername Frankreichs, mitbetrieb und für die Autoren wie Breton und Apollinaire schrieben, entschied der Chefredakteur (bis 1914) über eingereichte Manuskripte und hatte bis zum Zweiten Weltkrieg viel Einfluss auf das Literaturleben. So lehnte Gide z.B. ein Proust-Manuskript ab, vermutlich ohne es gelesen zu haben. Seine eigenen zahlreichen Werke verkauften sich mehrheitlich nicht besonders. Er begann als lyrischer Symbolist im Stile Mallarmés (*Les Cahiers d'André Walter*), nach seinen Afrikareisen waren seine Werke jedoch offenbar von Nietzsche und O. Wilde geprägt – so auch *Les Nourritures terrestres,* erschienen 1897, ein Werk lyrischer Prosa, das trotz seiner Pathetik Erfolg hatte. Die insgesamt acht Bücher mit Aphorismen, Maximen, hier und da *rondes* und *ballades*, einer langen Erzählung und einem Reisetagebuch hatten als gemeinsamen Inhalt den Protest gegen einengende Konventionen und Normen und den Appell zur Selbstbefreiung und zum Ausleben von Sinnlichkeit. Auch der Roman *L'Immoraliste* enthielt Autobiographisches und thematisierte Gides Abkehr von hugenottischen Grundsätzen sowie seine Homosexualität.

Zu Gides auch in Deutschland noch vertrauten Werken zählt *Les Caves du Vatican*. Das fünfbändige Romanwerk ist überfrachtet mit Unwahrscheinlichkeiten aller Art, darunter einem Mord als *„acte gratuit"*, einer Tat aus einer Laune heraus ohne Sinn, Motiv und Grund. Es litt wie alle Gide-Romane unter Schwächen in Aufbau und Darbietung. In *Les Faux-monnayeurs* erteilte Gide der realistischen/

naturalistischen Romanästhetik eine Absage. Seine Theorie im Roman über den Roman wurde von traditionellen Autoren als dessen endgültigen Tod abgelehnt, von modernen als „neuer Ansatz“ innerhalb eines Werkes gefeiert, in dem erneut die Homosexualität Sujet war, diesmal in Gestalt des Literaten Robert de Passavant und eines „Knabenpensionates“ für den Bedarf von Erwachsenen. – Gide führte ein Tagebuch, in dem sich narzisstische Betrachtungen und Bekenntnisse zu Homoerotik/Päderastie wiederholten. Daneben ging es um Kommunismus (dem er vorübergehend anhing) und Kommentare zum geistigen Leben der Epoche. Vier Jahre vor seinem Tod erhielt Gide, der auch vergessene Theaterstücke schrieb, den Literaturnobelpreis. Sein größter internationaler Bucherfolg war die Erzählung *La Symphonie pastorale*, die von der rührseligen Beziehung eines Pastors zu einem blinden Waisenmädchen handelt.

Werke (Auswahl)

- *Le Traité de Narcisse (Erzählung) 1891*
- *Les Nourritures terrestres (lyrische Prosa) 1897*
- *L'Immoraliste (Roman) 1902*
- *Les Caves du Vatican (Roman) 1914*
- *La Symphonie pastorale (Erzählung) 1919*
- *Les Faux-monnayeurs (Roman) 1925*
- *Retour de l'U.R.S.S. (Reisebericht) 1936*
- *Journal (Tagebuch) 1939-1950*

Guillaume Apollinaire (1880-1918)

Apollinaire brachte sich zunächst u.a. als Lohnschreiber, Sekretär, kleiner Bankangestellter durch und schrieb gleichzeitig eigene teilweise pornographische Werke (*Les onze mille verges*, *Les Exploits d'un jeune Don Juan*). In Paris suchte er Kontakt zu Autoren wie A. Jarry und Avantgarde-Malern wie Picasso und richtete in seinen Essays über Kunst und Künstler das Augenmerk auf die Malerei des Kubismus (*Les Peintres cubistes*, 1913). In seinem literarischen Tun (Lyrik, Prosa, Drama) bereitete er den Weg zur Entfaltung des Surrealismus – seine Lyrik war sowohl für Dadaisten (Tzara) als auch Surrealisten nachahmenswert. Mit der Gedichtsammlung *Alcools* lenkte er maßgeblich die französische Lyrik der ersten Jahrhunderthälfte. Sein kühnster dichterischer Schachzug war, dass er auf den Druckfahnen des Werkes kurzerhand die gesamte Interpunktion strich. Auf kritische Stimmen reagierte er böse – seine Verse sollten dem Atem-Rhythmus entsprechen und gespürte Gefühle, innere Bewegungen, Leidenschaften poetisch exponieren. *„Nur der Rhythmus kann die Verse skandieren, da haben wir die wirkliche Interpunktion; man braucht keine andere“*. Apollinaires Gedichte waren zum einen Niederschlag seiner privaten Empfindungen, die er direkt, ohne Denkarbeit präsentieren wollte. *“Meine Verse sind fast alle nach dem ersten Entwurf veröffentlicht (...) jedes meiner Gedichte ist die Erinnerung an ein Ereignis in meinem Leben“*. Aber neben dieser Spontan-Lyrik liebte er auch die herbeigeführte Wirkung, das konstruierte dichterische Klangbild. In *Calligrammes,* seinem zweiten viel beachteten Lyrik-Buch, das eben aus Bildgedichten bestand („Calligrammes“ = Gedichte, deren Verse zu einer bildhaften Zeichnung angeordnet werden), unternahm er einen zweiten gewagten formalen Sprung.

Zwei Jahre zuvor war sein Erzählungsband *Le Poète assassiné („Der gemordete Dichter“)* erschienen. 1917 wurde dann sein Drama *Les Mamelles de Tirésias* („*Die Brüste des Tiresias*“), bestehend aus zwei Akten und einem Prolog mit Musik von G. Albert-Birot, in Paris uraufgeführt, ein Werk, an dem Apollinaire nach eigener Auskunft von 1903 bis 1916 gearbeitet hatte. Um die künstlerische Stoßrichtung des Stücks vorzustellen, verwendete er bereits im Titel den Begriff „surrealistisch“ („sur“: über/„réalisme“: Realismus), weshalb er als Ur-Surrealist gilt. Im Übrigen sah er sein Drama als Aufforderung an die Franzosen, den Bevölkerungsschwund aufzuhalten. Demgemäß ließ Thérèse, die weibliche Titelgestalt, aus Unzufriedenheit mit ihrem Mann und den Männern im Ganzen ihre Ballonbrüste ins Publikum fliegen und wurde zum Mann und Politiker Tirésias. Ihr Ehemann indessen zeugte an einem einzigen Tag 40 049 Kinder. Das Bühnenstück wurde untermalt von Geschrei, Schüssen, Zerschlagen von Geschirr u.ä. und inspirierte den Komponisten Poulenc zu einer Oper. Jarry, Vorläufer der Dadaisten und Surrealisten, hatte mit *Ubu roi* diesen Theaterstil schon 1896 auf die Bühne gebracht, als eine Protest-Verhöhnung althergebrachter Theaterkonventionen.

Werke (Auswahl)

- *Les Peintres cubistes (Essays) 1913*
- *Alcools. Poèmes 1898-1913 (Gedichte) 1913*
- *Le Poète assassiné (Erzählungen) 1916*
- *Les Mamelles de Tirésias (surrealistisches Drama) 1917*
- *Calligrammes (Bildgedichte) 1918*

Marcel Proust (1871-1922)

Proust war der Sohn eines namhaften Arztes und einer Mutter aus der jüdischen Großbourgeoisie. Er besuchte das Pariser „Lycée Concordet". Schon früh litt er an schwerem Asthma. Er studierte Jura, musste aber seine Tätigkeit als Anwalt aus Gesundheitsgründen aufgeben. 1896 veröffentlichte er erste Texte (*Les Plaisirs et les Jours)* und betätigte sich als Übersetzer und Literaturkritiker (*Contre Sainte-Beuve*, 1905-1909). Sein Lebensstil war der eines Snobs und Dandys, der in großbürgerlichen und aristokratischen Pariser Salons verkehrte. Nach seiner Verwaisung, 1905, lebte er zurückgezogen vor allem am Boulevard Haussmann. Zu Chauffeur und Sekretär gesellte sich ab 1914 das dadurch berühmt gewordene Hausmädchen Céleste Albaret, eine Vertraute, die ihn versorgte, eifersüchtig bewachte und schließlich auch seine Manuskripte ordnete. Proust empfing „Leute" der Pariser Welt, machte indessen seit 1908 die Abfassung des Zyklus *À la recherche du temps perdu* (den er auch im „Grand Hôtel" in Cabourg an der Normandieküste schrieb) zu seinem Hauptlebensinhalt. Nach 14 Jahren schloss er das Werk im März 1922 ab; bis zu seinem Tod am 18.11.1922 übersäte er es noch mit Korrekturen.

Das Opus erschien zwischen 1913 und 1927 und umfasste sieben Teile: 1. *Du côté de chez Swann* (1913), *2. À l'ombre des jeunes filles en fleurs* (1918), *3. Le Côté de Guermantes* (1920/21), 4. *Sodome et Gomorrhe* (1921-23), 5. *La Prisonnière* (1923) 6. *Albertine disparue* (1925), 7. *Le Temps retrouvé* (1927). Der auf eigene Kosten publizierte, zuvor u.a. von Gide abgelehnte erste Teil, *Du côté de chez Swann,* blieb unbemerkt; für den zweiten erhielt Proust dann 1919 überraschend gleich den „Prix Goncourt". Nun nahm die Proust-Hausse in Europa mit jedem weiteren *Recherche*-Band zu. Aus der Sicht eines vorgeblich fiktiven Künstlers, der seine Autobiographie schreibt, gab Proust auf der einen Seite einen Bilderbogen der mondänen Pariser High Society des auslaufenden 19. Jahrhunderts, der Jahrhundertwende sowie der Vorkriegszeit, wobei der Ich-Chronist (*„Der Ich sagt, der ich aber nicht immer bin")* nicht mit dem Autor deckungsgleich sein sollte – es aber eigentlich doch war. Zweitens oder erstens bot die *Recherche du temps perdu* – und das war ihr Thema – eine literarische Phänomenologie des *Erinnerns*, insofern die Bedingungen, unter denen Vergangenheit wieder lebendig wird, analysiert und verbildlicht wurden. Ausgelöst wird ihre magische Wiederkehr bei Proust durch optische Anstöße, Gerüche oder Gehöreindrücke. Beispielhaft hierfür ist das Aroma jenes in Tee getauchten, „Madeleine" heißenden muschelförmigen Gebäcks, das der Erzähler einst bei seiner Tante Léonie in Combray genoss – und das Jahre später bei ihm einen Erinnerungsschub auslöst. (Diese Idee von der Erinnerungs-Produktion gerade durch Geschmacks-Reize war keine original Proustsche. Tolstoi gestaltete sie bereits in *Der Tod des Iwan Iljitsch* (1886). Seine „Madeleine" waren einfache Dörrpflaumen.)

> *„In der Sekunde nun, da dieser mit den Gebäckkrümeln gemischte Schluck Tee meinen Gaumen berührte, zuckte ich zusammen und war wie gebannt durch etwas Ungewöhnliches, das sich in mir vollzog (...) Und mit einem Mal war die Erinnerung da. Der Geschmack war der jenes kleinen Stücks einer Madeleine, das mir am Sonntagmorgen in Combray (...) meine Tante Léonie anbot (...) Und so ist es denn, sobald ich den Geschmack jenes Madeleine-Stücks wiedererkannt hatte, das meine Tante mir, in Lindenblütentee getaucht, zu geben pflegte (...), das graue Haus mit seiner Straßenfront (...) zu dem kleinen Pavillon an der Gartenseite hinzugetreten (...) und mit dem Haus die Stadt (...), der Platz, auf den man mich vor dem Mittagessen schickte, die Straßen ..."*

Nach Proust vollzieht sich Erinnern in Phasen: durch Sinneseindrücke wird eine „*mémoire involontaire*" geweckt, anschließend hält der Verstand die flüchtige Empfindung fest und weckt die im Unterbewusstsein mit ihr verbundenen scheinbar verschollenen Welten. Sind diese ins Gedächtnis aufgestiegen, erfolgt die schriftstellerische Fixierung. In der *Recherche* werden vergangene Zustände und Erlebnisse in riesiger Fülle reaktiviert zuzüglich einer Unzahl von erinnerten Personen. (Die *Pléiade*–Ausgabe der Werke Prousts von 1954 legte ein 100 Seiten umfassenden Personen-Verzeichnis bei.) Bei diesem Aufbauprinzip entstand keine chronologische Romanhandlung, vielmehr gab es zahlreiche Einzelerlebnisse und verschiedene Handlungsstränge; der Zyklus wurde nur durch den Icherzähler zusammengehalten, der in Form eines Monologs seine Gedanken schweifen lässt. Proust verwandte zur Darstellung einen eigenen Satzrhythmus, überlange Sätze und überstrapazierte Satzkonstruktionen. Hinzu kam ein Beiwerk von Metaphern, Parenthesen und Nebensatzeinschüben. Das Romanwerk endete im Schlussband mit der Erkenntnis, dass der Tod das Kunstwerk, das die Zeit aufbewahrt und gleichsam wiederholt, nicht vernichten kann. Proust folgte der Theorie des Philosophen *H. Bergson* (1859-1941), derzufolge die Aufbewahrung der Vergangenheit im Gedächtnis der erfahrenen Lebenszeit Dauer verleiht, aber nach Prousts Ansicht schafft und verewigt erst *das Kunstwerk* die „durée".

Jean Giraudoux (1882-1944)

Nach ersten Schriftstellermeriten mit Erzählungen (*Provinciales)* publizierte Giraudoux den Roman *Simon le Pathétique.* Sein Hauptberuf (Diplomat) bedingte eine Auseinandersetzung mit dem deutsch-französischen Verhältnis, das insbesondere nach dem Versailler Vertrag arg belastet war. Das schlug sich auch in *Siegfried et le Limousin* nieder (betitelt nach der Gebirgslandschaft, in der Giraudoux' Geburtsort lag). Der Roman (zusammen mit dem späteren *Siegfried*-Schauspiel zentraler Teil des „Siegfriedzyklus") hantierte mit ungefähr hundert konturenlosen Personen, hatte eine zusammenhanglose Handlung und spielte in Deutschland; man nahm an, Giraudoux habe nur ein Pro-Deutschlandbild zeichnen wollen, um die französischen Leser zur Versöhnung zu bewegen, wenngleich sein Deutschland-Porträt auch Parodie-Elemente enthielt; es hieß, er besäße „eine franco-germanische Seele." Wirklich war in seinen Werken eine Vorliebe für die deutschen Romantiker erkennbar, so auch in dem Stück *Ondine* (nach der Erzählung de la Motte Fouqués). Ein wahrer Hass auf Realisten/Naturalisten, *„diesen abscheulichen Zola und Genossen, den Adepten des Realen*", ging hiermit einher. Die Umarbeitung von *Siegfried et le Limousin* zum Schauspiel *Siegfried* erwies sich als grandiose Sache, zurückführbar vor allem auf die Arbeit des Regisseurs und Patrons L.Jouvet. Es folgten weitere Stücke meist politischer Intention, in denen Giraudoux auch antike Mythen benutzte, so in der Prosakomödie *Amphitryon 38* und im Anti-Kriegsstück *La guerre de Troie n'aura pas lieu.* (Nach Giraudoux' These ist den meisten Menschen der Wille zum Krieg immanent, der nur auf einen Anlass wartet, sich auszuleben.) Berühmtheit erlangte das Drama *La Folle de Chaillot*, uraufgeführt erst posthum 1945, dessen Heldin trotz ihrer Behausung in einem Kellerloch wegen ihres überlegenen Auftretens und ihrer Freundlichkeit gegenüber „kleinen Leuten" als *„grande dame"* des Armenviertels gilt; die so genannte „Gräfin" macht das Vorhaben von Spekulanten zunichte, die unter ihrem Wohnloch entdeckten Erdölvorkommen auszubeuten. – Anders als Giraudoux' Romane war sein Theaterwerk nachwirkend. Anouilh sagte später, er habe mit *Siegfried* vor aller Welt *„den Frühling des französischen Theaters"* herbeigeführt.

Werke (Auswahl)

- *Provinciales (Erzählungen) 1909*
- *Simon le Pathétique (Roman) 1918*

- *Siegfried et le Limousin (Roman) 1922*
- *Siegfried (Drama) 1928*
- *Amphitryon 38 (Prosakomödie) 1929*
- *La guerre de Troie n'aura pas lieu (Drama) 1935*
- *Ondine (Drama) 1939*
- *La Folle de Chaillot (Drama) 1945*

André Breton (1896-1966)

Breton, theoretischer Kopf des französischen literarischen Surrealismus, verdankte diesen Status seinem 1924 publizierten (ersten) *Manifeste du surréalisme.* In ihm lehnte er Rationalismus und Vernunft als Instanzen des Dichtens ab und plädierte für das Unbewusste, Vorbewusste und Visionäre als Ur-Grund von Poesie. Träume, Rauschzustände und Erfahrungen bei Hypnose waren ihm Quelle künstlerischer Inspirationen. Der Poet solle auf Eingebungen aus den dunklen vorrationalen Tiefen seiner Psyche und seines Geistes horchen und automatisch-traumhaft arbeiten *(écriture automatique).* Der Fluss dieser Eingebungen dürfe nicht rational tangiert sein, Logik und literarische Gestaltung sollten keine Rolle spielen. Breton lehnte nicht nur Darstellungsprinzipien der mimetischen Ästhetik ab, er entwickelte neue literarische Techniken, etwa die Collage *(le collage).*

Info

Le surréalisme. *Der liter. Surrealismus war in Frankreich eine Strömung mit von Anfang an politisch-radikalem Anstrich, die sich provokativ auf bürgerliche Werte bezog und eine, z.T. kommunistische, politisch-literarische Protestbewegung war. Er unterhielt eine eigene Zeitschrift, die von Breton gegründete „La Révolution Surréaliste" (1924-1929) und eine Geschäftsstelle für surrealistische Forschungen: „Bureau de Recherches Surréalistes".*

Außer seinen *Manifesten* steuerte Breton zum Surrealismus neben vielen anderen Texten dessen literarische Manifestation, die so genannte „Erzählung" *Nadja*, bei. Sie beschrieb in Form eines unliterarischen Tagebuch-Protokolls die wahre Begegnung Bretons mit einer Nadja, einer Gestörten, die sich selbst als *„umherirrende Seele"* auffasste, von Breton als *„ungebundenen Geist"* oder auch *„Luftgenie"* bezeichnet wurde und in einer Irrenanstalt landete. Breton füllte seine „Erzählung“, in der es ihm hauptsächlich um die Explikation des „Wunderbaren“ und das Okkulte zu tun war, mit vielen traumentlehnten Assoziationen und tat alles, um einen Sinn aus ihr zu entfernen. *Nadja* erlebte im Jahr ihrer Erscheinung über 20 Auflagen.

Werke (Auswahl)

- *Les Champs magnétiques (Lyrik, mit Ph. Soupault) 1920*
- *Nadja (Erzählung) 1928*
- *L'Immaculée conception (Lyrik, mit P. Éluard) 1930*
- *Le Revolver à cheveux blancs (Lyrik) 1932*
- *Les Vases communicants (Lyrik) 1932*

Tristan Tzara (1896-1963)

Tristan Tzara alias Samuel „Sami“ Rosenstock (so sein wirklicher Name), gebürtiger Rumäne, war 1916 einer der Gründer der Züricher Dadaismus-Sektion, ehe er bei den Pariser Dadaisten mitmachte, mit denen auch Breton, Soupault und Aragon auftraten.

Info

Pariser Dadaismus. *Der „Paris-Dada" war eine fast ausschließlich literarische Angelegenheit. An Apollinaire orientiert, befassten sich die hier vereinigten gegen die bürgerliche Kunst und Bürgerlichkeit überhaupt agi(ti)erenden Literaten mit Gedicht-Produktion und Vorlesen. 1922 führte der „Kongress von Paris" jedoch zur praktischen Auflösung des Dadaismus – man wusste aufgrund permanenter, auch „handgreiflicher" Streitereien nicht mehr, was werden sollte.*

Tzara schloss sich daraufhin den Surrealisten an und veröffentlichte 1931 den Gedichtzyklus *L'Homme approximatif.* In 19 „Gesängen“ in Kleinschreibung und ohne Interpunktion ging es um die Fahndung des sich „annähernden Menschen“ nach dem Ideal. In surrealistischen Bildern bzw. Versen wie *„Der Herbst schleppt auf Krücken den stotternden Wind / und die Flossen der Büsche weinen nicht mehr unter dem Mantel*“ realisierte Tzara Bretons *écriture automatique* und wartete als Dichter oder „Annäherer“ auf die *„oxydierte Wüste der Qual / auf die robuste Ankunft ihrer Flamme.*“ Er nahm dann am Spanischen Bürgerkrieg teil, war zeitweilig kommunistisch tätig und *Résistance*-Mitglied.

Jean Cocteau (1889-1963)

Cocteau, Schriftsteller, Maler, Dramaturg, Choreograph, Drehbuchschreiber, Filmregisseur (u.a. in *Le Sang d'un poète* (1930), *La Belle et la Bête* (1946), *Les Parents terribles* (1949)), sah sich in vorderster Linie als Dichter. Er machte Lyrik, schrieb Ballette und Dramen (*Le Bœuf sur le toit* (1920), *Antigone* (1922), *Orphée* (1926), *La Machine infernale* (1934), war Romancier (*Les Enfants terribles,* 1929) und verfilmte eigene Werke. Er instrumentalisierte die Gerüste antiker Stoffe für Ideen, die nicht selten parodistischer Art waren. In *Orphée* z.B. redet der Dichter Orpheus in seinem Landhaus mit einem sprechenden Pferd, das er liebt. Das erzürnt Ehefrau Eurydike, so dass es zu Szenen kommt, bei denen Scheiben bersten und der Glaser Heurtebise kommen muss. Eurydike wird vergiftet, durch „Madame la Mort" in die Unterwelt abgeführt, von Orpheus aus derselben geholt; doch da er gegen die Auflage, sie nicht anzusehen, bei einem Stolper verstößt, muss sie wieder in den Hades. Nun will Orpheus ihr in den Tod folgen. Er verlässt den Raum, aber sein jammernder Kopf rollt bald darauf ins Zimmer, und der Glaser Heurtebise platziert ihn auf einem Sockel zum Ruhme des Dichters. – Als Cocteaus stärkstes Werk gilt *Les Enfants terribles*, an dem er ganze drei Wochen arbeitete. Der Roman handelt von den Geschwistern Paul und Elisabeth, die im inzestuösen Verhältnis leben in einer Welt, die von Somnambulismus, Traum und Hypnose geprägt ist. Cocteau nahm den Bereich des Realen nur als Vehikel, um seine Figuren in eine geheimnisvolle dunkle Traumwelt abgleiten zu lassen. Seine jahrelange Drogenabhängigkeit und seine bisexuellen Neigungen mogen sich hier besonders niedergeschlagen haben. Berühmtheit erlangte gleichfalls das Drama *La Machine infernale*, bei dem Cocteau sich den Ödipusstoff vornahm und die antiken Götter durch eine unsichtbare, lautlose Schicksalsmaschine ersetzte. *„Sie sehen jetzt (…) ein Uhrwerk, das (…) ein Menschenleben lang abläuft, von den teuflischen Göttern erdacht zur mathematischen Vernichtung eines Menschen."* Cocteau, obgleich Surrealist, sah sich dennoch von Breton als *„Versmacher, der alles, was er berührt, entwertet statt aufwertet"*, abgewertet.

Marcel Pagnol (1895-1974)

Pagnol wuchs in der Provence (Aubagne, Marseille) auf und hat in seinen Stücken, Romanen und Filmen seine vom Leben im Süden geprägte Vergangenheit einprägsam widergespiegelt – was in erhöhtem Maße für seine Dramentrilogie zutrifft: *Marius* (1929), *Fanny*

(1931), *César* (1936). Ort des Geschehens in *Marius* war eine Hafenkneipe, in der die Titelgestalt als Kellner bei seinem Vater, dem Wirt César, arbeitet. Pagnol wollte auf der Bühne vor allem die Marseiller Hafenatmosphäre zeigen, wozu laut Regieanweisung außer den Hafen-Typen auch Kisten, Muschelkörbe, Segeltücher und Masten gehörten. Der verträumte Protagonist Marius mit seiner Liebe zu Fanny, der jungen Muschelverkäuferin, und seiner Sehnsucht nach der Ferne war eine ebenso typische Figur wie Fannys Mutter Honorine, Inbegriff des *stattlichen Fischweibs*. Die Magie der Trilogie erwuchs aus ihrer unterhaltsamen Abbildung farbigen Volkslebens; sie und ihre Verfilmung wurden sehr populär. Pagnol beeinflusste überhaupt mit seinen Filmen – etwa auch *Angèle* (1934), *La Femme du boulanger* (1938) – in den 30er Jahren das französische Kino nicht unwesentlich. Sein überdauerndes Werk blieb aber die autobiographische Romantrilogie *Souvenirs d'enfance* (*La Gloire de mon père,* 1957*; Le Château de ma mère,* 1957*; Le Temps des secrets*, 1957 und *Le Temps des amours,* posthum 1977), die das Leben in der Provence liebevoll und bildintensiv veranschaulicht.

Antoine de Saint-Exupéry (1900-1944)

Saint-Exupéry war begeisterter Berufspilot, der in unterschiedlichen Funktionen, so als Boten- oder Aufklärungsflieger, arbeitete und eigene Erfahrungen und Beobachtungen in Novellen *(L'Aviateur*, 1926), Romanen (*Courrier Sud*, 1930; *Vol de nuit*, 1931; *Pilote de guerre*, 1942) und Erlebnisberichten (*Terre des Hommes,* 1939) verarbeitete. Wiederholt thematisierte der Autor gefährliche Situationen eines Pilotendaseins. Zudem sollte der Leser aber auch spüren, dass hier ein „Auserwählter" zwischen Himmel und Erde schwebte. So haftete den Schilderungen etwas Mystisches, Traumhaftes, Illusionäres an. Ruhmreichstes Saint-Exupéry-Werk wurde das aus realen und surrealen Elementen gearbeitete mystische didaktisch-philosophische Märchen *Le petit prince* (1943), erschienen ein Jahr, bevor Saint-Exupéry bei einem Aufklärungsflug über dem Mittelmeer verscholl. *Le petit prince*, mit eigenen Zeichnungen versehen und vielfach verfilmt, war eines der meist verkauften und übersetzten (in 140 Sprachen) literarischen Werke seit dem Zweiten Weltkrieg. – Eine Tendenz zu philosophisch-belehrender Betrachtung fand sich auch in Saint-Exupérys Aufzeichnungen *La Citadelle* (posthum 1948); im Tagebuchformat entwarf er sein Ideal, wonach die Kreativität des Ich ebenso der Selbstverwirklichung wie der menschlichen Gemeinschaft nützen müsse. – Saint-Exupéry wurde nach seinem mysteriösen Absturz-Tod Kultautor. Die religiösen Tendenzen seines Werks rücken dieses in die Nähe des *renouveau catholique*.

Jean Anouilh (1910-1987)

Anouilh, einer der wirkungsvollsten Bühnenautoren des Jahrhunderts, war wie so viele Kollegen vor ihm abgebrochener Jurastudent. Er arbeitete in einem Verlagshaus, in der Werbung und für Jouvet in Paris, ehe dieser ihn nach einem Jahr entließ. Seine Dramen fanden zuerst kaum Zuspruch. Nachdem er in den 40er Jahren durch Arbeiten für rechtsradikale Zeitschriften aufgefallen und Anhänger des Staatschefs Pétain war, erregte er 1944 plötzlich mit dem *Résistance*-Klassiker *Antigone* Aufsehen – für viele Franzosen Muster-Parabel des Widerstands gegen die deutsche Besatzungsmacht. In den 40er Jahren, in denen Anouilh auch an vielen Filmbüchern (mit)arbeitete (z.B. für eine Tolstoi- und eine Simenon-Verfilmung), griff er bevorzugt auf antike Tragödien zurück und aktualisierte sie. Bei *Antigone* (er zählte dieses Stück zu seinen *„pièces noires"*) hielt er sich nur vom Handlungsrahmen her an Sophokles' Vorlage, in der bekanntlich Antigone trotz königlichen Verbots ihren Bruder Polyneikes bestattet, dafür vom König Kreon zum Tode durch Einmauerung verurteilt wird und den Tod als letzten freien Rebellionsakt gegenüber einem als absurd gesehenen Leben sogar einfordert. Anouilh gebrauchte modernes Vokabular wie „Auto", „Zigaretten", „Bar", verzichtete auf Akte und ließ einen Sprecher die Rolle des Chors einnehmen. Seine Akteure strickten, spielten Karten, redeten locker daher, waren alltäglich gekleidet. Weil am Ende auch bei ihm der Staat über das Individuum siegte, durfte *Antigone* unter den deutschen Besatzern aufgeführt werden. Zugleich galt die Tragödie mit Bezug auf Antigone als Schauspiel *gegen* die Besatzer und wurde das am meisten aufgeführte „Widerstands-Stück" der Besatzungszeit, aber der offizielle Widerstand lehnte Antigones Haltung als zu unpolitisch ab. „Neinsager(innen)" wurden ein Erkenungszeichen Anouilhs. So auch in *L'Alouette* (1953), das er zu seinen *„pièces costumées"* rechnete. Mit *L'Alouette* war Jeanne d'Arc gemeint, deren Geschichte nicht zum ersten Mal aufgegriffen wurde (vgl. Chapelain, *La Pucelle ou la France délivrée,* 1656; Voltaire, *La Pucelle d'Orléans,* 1759). In Anouilhs nur einaktiger Adaption war Jeanne eine gegen die Welt agierende Verweigerin wie Antigone, die den Tod in Kauf nimmt anstelle eines falschen Lebens; aus ihr wurde *„die kleine*

Lerche, die in Frankreichs Himmel ihr fröhliches und absurdes Lied singt, während schon die Flinten auf sie gerichtet sind.“ Anouilh wollte Figuren, die ohne Rücksicht auf Sitten, Traditionen und Machtinstanzen furchtlos ihren Weg gehen. Zudem oder zuvörderst liebte er die Provokation. Zu seinen *„knirschenden Stücken“* (*„pièces grinçantes“*) zählte er *Pauvre Bitos ou le Dîner des têtes.*

Die Existenzialismus-Generationen der 40er/50er/60er Jahre gerade auch im Ausland fühlten sich von seinen „negativen“ Neinsagerinnen positiv angesprochen.

Werke (Auswahl)

- *Eurydice (Drama) 1942*
- *Antigone (Drama) 1944*
- *L'Invitation au château (Komödie) 1947*
- *L'Alouette (Drama) 1953*
- *Pauvre Bitos ou le Dîner des têtes (Komödie) 1956*
- *Becket ou l'Honneur de Dieu (Drama) 1959*

Jean-Paul Sartre (1905-1980)

Der Philosoph und Schriftsteller, von Haus aus Philosophielehrer, war aktiv in der *Résistance* und gründete 1945 die politisch-literarische Zeitschrift „Les Temps modernes“. Er war der große Star des französischen Existenzialismus, um den sich in der 50er Jahren in den Pariser Cafés und Restaurants nahe der Kirche Saint-Germain-des-Prés die Anhänger scharten – vor allem im „Café de Flore“ (illustrer Existenzialistentreff der 50er Jahre); auch das Café „Les Deux Magots“ (das seine Rechnungen mit dem Etikett *„Treffpunkt der intellektuellen Elite“* schmückte), oder die „Brasserie Lipp“, von der auch Hemingway in seinen Pariser Hungerjahren schwärmte, lagen in der Nähe. Viele französische Literaten des Jahrhunderts schrieben in Cafés, auch Sartre und seine Gefährtin Beauvoir erkoren sie zum Arbeitsplatz. Hier diskutierten Giraudoux und Valéry, trank Apollinaire seinen Kaffee, trafen sich die Surrealisten Breton, Aragon und Soupault.

Info

Existenzialismus. *Ab den 40er Jahren besonders virulente frz. (Aus-)Richtung der individualistischen „Existenzphilosophie", zu deren liter.-philosoph. Protagonisten Sartre, Beauvoir sowie Camus gerechnet werden. Die sartrische atheistische, später sich marxistisch verstehende existenzialistische Philosophie suchte Auswege aus Unfreiheit und Absurdität des bürgerlichen bzw. menschlichen Daseins. Der ab den 50er Jahren vor allem in Paris als Lebenshaltung modische Jugend-Existenzialismus („Exis") berief sich auf Sartre und seinen Satz, nach welchem „Freiheit heute (...) lediglich der freie Entschluss" sei, „die Freiheit zu erkämpfen."*

In Sartres Œuvre (Romane, Dramen, Erzählungen, Essays, philosophische Schriften) kreiste alles um die Frage der Freiheit oder der Befreiung des Menschen aus seiner vielfältigen äußeren Fesselung. So auch im Drama *Les Mouches*, uraufgeführt 1943, das, nach antiker Vorlage, die Message vertrat, dass der Mensch im Kampf gegen überirdische und weltliche Mächte autonom handeln und nur sich selbst gegenüber Verantwortung tragen müsse. Gerade dieses Stück wurde als Widerstandsdrama gegen die deutschen Besatzer und das Vichy-Regime interpretiert. In seiner etwa zeitgleich veröffentlichten philosophischen Untersuchung *L'Être et le Néant*, der sozusagen fundamentalistischen Erklärung des Existenzialismus, erkannte Sartre, dass der Freiheitsanspruch des Einzelnen auf die Grenzen des ebenso berechtigten Freiheitsanspruchs anderer Einzelner stößt. So war das Thema seines nächsten Dramas *Huis clos* die Ausweglosigkeit menschlicher Beziehungen in einem abgeschlossenen Raum, in dem freies Handeln unmöglich ist und menschliche Beziehungen sich nur als *„Hölle"* vollziehen. In dem vierbändigen Romanwerk *Les Chemins de la liberté* prägte Sartre, der zwischenzeitlich mit der französischen KP sympathisierte, seinen sicherlich markantesten Erkenntnissatz: *„Jeder ist frei, und doch ist der Verlauf des Spiels festgelegt."*

1964 nahm er den ihm zugesprochenen Nobelpreis für Literatur nicht an.

Werke (Auswahl)

- *Les Mouches (Drama) 1943*
- *L'Être et le Néant. Essai d'ontologie phénoménologique (philosophische Untersuchung) 1943*
- *Huis clos (Drama) 1944*
- *La Putain respectueuse (Drama) 1946*
- *Les Chemins de la liberté (Romantetralogie) 1945-49*
- *Q'est-ce que la littérature? (Essay) 1947*

Simone de Beauvoir (1908-1986)

Auch Beauvoir war zunächst philosophische Lehrkraft, (eine der ersten weiblichen in Frankreich). Bis heute begreift man sie infolge ihres Welterfolges *Le deuxième sexe* (1949) als Urmutter des Feminismus. Sie bewies interdisziplinär, dass in der Geschichte der Menschheit immer der Mann das Subjekt und die Frau, und zwar nicht von Natur, nur das „Andere", das Objekt gewesen sei. Sie wollte aber die Subjektwerdung der *Frau,* wobei sie einen Hang zur Männerfeindlichkeit und simplen Umkehrung der bisherigen Geschlechter-Hierarchie gar nicht verbarg. In ihren existenzialistischen Romanen (*L'Invitée,* 1943; *Le Sang des autres*, 1945; *Tous les hommes sont mortels,* 1946*)* waren die Personen meist Transporteure moralisch-philosophischer Themata. *Les Mandarins* (1954) wurde international am bekanntesten – als Dokument über die französischen Linksintellektuellen in den letzten Monaten des Zweiten Weltkriegs und ihre ideologischen Diskussionen in der Nachkriegszeit, als Existenzialismus und Kommunismus „in" waren. Die Topfiguren dieser Zeit: Sartre (als Robert Dubreuilh), Camus (als Henri Perron) und Beauvoir selbst (als Anne Dubreuilh) tauchten in kaum verschlüsselter Gestalt auf und wurden zu „Mandarins" stilisiert. Beauvoirs Neigung zur Selbstdarstellung zeigte sich auch in ihren fünf Memoirenbüchern (Bd. 1: *Mémoires d'une jeune fille rangée,* 1958). Das Leben der absoluten Vorzeige-Intellektuellen Frankreichs wurde noch kürzlich (2007) zum Film.

Albert Camus (1913-1960)

Camus, Dramatiker, Essayist, Romancier, wurde 1913 in Algerien als Sohn eines Landarbeiters geboren, der im Krieg starb. Seine Mutter versuchte, die Familie als Putzfrau durchzubringen. Mit einer Art Stipendium, erwirkt von seinem Grundschullehrer, konnte Camus zuerst in Algier das Gymnasium besuchen und dann Philosophie studieren. Von 1934-1937 war er in der algerischen KP, ab 1938 Journalist, erst in Algier, ab 1940 in Paris (u.a. leitend für „Combat“, die Zeitung der *Résistance*). Camus' Denken und Literatur waren von der Erkenntnis geprägt, dass angesichts des Todes alles menschliche Streben und Handeln sinnlos sei – der Mensch aber trotzdem, als Sisyphos, sein Leben sinnvoll bewältigen müsse. Zwar fand Camus die existierende Welt absurd und bar jeden Sinnes, beharrte aber auf der menschlich-solidarischen Revolte gegen Absurdität und Verkehrtheit als der einzig sinnstiftenden Lebensform. Camus' Botschaft war die *Annahme* des absurden Schicksals.

1942 veröffentlichte er sowohl seinen *Sisyphos*-Essay als auch seinen ersten wichtigen Roman *L'Étranger*, der vom Leben des kleinen Angestellten Meursault in Algier erzählt, der in den Daseins-Ereignissen keinen Sinn und zwischen ihnen keinen Zusammenhang erkennen kann. Er nimmt die Geschehnisse seines Lebens teilnahmslos und ohne Glauben an eigenen Einfluss hin – bis zu einer Verurteilung zum Tode wegen eines sinnlosen Mordes. Die Meursault-Kunstfigur faszinierte nicht nur zeitgenössische Leser, von denen viele angesichts massiver politischer Macht und Bedrohung das Gefühl von Sinnleere und fehlender Zukunft hatten. Auch nachfolgende Leser sahen in Meursault nicht nur den Gleichgütigen (*L'Indifférent* war der Arbeitstitel des Romans); sie schätzten an diesem Helden auch eine Lebenshaltung, die rigide Ehrlichkeit zur Lebensmaxime erhebt und Heuchelei, Konventionen, Vorteilsdenken und verlogene Selbstprostitution ablehnt. Genau diese Identität macht Camus' Meursault zum in der Tat „Fremden“ in nahezu jeder modernen Gesellschaft.

1947 legte Camus mit *La Peste* einen Roman vor, der es verdientermaßen zum weltweiten Literaturerfolg brachte. 1956 erschien der Roman *La Chute*, ein Jahr darauf erhielt Camus den Literaturnobelpreis. Am 4.1.1960 starb der erst 47-Jährige als Beifahrer von Michel Gallimard, einem Neffen seines Verlegers, bei einem Unfall in der Nähe von Villeblevin (Département Yonne). Camus trug eine Bahnkarte in der Tasche, hatte sich aber zur Autoreise überreden lassen. Seine Lebenssicht bewahrheitete sich auf schlimmste Weise an ihm selber.

Werke (Auswahl)

- *Le Mythe de Sisyphe. Essai sur l'absurde (philosophischer Essay) 1942*

- *L'Étranger (Roman) 1942*
- *La Peste (Roman) 1947*
- *Les Justes (Drama) 1949*
- *L'Homme révolté. Essais (philosophisch-gesellschaftskritisches Werk) 1951*
- *La Chute (als „Bericht" bezeichneter Roman) 1956*
- *La Mort heureuse (Roman) 1971*

La Peste

In *La Peste*, einem literarisch-philosophisch- aufklärerischen Roman, beschrieb Camus Ausbruch und Verlauf einer als Fatum aus dem Nichts hereinbrechenden Seuche – die sich im Romanverlauf zur Allegorie weitet und von Camus als überzeitliche literarische Bestandsaufnahme der Menschheit gemeint war (*„ich habe gelernt, dass wir alle im Zustand der Pest sind"*, heißt es im Roman). Tatsächlich sind direkt zeitaktuelle Bezüge nicht nachweisbar. Doch ließ der Humanist Camus *(„was mich interessiert, ist, ein Mensch zu sein")* im Roman humane Widerständler oder „Ärzte" agieren, die als Hoffnungsträger fungieren, so auch den Arzt Rieux, die möglichst viele Leben vor der ‚Pest' zu retten versuchen. Am Schluss scheint diese besiegt, doch Camus' an Defoes *Journal of the Plague Year* (1722) erinnernde „Chronik" (der auch ein Defoe-Satz als Motto voransteht) endet mit einer unmissverständlichen Warnung.

> „Aber er wußte dennoch, daß diese Chronik nicht die des endgültigen Sieges sein konnte. Sie konnte nur das Zeugnis dessen sein, was vollbracht werden mußte und was ohne Zweifel noch alle Menschen vollbringen müßten, die trotz ihrer inneren Zerrissenheit gegen den Schrecken (…) ankämpfen, die zwar keine Heiligen sein können (…), sich aber bemühen, Ärzte zu sein.
> Während Rieux den Freudenschreien lauschte, die aus der Stadt aufstiegen, erinnerte er sich nämlich daran, daß diese Freude immer bedroht war. Denn er wußte, was dieser Menge im Freudentaumel unbekannt war und was man in Büchern lesen kann, daß nämlich der Pestbazillus nie stirbt und nie verschwindet, daß er jahrzehntelang in den Möbeln und in der Wäsche schlummern kann, daß er in Zimmern, Kellern, Koffern, Taschentüchern und Papieren geduldig wartet und daß vielleicht der Tag kommen würde, an dem die Pest zum Unglück und zur Belehrung der Menschen ihre Ratten wecken und zum Sterben in eine glückliche Stadt schicken würde."

Leseprobe: *La Peste*

In der Hitze und der Stille und für das verängstigte Herz unserer Mitbürger nahm im übrigen alles eine größere Bedeutung an. Die Farben des Himmels und die Gerüche der Erde, die den Übergang der Jahreszeiten ausmachen, waren zum erstenmal für alle wahrnehmbar. Jeder begriff mit Schrecken, daß die Hitze die Epidemie verstärken würde, und gleichzeitig sah jeder, daß der Sommer sich einrichtete. Der Schrei der Mauersegler am Abendhimmel über der Stadt wurde dünner. Er war den Junidämmerungen nicht mehr gewachsen, die in unserem Land den Horizont weiter machen. Die Blumen kamen nicht mehr als Knospen auf die Märkte, sie blühten schon, und nach dem morgendlichen Verkauf waren die staubigen Bürgersteige mit ihren Blütenblättern übersät. Man merkte deutlich, daß der Frühling sich erschöpft hatte, daß er sich in Tausenden von ringsum erblühten Blumen verausgabt hatte und jetzt unter dem doppelten Druck der Pest und der Hitze langsam erschlaffen und ersticken würde. Für alle unsere Mitbürger hatten diese Sommerhimmel, diese unter den Schattierungen des Staubes und der Langeweile verblaßten Straßen den gleichen bedrohlichen Sinn wie die hundert Toten, die die Stadt jeden Tag belasteten. Die ständige Sonne, diese Stunden mit dem Aroma von Schlaf und Ferien luden nicht mehr wie früher zur Feier des Wassers und des Körpers ein. Sie klangen im Gegenteil hohl in der geschlossenen, stillen Stadt. Sie hatten den Kupferglanz der glücklichen Zeiten eingebüßt. Die Sonne der Pest löschte alle Farben und vertrieb jede Freude.

Rezeption
La Peste weist Camus als einen der ziemlich raren faszinierenden französischen Erzähler des 20. Jahrhunderts aus. Gemeinhin rubriziert als nach Sartre zweiter Kopf des Existenzialismus, hat er sich selber *nicht* zu diesem bekannt und dann auch von Sartre abgewandt. Philosophisch stand er eher in der Tradition der Moralisten, literarisch in der der Realisten. Camus' Rezeption hat sich anders als diejenige Sartres oder Beauvoirs aufgrund seines erzählerischen Könnens bis in die Gegenwart hinein auf gleichbleibend hohem nummerischem Niveau halten können.

Eugène Ionesco (1912-1994)

Ionesco, Sohn eines Rumänen und einer Französin, lebte zunächst in Frankreich und in Rumänien und besaß ab 1950 die französische Staatsbürgerschaft. Schon zuvor ließ er sich in Paris nieder und arbeitete als Korrektor, dann als Dramatiker, wobei er über sein Publikum die bemerkenswerte Ansicht vertrat: „*Le public c'est moi!*" Aufsehen erregte er gleich mit dem Stück *La Cantatrice chauve*, in dem er die Mittel des traditionellen Theaters durch die des absurden austauschte, welchem er (mit dem Iren Beckett) zur Durchsetzung verhalf und dessen Guru er wurde.

Info

Théâtre de l'absurde. *In Fortführung surrealistischer und in Berührung mit der absurd-existenzialistischen Literatur der 30er und 40er Jahre entstand „le théâtre de l'absurde" hauptsächlich im Frankreich der 50er Jahre, obgleich Jarrys „Ubu roi" von 1896 mit seiner provokativen Abwendung vom klassisch-aristotelischen, normal-bürgerlichen Theater als erstes absurdes Drama gilt. In seiner Perfektion und Zuspitzung will dieses in einer Einheit aus Tragik und Komik und in unlogischen, irrealen Handlungs- und Figurenkonstellationen die Welt als Ort ohne Sinn und die in ihr lebenden Menschen als entmenschlichte, sprachlose, sich, einander und der Welt entfremdete desorientierte Wesen darstellen. Experimentelle Vorreiter des frühen Theaters des Absurden waren Apollinaire, Cocteau, Artaud (1935 Gründer des „Theaters der Grausamkeit"), der Surrealist Vitrac und eben Jarry, der übrigens in „Ubu cocu" (1944) das „Enthirnungslied" singen ließ. Hauptvertreter: Ionesco, S. Beckett, außerdem Adamov, Genet („Ästhetik des Bösen"), Arrabal. Zu den Nachfolgern des Theaters des Absurden zählte auch Vian.*

In der „*Kahlen Sängerin*" verbringt das Ehepaar Smith einen öden Abend mit öden Dialogen über öde Themen. Das Ehepaar Martin kommt, aber Monotonie und Ödheit der Unterhaltung setzen sich fort. Schließlich erscheint ein Feuerwehrmann und fragt, ob es Feuer gebe, was bedauernd verneint wird; es folgt ein Sprachchaos von sinnlos aneinander gereihten Sprichwörtern, Wörtern, Wortverbindungen, das sich zum gemeinsamen Aufsagen von Vokalen und Konsonanten steigert. Ähnlich total absurd verliefen Ionesco-Dramen wie *La Leçon* oder *Les Chaises*; in Anbetracht sinnfreier Abläufe auch in *Les Chaises* sagte Ionesco hier im Vorwort nicht unkomisch: „*Wie könnte ich, da die Welt mir unverständlich bleibt, mein eigenes Stück verstehen? Ich warte, daß man es mir erklärt.*“ Seit Ende der 50er Jahre etablierte er die Figur des Bérenger. In *Les Rhinocéros* war dieser ein unglücklicher Büroangestellter, der in einer Massenbewegung von Nashörnern, die Bürger und Institutionen ergriff, als einziger die Verweigerung versuchte, obgleich er gestand: „*Ich habe kein Horn, leider! Oh, wie gerne wäre ich wie sie!*“ Bei der deutschsprachigen Uraufführung 1959 sah man in diesem Stück eine Kritik am NS-Mitläufertum. Bérenger, nunmehriger Beruf: Autor, kam auch in *Le Piéton de l'air* vor, wo sich ein Spaziergang zum Horrortrip entwickelte. In *Le formidable bordel!*, aufgeführt 1973 nach eigener Romanvorlage, übte der vormals als links geltende Ionesco scharfe Kritik an den „68ern“. Später laborierte er an Depressionen und suchte Abhilfe in der Malerei oder wollte in ihr neue spektakuläre Beachtung erfahren.

Werke (Auswahl)

- *La Cantatrice chauve (Drama) 1950*
- *Les Chaises (Drama) 1952*
- *Les Rhinocéros (Drama) Paris: 1960*
- *Le Piéton de l'air (Drama) Paris: 1963*
- *Le Roi se meurt (Drama) 1963*

Alain Robbe-Grillet (1922-2008)

Robbe-Grillet arbeitete nach natur- und agrarwissenschaftlichem Studium mehrere Jahre am Pariser „Institut National Agronomique“. Sein erster Roman, *Un régicide*, blieb bis 1978 unveröffentlicht. Mit *Les Gommes* (1953), *Le Voyeur* (1955) und *La Jalousie* (1957) sowie der Essaysammlung *Pour un nouveau roman* (1963) begründete er seinen Ruf als Schöpfer des *nouveau roman.*

Info

nouveau roman. *Diese in den 50er Jahren entstandene, von Beckett und N. Sarraute eingeleitete frz. Lit.Strömung (Autoren außerdem: M. Butor, R. Pinget, M. Duras, C. Simon) entwickelte gewissermaßen die Vorgaben des absurden Theaters weiter, indem sie ihre Werke von sämtlicher konventionellen Erzähltechnik emanzipierten. Die gegen die Romane Balzacs, Flauberts, Zolas etc. gerichtete Total-Destruktion gattungsimmanenter Ingredienzien verzichtete auf allwissende, auktoriale Erzähler, klar festgelegte, zusammenhängende Handlung, Chronologie, Charaktere, Identitäten, Psychologie, Raum, Zeit, Erkenntnis usw. und beschränkte sich auf die oft fetischistische Beschreibung von dinglichen Oberflächen. Hinzu trat die Thematisierung der „Bedingungen" des „neuen" „offenen Schreibens". Der „nouveau roman" hatte großen Einfluss auf die frz. Literatur, etwa noch auf Le Clézio (Literaturnobelpreis 2008). Er wurde seinerseits in den 70er Jahren vom sog. „nouveau nouveau roman" noch überboten, der die Auflösung von Texten in Elementar-Teil-Partikel favorisierte.*

Leseprobe: *La Jalousie*

Die Küchentür ist geschlossen. Zwischen ihr und der gähnenden Öffnung des Flurs befindet sich der Tausendfüßler. Es ist ein Riesenexemplar: eines der größten, die man in diesen Klimazonen antreffen kann. Mit seinen langen Fühlern und seinen enormen, rund um den Leib ausgebreiteten Beinen bedeckt er beinahe die Fläche eines gewöhnlichen Tellers (...)
Der Leib ist abwärts gekrümmt: sein vorderer Teil biegt sich der Fußleiste zu, während die letzten Glieder ihre alte Richtung bewahren – die einer geraden, die Wandfläche von der Flurschwelle bis in die Zimmerecke über der geschlossenen Küchentür schräg durchschneidenden Kurslinie.
Das Tier verharrt regungslos, als ob es warte, immer noch gerade ausgestreckt, obwohl es die Gefahr vielleicht gewittert hat. Nur seine Fühler neigen sich nacheinander und heben sich abwechselnd wiegend, langsam, aber stetig.
Plötzlich setzt sich der Vorderleib in Bewegung, indem er eine Schwenkung auf der Stelle ausführt, die den schrägen Strich zur

unteren Wand abbiegt. Und unmittelbar darauf, ohne daß das Tierchen Zeit hätte, sich noch weiter zu bewegen, stürzt es auf die Fliesen, wo es sich ein wenig windet und seine langen Beine nach und nach krampfhaft anzieht, indes die Kiefer sich reflexartig zuckend hastig um den leeren Mund öffnen und schließen (...)
Die beiden langen Fühler beschleunigen ihr abwechselndes Wiegen. Das Tier hat mitten auf der Wand genau in Blickhöhe haltgemacht. Die starke Entwicklung am hinteren Teil des Leibes läßt die Scutigera oder die „Tausendfuß-Spinne" so deutlich erkennen, daß jeder Irrtum ausgeschlossen ist. In der Stille ist manchmal das typische, wahrscheinlich mittels der Mundfortsätze erzeugte Zirpen zu hören.
Franck steht ohne ein Wort zu sagen wieder auf und nimmt seine Serviette; er rollte sie zu einem Ballen zusammen, während er auf Zehenspitzen nähertritt, und zerquetscht das Tier an der Wand. Dann zertritt er es auf dem Fußboden des Schlafzimmers.–

In *La Jalousie*, einem Roman ohne Handlung mit dem Thema Eifersucht, beschrieb Robbe-Grillet nicht die Psychologie im Innern des Eifersüchtigen, sondern verdeutlichte Eifersucht an äußeren Indizien – wie dem zerquetschten Tausendfüßler an der Wand des Esszimmers –, gemäß seiner Absicht, Bewusstseinsvorgänge nur an äußeren sichtbaren Dingen zu verdeutlichen. Der Leser sollte sich die Lage selbst erschließen. Der Autor ging dabei so weit, das Dasein des eifersüchtigen Ehemannes nur an Spuren, wie etwa drei Stühlen auf der Terrasse, ermitteln zu lassen. In *Le Voyeur* war der Protagonist ein Handelsreisender für Uhren, der auf einer Insel per Fahrrad seine uneinträgliche Verkaufsrunde macht, Zwangsvorstellungen und eine (durch eine leere Seite im Roman veranschaulichte) Erinnerungslücke hat, in der ein Mord geschah, dessen er bezichtigt wird. Trotz dieses Verdachtes kann er unbehelligt die Insel verlassen.

Robbe-Grillets Hauptziel war es, alle gewöhnlichen Lesererwartungen zu torpedieren. Seine Ideen und Werke brachten ihn 2004 in die *Académie*. Sein Einfluss erstreckt sich bis ins 21. Jahrhundert und erfasste vor allem deutsche Autoren.

Raymond Queneau (1903-1976)

Queneau, früh den Surrealisten nahe stehend, schrieb zwischen 1933 und 1968 ca. sechzehn Romane (1933 erschien als erster *Le Chien-*

dent), wurde jedoch nur mit einem bekannter: *Zazie dans le métro* (1959), der 1960 von L. Malle verfilmten Geschichte eines Landmädchens, das nach Paris kommt. Außerdem schrieb er Erzählungen *(Contes et Propos*, 1981*)* und war Essayist und Lyriker. Queneaus Lyrik-Sammlung *Cent mille millards de poèmes* (1961) war eine Arbeit im Rahmen jener internationalen mega-avantgardistischen Künstler-Bewegung „*OULIPO*" („**Ou**vroir de **li**ttérature **po**tentielle"), die Queneau 1960 zusammen mit F. Le Lionnais gründete und der auch G. Perec angehörte; dessen Roman *La Disparition* (1969) verwirklichte das „*OULIPO*"-Schreib-Programm „Totalisierung des experimentellen Schreibens qua Ausweitung der sprachlichen Kreativität via formaler Limitierung" dadurch, dass aus ihm der Buchstabe „e" verbannt wurde. Bei Queneaus *Cent mille millards de poèmes* handelte es sich um zehn Sonette, deren Variierung gegen die Unendlichkeit strebte und als Gesamt-Lektürezeit 190 Millionen Jahre beansprucht. In seinen *Exercices de style* (1947) präsentierte Queneau in *Autobus S* einen äußerst simplen Vorgang in nur 99 Varianten.

Georges Simenon (1903-1989)

Simenon, geboren in Lüttich, begann Lehren als Buchhändler und Konditor, ging dann zur „Gazette de Liège" und war dort u.a. für Polizeiberichte zuständig. 1922 zog er nach Paris. Bald belieferte er den Verleger Tallandier mit Trivialgeschichten. Bis Anfang der 30er Jahre schrieb er über 200 Trivialromane unter mehr als zwanzig Pseudonymen. Schon zu diesem Zeitpunkt verdiente er gut. Danach schrieb der versierte, überproduktive Autor unter seinem eigenen Namen noch insgesamt 193 Romane und 51 Erzählungen. Im Schnitt kam er auf vier bis fünf Bücher pro Jahr. Sie wurden häufig entweder fürs Kino oder fürs Fernsehen bis heute verfilmt. Wie *Madame Bovary* Flauberts wurde „*Kommissar Maigret*" Simenons Zweit-Name – ein von ihm schon Ende der 20er Jahre geschaffener Held, den er serienmäßig am Quai des Orfèvres Nr. 36 auf der Île de la Cité (Sitz der Pariser Kriminalpolizei) beruflich installierte. In 75 Romanen und 28 Erzählungen löste dieser humane, intelligente Kommissar Kriminalfälle des bürgerlichen Lebens. Simenon sagte über seine Aufgabe: „*Für mich ist Maigret ein Flickschuster für kaputte Schicksale.*" Doch unabhängig von den „Maigret"-Romanen schrieb Simenon sein wesentlicheres Werk: die so genannten „Non-Maigret"-Romane und mit ihnen so etwas wie eine balzacsche Erzähl-Enzyklopädie der französischen Gesellschaft des 20. Jahrhunderts. 1972 zog er sich nach 42 Schriftstellerjahren zurück und starb 1989 in Lausanne.

Werke (Auswahl)

- *Chez les Flamands (Roman) 1932*
- *Les Fiançailles de M. Hire (Roman) 1933*
- *La Maison du canal (Roman) 1933*
- *Le Bourgmestre de Furnes (Roman) 1938*
- *La Marie du port (Roman) 1938*
- *La Vérité sur Bébé Donge (Roman) 1940*
- *La Veuve Couderc (Roman) 1942*
- *Les Fantômes du chapelier (Roman) 1949*
- *Maigret et la vieille dame (Roman) 1951*
- *La Mort de Belle (Roman) 1952*
- *Maigret et l'Homme du banc (Roman) 1952*
- *Antoine et Julie (Roman) 1953*
- *Les Anneaux de Bicêtre (Roman) 1963*
- *La Chambre bleue (Roman) 1964*
- *Le petit saint (Roman) 1965*
- *La Mort d'Auguste (Roman) 1966*
- *Le Chat (Roman) 1967*
- *L'Assassin (Roman) 1973*

Les Fantômes du chapelier
Über Simenon sagte Th. Wilder die nur allzu wahren Worte: *„Erzähltalent ist das seltenste aller Talente im 20. Jahrhundert. Was wir sonst an Romanen und Erzählungen vorgesetzt bekommen, zeugt von allem, nur nicht von (…) Begabung. Simenon hat diese Begabung, bis in die Fingerspitzen."* Obgleich Simenon-Romane öfter am Abgleiten in eine gewisse Verwässerung die fabrikmäßige Arbeit ihres Autors bemerken lassen, sind dessen Schilderungen und Figuren, die von Wissen und Gewissen zeugen, absolut echt, außerdem verstand es Simenon, ehrliche Atmosphären zu schaffen, auch, und nicht zuletzt, durch impressionistisch gestaltete Landschaftsbilder. Die New Yorker „Time" urteilte über ihn richtig: *„Der Balzac ohne Speck – sein Stil ist einfach, gewandt und so klar, daß der Leser immer genau das sieht, was Simenon ihn sehen lassen will, aber nie ganz versteht, wie Simenon ihn das sehen macht."*

Das Gesagte gilt auch für seinen vielleicht unheimlich-magischsten (1982 von Chabrol verfilmten) Roman *Les Fantômes du chape-*

lier, in dem der ganz normal auftretende unauffällige Bürger Léon Labbé im Gefolge der verschleierten unentdeckten Ermordung seiner Frau die regenschwere, düster-neblige Hafenstadt La Rochelle zum Schauplatz einer Mordserie macht, deren Aufklärung nicht im Mittelpunkt steht. Dieses Buch Simenons illustriert zusammen mit *L'Assassin*, *Les Fiançailles de M. Hire*, *La Veuve Couderc*, *Le Bourgmestre de Furnes* deshalb sein hinter Maigret verborgenes Hauptwerk, weil es ihn auf der Höhe tatsächlich magischer literarischer Kunst zeigt.

Leseprobe: *Les Fantômes du chapelier*

Man schrieb den 3. Dezember, und es regnete immer noch. Die Zahl 3 hob sich riesig, ganz schwarz, mit einer Art dickem Bauch von dem grellen Weiß des Kalenders ab, der rechts von der Kasse an der Zwischenwand aus dunklem Eichenholz hing, die den Laden vom Schaufenster trennte. Es war genau zwanzig Tage her, die Geschichte war nämlich am 13. November passiert – wieder so eine dickbäuchige 3 auf dem Kalender –, seit die erste alte Frau in der Nähe der Saint-Sauveur-Kirche, einige Schritte vom Kanal entfernt, ermordet worden war.

Und seit dem 13. November regnete es. Man konnte sagen, daß es seit zwanzig Tagen ununterbrochen regnete.

Meistens war es ein langanhaltender Regen, und wenn man durch die Stadt lief, dicht an den Häusern entlang, hörte man das Wasser durch die Dachrinnen rauschen. Man wählte die Straßen mit den Arkaden, um für einen Augenblick vor dem Regen geschützt zu sein (...). In allen Wohnungen hingen Regenmäntel und Hüte zum Trocknen am Ofen, und wer keine Kleider zum Wechseln besaß, lebte in einer ständigen kalten Feuchtigkeit.

Schon lange vor vier Uhr wurde es dunkel, und manche Fenster waren von morgens bis abends erleuchtet.

Es war vier Uhr, als Monsieur Labbé, wie jeden Nachmittag, den Raum hinter dem Laden, wo Holzköpfe in allen Größen auf den Regalen standen, verlassen hatte. Er hatte die Wendeltreppe im Hintergrund der Hutmacherei erklommen. Auf dem Treppenabsatz hatte er kurz innegehalten, einen Schlüssel aus der Tasche geholt und die Tür des Zimmers aufgeschlossen, um Licht zu machen. (...)

> Monsieur Labbé hatte an diesem Tag, bevor er ausging, noch zwei Hüte in den Dampf gehalten, darunter den grauen Hut des Bürgermeisters, und während dieser Zeit hörte man den Regen auf das Straße, das Wasser, das sich in die Dachrinne ergoß, und das leise Pfeifen des Gasofens im Laden. (...)
> Die Rue du Minage war um diese Zeit fast immer menschenleer, vor allem, wenn es in Strömen regnete. Sie war leerer denn je, seitdem viele Leute es vermieden, nach Einbruch der Dunkelheit noch auszugehen. Die Geschäftsleute, die als erste unter der Panik zu leiden hatten, waren auch die ersten, die Patrouillen organisierten. Aber war es diesen Patrouillen gelungen, den Tod von Madame Geoffroy-Lambert zu verhindern und den von Madame Léonide Proux, der Hebamme aus Fétilly?

Rezeption
„Ich lese jeden neuen Roman von Simenon", schrieb Benjamin und gab damit auch zu erkennen, wie wenig er Simenon einen Status als bloßer „Krimi-Autor" zuzubilligen bereit war. Dass Simenon (ähnlich wie und doch ganz anders als R. Chandler teilweise zeitgleich in den USA) hinter der „Krimi"-Fassade ernster, ernst zu nehmender Romancier war, ist dennoch hinter der zeitlosen weltweit massenhaften Simenon-Rezeption unklar geblieben. J.M. Simmel sagte über ihn: *„Georges Simenon hat es wie kein anderer verstanden, in Worte zu fassen, wozu der Mensch fähig ist, in seinem Leben, mit seinem Lieben, mit seinen Lastern. Er war der Mann, der den Nobelpreis hätte erhalten müssen"*, und P. Highsmith bestand sehr zutreffend: *„Simenon ist der größte Erzähler unserer Tage."* Allein als Kriminalroman-Schreiber ließ Simenon französische „Fach"-Kollegen wie Boileau/Narcejac (ca. 40 Romane im Genre „psychologischer Kriminalroman" ab 1952), D. Daeninckx (geb. 1949) oder F. Dard (1921-2000) in der Lesergunst letzten Endes weit hinter sich.

Philippe Djian (geb.1949)

Djian kassierte nach abgebrochenem Studium der Literaturwissenschaft, einer Kurz-Visite an einer Schule für Journalismus, einer Anstellung in der New Yorker „Librairie française", einem Aufenthalt in Kolumbien und vielen (Gelegenheits-)Jobs für erste eingesandte Manuskripte nur hämische Absagen. Aber er hielt durch und feierte 1985 mit seinem zweiten Roman *37,2° le matin,* in Deutschland vertrieben unter dem Titel *Betty Blue* (1986), einen Global-Triumph, den eine Verfilmung perfekt machte. Ab jetzt schrieb Djian kontinuierlich Romane und Erzählungen. Er orientierte sich hierbei nicht an einheimischen Kollegen, weil sie seiner Meinung nach die Realität ignorierten, sondern an US-Vorbildern wie Hemingway, H. Miller, Kerouac, Salinger und Bukowski. So gelangte er zu einem unverwechselbaren un-preziösen Stil *(„Keiner macht ihm diesen Ton nach, voller Humor, Selbstironie und Kraft",* attestierte Houellebecq-Freund Beigbeder ihm nicht zu Unrecht.). Seine Rezeptur aus salopp-moderner Sprache, nicht zu tiefem Realismus, Beschreibungskunst, stilisierter poetischer Gefühls- und Natur-Malerei, Pornographie, vagem Utopismus und intelligentem Humor kam ab Mitte der 80er Jahre gut an und machte sich schnell bezahlt. Djian-Maximen wie: *„Mir geht es nur um Stil und Sprache, weil ich keine Message habe"* oder: *„Frag dich nicht, warum du schreibst und für wen, aber schreibe stattdessen, als ob jeder Satz dein letzter sein könnte",* wirken jedoch auch im Munde seiner gern markig nach dem „wahren Schreiben" dürstenden Ich-Helden im Hinblick auf sein qualitätsmäßig längst ambivalentes Œuvre inzwischen nur noch poseurhaft.

Werke (Auswahl)

- *Zone érogène (Roman) 1984*
- *37,2° le matin (Roman) 1985*
- *Maudit manège (Roman) 1986*
- *Échine (Roman) 1988*
- *Assassins (Roman) 1994*
- *Criminels (Roman) 1996*
- *Impuretés (Roman) 2005*

Impuretés

*Impuretés (*deutsche Ausgabe: *„Die Frühreifen")* ist ein streckenweise seicht-fader, nicht unwitziger, nicht unwahrer Generationsroman aus dem vor *ennui* und Leere berstenden Schauspieler- und Autoren-Milieu rund um das Internat Brillanmont bei Lausanne in der französischen Schweiz. In dieser nur oberflächlich durchkonstruierten Geschichte werden das Leben und die Entfremdung heutiger französischer upperclass-Sprösslinge von ihren „68er"-Eltern in unernster, Todesfälle einschließender Larmoyanz möglichst allgemein-akzeptabel verkauft. Djians Stärken aus *37,2° le matin, Maudit manège* oder *Échine* – eine gute Geschichte und ehrliches Erzählen – sind in *Impuretés* gleichsam verblichen. In diesem Roman obsiegen statt einer literarischen und ernsthaften Bearbeitung vorfindbarer oder vergangener Realität(en) öde Sex- & Drugs-Szenen (*"sie waren alle drei total zugedröhnt"*), zuzüglich dazu irgendwie passender krass schiefer poetischer Vergleiche wie: „*während die Wolken wie unermüdliche junge Hunde mit dem Mond spielten*".

Leseprobe: *Impuretés*

Patrick war ein Junge, der die beiden schönsten Mädchen der Schule gevögelt hatte, und zwar Lisa und Gaby Gurlitch, aber nicht etwa eine nach der anderen, sondern gleichzeitig. Nicht die eine an einem Tag und die andere am folgenden, nein, nein, nein, *beide zusammen* (...) Man hätte es viel lieber gesehen, daß solche Mädchen für alle unerreichbar blieben, Früchte, die niemand pflücken konnte.(...) Wenn irgendeine Mutter aus ihrem Bekanntenkreis eine Affäre hatte, dann war ihnen das scheißegal – zumindest behaupteten sie das –, dann sprachen sie mit verächtlich herabgezogenen Mundwinkeln davon, was für Hängetitten, was für eine müde Pflaume und was für einen schlaffen Arsch die Mutter von X oder Y hatte, die sich aus Angst vorm Altern oder aus einer plötzlichen Eingebung heraus aufs Kreuz legen ließ, aber wenn es sich um ein Mädchen aus der Abiturklasse handelte, ein Mädchen aus ihrer Welt, ein junges Ding, eine Kreatur, die imstande war, in ihre Gedanken und Träume einzudringen und ihnen das Herz zu brechen, fand niemand das witzig.

Michel Houellebecq (geb. 1958)

Houellebecq machte den Geburtsnamen seiner kommunistischen Großmutter zum Künstlernamen, war wie Robbe-Grillet Landwirtschaftsingenieur und arbeitete nach abgebrochenem Film-Studium ab 1983 als Informatiker. Gegenwärtig ist er der womöglich „angesagteste" aktuelle Literat Frankreichs.

Werke (Auswahl)

- *Extension du domaine de la lutte (Roman) 1994*

- *Les Particules élémentaires (Roman) 1998*
- *Plateforme (Roman) 2001*
- *La Possibilité d'une île (Roman) 2005*

Seine trostlosen Erfahrungen in der Informatik-Branche flossen ein in Houellebecqs sofort erfolgreichen dreiteiligen Kurz-Roman-Erstling *Extension du domaine de la lutte* (1994), dessen Geschichte allerdings erst am Schluss Literatur wird. Deren halb autobiographischer Icherzähler führt in einer kalten gefühlsarmen kapitalistischen Welt ein Leben ohne Sinn, Wärme, Bindungen, Liebe, zerbricht daran bzw. an seiner Sehnsucht nach einem anderen Leben und entscheidet sich am Ende des Romans für das Ende des Lebens-„Experiments".

Leseprobe: *Extension du domaine de la lutte*

Ich lege mich auf eine Wiese in der Sonne. Und jetzt auf einmal der Schmerz, während ich auf dieser so sanften Wiese liege, mitten in dieser so freundlichen und beruhigenden Landschaft. Alles, was Quelle der Teilnahme, der Lust, der unschuldigen Sinnesharmonie hätte sein können, ist zu einer Quelle von Unglück und Schmerz geworden. Gleichzeitig empfinde ich heftig die Möglichkeit der Freude. Seit Jahren marschiere ich an der Seite eines Gespenstes, das mir gleicht und das in einem theoretischen Paradies lebt, in engster Beziehung zur Welt. Ich habe lange geglaubt, dass es mir möglich wäre, diese Gestalt zu erreichen. Jetzt nicht mehr.
Ich fahre noch etwas tiefer in den Wald hinein. (…) Die Landschaft ist jetzt so sanft, so freundlich und froh, dass mir die Haut wehtut. Ich bin mitten im Abgrund. Ich spüre meine Haut wie eine Grenze; die Außenwelt ist das, was mich zermalmt. Heilloses Gefühl der Trennung; von nun an bin ich ein Gefangener in mir selbst. (…) Das Lebensziel ist verfehlt. Es ist zwei Uhr nachmittags.

In nichts passt die Kunst des Roman-Endes zum flachen, dazu leicht ordinären Roman-Beginn.

Am Freitagabend war ich bei einem Arbeitskollegen eingeladen. Ungefähr dreißig Leute, alles mittlere Führungskräfte, fünfundzwanzig bis vierzig Jahre alt. Irgendwann begann plötzlich so eine kleine Verrückte sich auszuziehen. Erst hat sie ihr T-Shirt ausgezogen, dann den BH, dann ihren Rock, wobei sie unglaubliche Grimassen schnitt. Ein paar Sekunden lang drehte sie sich, nur mit dem Höschen bekleidet, im Kreis, und als ihr nichts mehr einfiel, begann sie sich wieder anzuziehen (...) Nach meinem vierten Glas Wodka wurde mir ziemlich schlecht, ich musste mich hinlegen und ließ mich auf einen Haufen Kissen hinter dem Sofa fallen. Kurze Zeit später setzten sich zwei Frauen auf dieses Sofa. Keine Schönheiten, im Gegenteil: die beiden dicken Würstchen unserer Abteilung (...) fingen gleich an, die Neuigkeiten des Tages durchzugehen, dass nämlich ein Mädchen unserer Abteilung in einem superscharfen Minirock zur Arbeit gekommen war, der ihr gerade eben den Hintern bedeckte. Und wie fanden sie das? Sie fanden das ausgezeichnet (...) Fünfzehn Minuten lang reihten sie Plattitüden aneinander: dass sie das Recht hat, sich nach ihrem Geschmack zu kleiden, dass sie deshalb noch lange nicht darauf aus ist, alle Typen zu verführen, dass sie sich bloß in ihrer Haut wohl fühlen will, sich selber gefallen will usw. Die letzten bestürzenden Überreste nach dem Fall des Feminismus. (...) Vor dem Ende der Diskussion bin ich eingeschlafen. Aber ich hatte einen unangenehmen Traum. Die beiden Würstchen standen Arm in Arm auf dem Gang, der unsere Abteilung durchläuft, sie warfen die Beine in die Luft und sangen aus vollem Hals:

„Wenn ich meinen Arsch verneige,
Will ich dich verfüh-ren!
Wenn ich Schenkelhaare zeige,
Will ich mich vergnü-gen!"

(...) Als ich erwachte, merkte ich, dass ich auf den Teppich gekotzt hatte. Die Party ging dem Ende zu. Ich verbarg das Gekotzte unter einem Haufen Kissen, dann rappelte ich mich hoch und wollte versuchen, nach Hause zu fahren. Da erst fiel mir auf, dass ich meinen Wagenschlüssel verloren hatte.

Dieser assoziativ gebaute, am Modell des *nouveau roman* ausgerichtete Roman, in dem auch die Reflexionen über die Romanform als solche nicht fehlen, handelt zwar von der rettungslosen Isolation des modernen kapitalistischen Individuums, wird aber durch seine sprunghafte „Komposition" verdorben bzw. entscheidend entschärft; Houellebecqs mit Nonsens und Unregelmäßigkeiten versehenes

Schreiben vermittelt nur oberflächliche Wahrheiten und ist getragen vom nihilistischen Gestus uneinholbarer Superiorität. Auch die Helden folgender Houellebecq-Werke (z.B. *Les Particules élémentaires),* meist Icherzähler, leiden unter dem Gesellschaftsumfeld, das sie unfähig macht, Beziehungen aufzubauen, Gefühle aus- und zu erleben. Houellebecqs Warenstempel aber wurde neben zusammenhanglos eingebauten intellektuellen, manchmal satirisch-essayistischen Statements die unvermittelte Einfügung von Sexszenen. 2001 erschien *Plateforme*, in dem es um Sextourismus (und den islamischen Fundamentalismus) geht. – Houellebecqs Strategie auf dem Literaturmarkt, die Provokation, brachte ihm moralisch unsinnige Anwürfe wie „Rassist" und „Frauenfeind" ein, die er aber begrüßte – denn unter ihrer Flagge schrieb er sich zum schicken *Skandal-Autor* empor. Er verfasste auch Essays und Lyrik (*Rester vivant*; *La Poursuite du bonheur*). Houellebecq wird in Deutschland überschätzt und kann sich wie Djian in keinem seiner Werke zu den Meistern der französischen Literaturgeschichte ernsthaft in Beziehung setzen.

*

Die französische Literatur der jüngeren Gegenwart erlebte nach dem „Pariser Mai" 1968, im Zuge der Realität gewordenen Camus'schen „*Revolte*", vor allem in der ständig ihr Selbstverständnis reflektierenden Lyrik eine Radikalisierung der Tendenzen des *théâtre de l'absurde* und des *nouveau (nouveau) roman* – d.h. eine von nicht mehr zu zählenden Autoren getragenen Phase der permanenten „Avantgarde" bzw. der „sozialkritisch" oder „politisch" zu Werke gehenden Literatur, außerdem entstand die kämpferische Zielgruppen-Sparte „Frauenliteratur". Trotzdem fehlte es nicht an am einfachen normalen Erzählen und am einfachen, normalen Leser interessierten Literaten (J.M.G. Le Clézio, F. Sagan (*Bonjour Tristesse*) und vor allem Simenon); auch Schriftsteller wie Djian und Houellebecq kehr(t)en im Grunde genommen zum eher stringenten Roman zurück. Die 80er Jahre brachten weitere Versuche innovativer, experimenteller Literatur, inkl. nicht enden wollender Reflexionen über den Prozess des Schreibens. Spätestens seit Ende des 20. Jahrhunderts ist auch in Frankreich eine extreme Individualisierung der Literatur zu konstatieren, die alle Gruppenbildung, Strömungen, Richtungen in profitable *Trends* aufgelöst hat, was sich als „Vielfalt ästhetischer Themen und Stilmittel" positiv darzustellen sucht.

Die ganz Europa befruchtende, positiv elitäre hochklassige Literatur Frankreichs gehört jedenfalls der Vergangenheit an. Gefallen scheint zunehmend auch hier jene Sorte Porno-Sub-Realismus, die sich gerne mit den Themenschwerpunkten „Großstadt", „Randexistenzen", „Drogen", „Kleinkriminalität" koppelt (z.B. bei V. Despentes, *Teen spirit*, 2002; *Bye bye Blondie*, 2004). Auch Gegenwarts-Schriftsteller wie Queneau-Schüler *P. Modiano* (*Fleurs de ruine,* 1991; *La petite bijou*, 2001), Djian, Houellebecq oder der vormalige Werbetexter und ‚Konsumkritiker' F. Beigbeder (*99 francs,* 2001; *L'Égoïste romantique,* 2005) sind Stars einer „Szene", die von Moden und vor allem Geld geprägt ist – aber nicht mehr von Programme verfolgenden leidenschaftlich arbeitenden Objektivisten und Filigranarbeitern der Literatur. Auch in Frankreich scheint, im Sog der Medialisierung und Digitalisierung der Welt, die Regression der Literatur zunehmend unumkehrbarer zu sein.

„Von La Cantilène de sainte Eulalie (881) bis La Vie sexuelle de Catherine M. (2001)" – so könnte man heute den Gang der französischen Literatur von den Anfängen bis zur Gegenwart in eine einigermaßen feuilletontaugliche Schlagzeile bringen.

Testfragen

1. *Wie und worin unterscheiden sich Prousts und Zolas Romanzyklen voneinander?*
2. *Welche Ziele verfolgen die Vertreter des frz. liter. Surrealismus?*
3. *Welche Inhalte und Hauptautoren kennt „le théâtre de l'absurde"?*
4. *Was typisiert den „nouveau roman"?*
5. *Wie verhält sich Camus' Romanwerk zur Dichtung anderer frz. Existenzialisten?*

Lektüretipps

Engler, W.: *Französische Literatur im 20. Jh. Tübingen 1993.*

Metz, P./Naguschewski, D. *(Hg.): Französische Literatur der Gegenwart. Ein Autorenlexikon. München 2001.*

Teschke, H.: *Französische Literatur des 20. Jh.'s. Überblick und Trends. Stuttgart/Düsseldorf/Leipzig 1998.*

Quellenverzeichnis

Das altfranzösische Rolandslied. Übersetzt u. kommentiert von Wolf Steinsieck. Stuttgart 1999, S.7-11.

Chrétien de Troyes: *Le Roman de Perceval ou le Conte du Graal. Der Percevalroman oder Die Erzählung vom Graal* (Frz./Dt.). Übersetzt u. hrsg. von Felicitas Olef-Krafft. Stuttgart 2003, S. 5-11.

François Villon: Das Kleine und das Große Testament. (Frz./Deutsch). Hrsg., übersetzt u. kommentiert von Frank Rutger Hausmann. Stuttgart 1998, S. 39-43; S. 229-231.

François Rabelais: Gargantua. Übersetzt u. kommentiert von Wolf Steinsieck. Stuttgart 1999, S. 13-20.

Michel de Montaigne: *Essais.* Hrsg. u. mit einem Nachwort versehen von Ralph-Rainer Wuthenow. Revidierte Fassung der von Johann Joachim Bode übertragenen Auswahl. Frankfurt a. Main 1976, S. 181-186.

Pierre Corneille: Der Cid. Deutsch von Arthur Luther. Stuttgart 2007, S. 4-5.

Molière: L'Avare/Der Geizige. (Frz./Dt.). Übersetzt u. hrsg.von Hartmut Stenzel. Stuttgart 2008, S. 177-179.

La Rochefoucauld: *Maximen und Reflexionen.* Übertragung u. Nachwort von Konrad Nußbächer. Stuttgart 2005, S. 20-21.

Jean de La Fontaine: *Die Ameise und die Grille.* In: J. de La Fontaine: Sämtliche Fabeln. Mit 255 Illustrationen von Grandville. München 1995, S.15.

Jean Racine: Phèdre/ Phädra. (Frz./Dt). Übersetzt u. hrsg. von Wolf Steinsieck. Stuttgart 2008, S. 157-163.

Charles de Secondat, Baron de la Brède et de Montesquieu: Persische Briefe. Übersetzt u. hrsg. von Peter Schlunck. Stuttgart 2004, S. 142-143 und S. 288.

Voltaire: Candide oder Der Optimismus. Aus dem Frz. von Stefan Hermlin. Stuttgart 2007, S. 10-12; S. 13.

Jean-Jacques Rousseau: Julie oder Die neue Héloïse. Briefe zweier Liebender aus einer kleinen Stadt am Fuße der Alpen. Auf der Grundlage der Übers. von 1776 (J.G. Gellius). München 1978, S. 52-54.

Denis Diderot: Rameaus Neffe. Ein Dialog. Aus dem Manuskript übersetzt u. mit Anmerkungen begleitet von J. W. Goethe. Durchgesehene und erweiterte Ausgabe 2007, S. 3-4.

Gustave Flaubert: Madame Bovary. Aus dem Frz. von Maria Dessauer. Frankfurt a.M. u. Leipzig 1996, S.45.

Louis-Sébastian Mercier: Tableau de Paris. Zit.n.: Gabriele Kalmbach: Paris und Umgebung, Bielefeld 2005, S.156.

Alexandre Dumas fils: Die Kameliendame. Aus dem Frz. von Florian Stern. Aus der Vorrede zit. nach Ralf Steyer, Nachwort. Stuttgart 2007,S. 93/94.

W. Somerset Maugham: Zehn Romane und ihre Autoren. Honoré de Balzac und Vater Goriot. Zürich 1994, S.158.

Honoré de Balzac: Gobseck. Aus dem Frz. von Johannes Schlaf. Frankfurt am Main u. Leipzig 1998, S. 15-19.

Gustave Flaubert: Madame Bovary. Aus dem Frz. von Maria Dessauer. Frankfurt a. Main u. Leipzig 1996, S.401f.

Charles Baudelaire: Les Fleurs du Mal/ Die Blumen des Bösen. (Frz./Dt.). Übersetzung von Monika Fahrenbach-Wachendorff. Stuttgart 2008, S. 153.

Émile Zola: Thérèse Raquin. Aus dem Frz. neu übersetzt und hrsg. von Wolfgang Tschöke. München 2002, S. 13-15.

Guy de Maupassant: *Pariser Abenteuer*. In: G. de M.: Novellen 1875-1881 (Bd. 1). Hrsg. und übers. v. Christel Gersch. Berlin und Weimar, 1982, S. 454-456 / S. 463.

Marcel Proust: Unterwegs zu Swann. Auf der Suche nach der verlorenen Zeit. Band 1. Aus dem Frz. von Eva Rechel-Mertens. Frankfurt a.M. 1994, S. 67-71.

Alain Robbe-Grillet: Die Jalousie oder Die Eifersucht. Aus dem Frz. von Elmar Tophoven. Stuttgart 2008, S.91f.

Georges Simenon: Die Fantome des Hutmachers. Deutsch von Eugen Helmlé. Zürich 1996, S. 5-10.

Albert Camus: Die Pest. Übersetzung: Uli Aumüller. Reinbek bei Hamburg 2008, S. 350/ 128/129.

Philippe Djian: Die Frühreifen. Aus dem Frz. von Uli Wittmann. Zürich 2008, S. 60.

Michel Houellebecq: Ausweitung der Kampfzone. Aus dem Frz. von Leopold Federmair. Reinbek bei Hamburg, 2008, S. 169/70 und 7-9.

Allgemeine Bibliographie (Auswahl)

Baasner, Frank/Kuon, Peter: *Was sollen Romanisten lesen? Berlin 1994.*

Brockmeyer, P. u.a. *(Hg.): Französische Literatur in Einzeldarstellungen. 3 Bde. Stuttgart 1981-1982.*

Engler, W.: *Lexikon der französischen Literatur. Stuttgart* ^{3}*1994.*

Grimm, J. *(Hg.): Französische Literaturgeschichte. Stuttgart 2006.*

Heitmann, H.: *Der französische Roman vom Mittelalter bis zur Gegenwart. 2 Bde. Düsseldorf 1975.*

Hinterhäuser, H. *(Hg.): Die französische Lyrik von Villon bis zur Gegenwart. 2 Bde. Düsseldorf 1975.*

Köhler, E.: *Vorlesungen zur Geschichte der französischen Literatur. Hg. v. H. Krauß u. D. Rieger. Stuttgart 1985-1987.*

Lope, H.-J.: *Französische Literaturgeschichte. Heidelberg u.a.* ^{3}*1990.*

Naumann, M. *(Hg.): Lexikon der französischen Literatur. Leipzig 1987.*

Schwendemann, I. *(Hg.): Hauptwerke der französischen Literatur. München 1976.*

Stackelberg, J.v.: *Kleine Geschichte der französischen Literatur. München* ^{2}*1999.*

Personenregister (Auswahl)